Hong Kong and the Cold War:
Anglo-American Relations, 1949-1957

冷戰與香港

英美關係

1949–1957

麥志坤〈Chi-Kwan Mark〉 著

林立偉 譯

中華書局

□ 責任編輯：黎耀強 吳黎純

□ 裝幀設計：高 林

□ 排　版：沈崇熙

□ 印　務：劉漢舉

冷戰與香港
——英美關係 1949－1957

□
著者
麥志坤

□
譯者
林立偉

□
出版
中華書局（香港）有限公司
香港北角英皇道 499 號北角工業大廈一樓 B
電話：(852) 2137 2338　傳真：(852) 2713 8202
電子郵件：info@chunghwabook.com.hk
網址：http://www.chunghwabook.com.hk

□
發行
香港聯合書刊物流有限公司
香港新界大埔汀麗路 36 號
中華商務印刷大廈 3 字樓
電話：(852) 2150 2100　傳真：(852) 2407 3062
電子郵件：info@suplogistics.com.hk

□
印刷
美雅印刷製本有限公司
香港觀塘榮業街 6 號 海濱工業大廈 4 樓 A 室

□
版次
2018 年 7 月初版
© 2018 中華書局（香港）有限公司

□
規格
16 開（230 mm×170 mm）

□
ISBN：978-988-8513-28-4

中文版序

我很高興《冷戰與香港：英美關係 1949－1957》中文版在英文版問世十多年後得以出版。本書從冷戰史的角度，利用英國檔案資料審視冷戰初期英國如何處理香港的脆弱情況，一方面爭取美國支持，另一方面迎合中國。英美領袖在 1957 年會商和解決諸如防務和禁運等一系列與香港有關的問題，英國人的脆弱感在那年達到高峰。在十年後的 1967 年，香港爆發大規模左派暴動，其殖民地地位再次變得岌岌可危。白廳官員審視撤出香港的可行性，並開始研究英國對香港的長期政策。撤出香港的可行性研究在 1967 年底（左派暴動最終平息後）放棄，而長遠政策研究則沒有停止。長遠政策研究的定稿在 1969 年完成，它認為「香港的未來最終必然繫於中國」，而英國的目標「必須是在有利的時機嘗試談判歸還它，盡量為其人民和〔英國〕在當地物質利益爭取最佳的條件」。[1]

在七十年代，歷屆英國政府都在尋找有利時機與北京談判，但老朽病弱的毛澤東一天仍掌權，這種時機就付諸闕如。但倫敦對於香港的政治前景沒有 1967 年時那麼悲觀。在 1972 年互派大使後，英國

---

1   Memo. by Stewart for Ministerial Committee on Hong Kong, 28 Mar. 1969, CAB 134/2945, The National Archives (formerly PRO).

和中國的政治、經濟和軍事關係很密切。彼此的合作還擴大至香港的日常事務，例如非法入境者和糧食供應。雖然英中兩國間的冷戰已結束，但在七十年代末，九七後的香港前途問題浮現。1979 年 3 月，港督麥理浩（Murray MacLehose）訪問北京，間接地向當時中國最高領袖鄧小平提出香港前途問題。1982 年 9 月英國首相戴卓爾夫人（Margaret Thatcher）訪問中國後，有關香港前途的談判正式展開。戴卓爾夫人堅信自由市場資本主義，不願意把一個充滿活力的資本主義城市交給實行共產主義的中國。經過兩年艱辛談判，英國最終同意把香港主權和治權都交還中國。戴卓爾夫人在 1984 年簽署《中英聯合聲明》，她相信這份有法律約束力的詳細協議，能保證香港享有高度自治和資本主義制度維持五十年不變。儘管英中兩國在許多問題上意見相左，尤其是關於港督彭定康（Chris Patten）的民主改革，但兩國在漫長的過渡期內互相合作，確保香港在 1997 年 7 月 1 日順利回歸中國。

或許是事有湊巧，逢七終結的年份 —— 1957、1967 和 1997，全是香港英國殖民統治歷史上的重要時刻。2007 和 2017 對內地與香港關係來說也是重要年份，香港特別行政區在這兩年分別慶祝成立十周年和二十周年。2007 年 12 月 29 日，全國人民代表大會常務委員會（人大常委會）決議香港行政長官可在 2017 年（而非 2012 年）由普選產生。但是，人大常委會在 2014 年 8 月 31 日通過另一項關於2017 行政長官選舉的決定：參選人須在有廣泛代表性的提名委員會中獲過半數委員支持，方可成為候選人，而這個提名委員會的組成方式依循原有的選舉委員會，當選的行政長官將由中央政府委任。全國人大的決定遭到香港泛民主派人士的強烈反對，尤其是年輕學生和民

主派激進人士，他們要求「真普選」，在 9 月底展開「佔領中環」運動，持續約七十九天。在國家主席習近平領導的中國政府眼中，違法的佔領抗議運動不只關乎民主化步伐，還攸關「一國兩制」在香港的實施。

　　事實上，在人大通過「831 決定」前兩個月，國務院新聞辦公室發表《「一國兩制」在香港特別行政區的實踐》白皮書。[2] 對北京來說，香港有些人沒有全面準確地理解「一國兩制」，引致這些年來內地與香港關係的問題和緊張關係。這份白皮書的要旨是：「一國兩制」政策有利於「維護國家主權、安全和發展利益」，並有助於香港保持長期繁榮穩定。中央政府擁有對香港特別行政區的「全面管治權」，包括委任行政長官，而行政長官必須是「愛國者」。白皮書強調中國對香港擁有管治權的原則，認為「一國」是實行「兩制」的前提和基礎，香港高度自治的唯一來源是來自中央授權。此外，中國愈來愈從國家安全的角度來看香港。2003 年 7 月 1 日，五十萬香港市民上街示威，抗議關於國家安全和分裂國家的《基本法》第二十三條本地立法，迫使政府撤回立法草案。但是，到了十多年後白皮書發表之時，香港政府仍沒有恢復立法程序。尤其令北京憂慮的是，九七後出生的年輕一代對祖國缺乏認同感，有些激進本土主義者甚至要求香港「獨立」或「自決」。

　　儘管中國在二十一世紀崛起，但北京仍視香港為脆弱之地。它的脆弱感和不安全感部分源自不確定的國際局勢，尤其是美中關係。[3] 美

2　見國務院新聞辦公室發表《「一國兩制」在香港特別行政區的實踐》（北京：2014 年 6 月）。

3　有關中國對香港政策背後的國際背景，見 Lau Siu-kai, *The Practice of 'One Country, Two Systems' Policy in Hong Kong* (Hong Kong, 2017), ch. 4。

國總統奧巴馬（Barack Obama）推行「重返亞洲」策略，在美國眼中，中國既是密切的貿易夥伴，也是戰略競爭對手。烏克蘭、格魯吉亞的「顏色革命」和突尼斯、利比亞、埃及的「阿拉伯之春」，令中國對美國在全球推行自由民主起了戒心。1992 年通過的《美國－香港政策法》，在 2015 年條文內容有所更新，要求美國政府密切注視香港回歸後的情況，尤其要判斷香港是否擁有充分的自治權，足以令美國有理由賦予香港不同於中國的待遇。[4] 但中國譴責這個政策法及其每年有關香港的報告，認為是外國干涉中國內政。更糟的是，習近平政府相信 2014 年「佔領中環」運動背後是有外部勢力支持，而最值得注意的就是美國。[5] 如同有關香港的白皮書所警告：「要始終警惕外部勢力利用香港干預中國內政的圖謀，防範和遏制極少數人勾結外部勢力干擾破壞『一國兩制』在香港的實施。」[6] 簡言之，北京的主要憂慮是，美國試圖遏阻中國崛起，而香港在此背景下成為對付中國的「顛覆基地」。

　　雖然本書是專述英國如何處理冷戰時期香港的脆弱情況，但我希望它能提供歷史洞見，顯示在複雜的國際環境中，中國可如何處理政治分化的香港。如一本有關冷戰時期香港經驗的著作所說：「在整個冷戰期間，無論是在內部還是在國際上，若想維持現狀，在香港的英

4　關於美國與香港的關係，見 Richard C. Bush, *Hong Kong in the Shadow of China: Living with the Leviathan* (DC, 2016), 243-74。

5　Lau, *The Practice of 'One Country, Two Systems' Policy in Hong Kong*, 295.

6　*The Practice of the 'One Country, Two Systems' Policy in the Hong Kong Special Administrative Region*, 53.

國人就要小心翼翼，採取兼顧各方的平衡舉措。」[7] 在 2017 年 10 月舉行的中國共產黨第十九次全國代表大會上，總書記習近平陳述了建立「新時代中國特色社會主義思想」的夢想，提到把中央對香港的「全面管治權」和保障香港的高度自治權有機結合起來。[8] 這就須小心翼翼，採取兼顧各方的平衡舉措，中國領導層方面的態度須務實，手段須靈活，並要有所節制。「一國」原則固然重要，但「兩制」成功與否，取決於香港人所嚮往的自治、普選和司法獨立能否實現。雖然把香港納入中國的國家發展是主要目標，但北京必須充分了解香港是國際城市，與外部世界有廣泛的經濟、文化和其他連繫。因此，如美國、英國等在香港有利害關係的國家，都會關注這個城市的發展。另一方面，華盛頓的政客和香港激進本土派人士不應忽視在中國眼中對其主權的威脅。如本書所指出，中國在冷戰期間容忍英國政府繼續統治香港，但不容許香港被利用為針對中國的「顛覆基地」。有見及此，英國人阻止美國人在香港進行無節制的反共大業。儘管中國與西方關係正常化，並且恢復行使它對香港的主權，但外國帝國主義和領土遭分割蠶食的記憶繼續存在。任何要求香港獨立的呼聲都只會適得其反，因為這會加深北京的疑慮，加強它干預香港事務的傾向。若要「一國兩制」政策成功，中國政府和香港民眾就得尋找方法，兼顧彼此有時候會互相扞格的目標和需要。

7　Priscilla Roberts, 'Cold War Hong Kong: Juggling Opposing Forces and Identities', in Priscilla Roberts and John M. Carroll (eds.), *Hong Kong in the Cold War* (Hong Kong, 2016), 35.

8　'Xi's melding of Beijing's authority and Hong Kong's high degree of autonomy works well, top official says', *South China Morning Post*, 19 October 2017, http://www.scmp.com/news/hong-kong/politics/article/2115946/beijing-must-assert-authority-over-hong-kongs-autonomy.

鳴 謝

　　本書脱胎自筆者在 2001 年呈交牛津大學的博士論文。指導教授羅斯瑪麗·富特（Rosemary Foot）點撥我歷史寫作之道，我銘感五內。約翰·達爾文博士（Dr John Darwin）和彼得·洛博士（Dr Peter Lowe）擔任審閱論文的考官，提出寶貴意見，嘉惠於我者良多。洛博士還幫助我將這篇論文改寫成適合大眾閱讀的書，我對此特別致謝。這項工作得以完成，也歸功於牛津大學出版社的專業編輯，尤其是凱蒂·賴德（Katie Ryde）。在研究的不同階段，我與尤斯圖斯·德內克（Justus Doenecke）、愛德華·英格拉姆（Edward Ingram）、威廉·羅傑·路易斯（William Roger Louis）、唐耐心（Nancy Bernkopf Tucker）和艾倫·惠廷（Allen Whiting）等多位教授討論和通信，從中受益匪淺。當然，本書若有任何謬誤不足之處，一概與他們無涉。我衷心感激太古／國泰獎學金、拜特基金（Beit Fund），以及聖安東尼學院、國際研究中心和研究生課程委員會提供的各種研究和旅費補助，支持這項研究。此外，以下檔案館和圖書館惠允我在此書中使用其館藏資料，也在此謹申謝忱，它們是：牛津大學博德利圖書館（Bodleian Library）、艾森豪威爾圖書館、喬治華盛頓大學吉爾曼圖書館（Gelman Library）、杜魯門圖書館、哈佛大學檔案館（Harvard University Archives）、喬治城大學的勞因格圖書館

（Lauinger Library）、美國國會圖書館、美國國家檔案及記錄管理局
（National Archives and Records Administration）、美國海軍歷史中
心作戰檔案分館（Operational Archives Branch, US Naval Historical
Center）、普林斯頓大學圖書館、英國國家檔案館（Public Record
Office），以及麥美倫家族的信託人。另外也感謝《國際歷史評論》
（*International History Review*）慨允我把拙文〈冷戰中良好行為的回
報：就香港防衛問題的討價還價，1949–57〉（'A Reward for Good
Behaviour in the Cold War: Bargaining over the Defence of Hong
Kong, 1949–57'）稍加修改，刊於本書第二章。

目 錄

縮寫對照表

ADR	*Annual Departmental Report by Director of Commerce and Industry*
BDCC(FE)	British Defence Coordination Committee, Far East
BoT	Board of Trade
CA	Office of Chinese Affairs
CAB	Cabinet
CF	Executive Secretariat, Conference Files
CFPF	Central Foreign Policy Files
C-I-C,FE	Commander-in-Chief, Far East
CINCPAC	Commander-in-Chief of the Pacific
CNO	Chief of Naval Operations
CO	Colonial Office
COS	British Chiefs of Staff
CRO	Commonwealth Relations Office
DAD	Records of the Division of Acquisition and Distribution, Office of Libraries and Intelligence, Special Assistant for Intelligence
DDEL	Dwight D. Eisenhower Library
DDRS	*Declassified Documents Reference System*
DEFE	Defence
DF	Decimal Files
DSR	Department of State Selected Records Relating to the Korean War
EPAWF	Dwight D. Eisenhower Papers as President (Ann Whitman File)
FAOHP	Association for Diplomatic Studies, Foreign Affairs Oral History Program

FEER	*Far Eastern Economic Review*
FO	Foreign Office
FRUS	*Foreign Relations of the United States*
GCHQ	Government Communications Headquarters
GHQ,FE	Government Headquarters, Far East Land Force
GU	Lauinger Library, Georgetown University
HK	Hong Kong
HKAR	*Hong Kong Annual Report*
HKC	Hong Kong Consulate General, Classified General Records
HSTL	Harry S. Truman Library
INR	Records of the Bureau of Intelligence and Research (INR) Subject Files
IRD	Information Research Department
JCS	Joint Chiefs of Staff
JIC	Joint Intelligence Committee
MoD	Ministry of Defence
NA	National Archives and Records Administration
NHC	Operational Archives Branch, Naval Historical Center
NSC	National Security Council
NSCP	National Security Council Staff Papers
OPC	Office of Policy Coordination
PRO	Public Record Office
PSF	President's Secretary's Files
RG	Record Group
SANSAR	Office of the Special Assistant for National Security Affairs Records
TP	Papers of Harry S. Truman
USIA	United States Information Agency
USIS	United States Information Service
USIS HK	Classified General Records of the United States Information Service Office, Hong Kong
WHO	White House Office

緒 論

在 1997 年 6 月 30 日午夜，英國結束在香港超過一百五十年的殖民統治，中華人民共和國恢復對香港的主權。出席香港特別行政區成立典禮的嘉賓，包括美國國務卿奧爾布賴特（Madeleine K. Albright）。不過，這麼高級別的美國官員對香港感到興趣，並非僅此一次。在香港殖民地歷史上，1997 年也不是香港唯一前途難卜的年份。在四十年前的 1957 年，英國在香港的地位似乎風雨飄搖，這種前景不明的情況，甚至令華盛頓高層決策者也為之擔憂。事實上，自 1949 年中華人民共和國成立後，香港的命運就成為英美兩國政府討論、爭辯和齟齬的題目。

第二次世界大戰結束後，英國工黨政府開始去殖民化過程，希望把正式的帝國變為非正式的勢力範圍。英國人在亞洲的民族主義演變得不可收拾前撤出印度、緬甸和錫蘭；在馬來亞則繼續其統治，直至敉平當地的共產黨叛亂。英國人在日本戰敗後馬上恢復對香港的殖民統治。但在急劇變化的後殖民、兩極化世界，他們不久就發覺，香港在和平時期是難以捨棄的寶貴地方，在戰爭時期卻又無足輕重，不值得投入短絀的資源來保住它。英國人在 1949 年後十分清楚，香港若受到中國從外部攻擊或由內部顛覆，都不堪一擊。事後看來，這種威脅與其說真切實在，不如說只是有可能發生，而且有些時候比其他時

候在某些官員眼中顯得更真實和嚴重。但是，當時的官員缺乏後見之明，沒有人能夠把北京的和平意圖視為理所當然，因為那時中美兩國正在朝鮮半島鏖戰，又在中南半島（舊稱印度支那）進行代理人戰爭，還在台灣海峽繼續尚未結束的中國內戰。英國人所擔心的，並非中國單單為奪取香港而攻打此地，而是中美兩國在韓國、中南半島和台灣的衝突擴大而造成這種結果。更重要的是，英國人的脆弱感不只來自他們對共產主義威脅的評估，還由於大英帝國勢力江河日下和美國的冷戰要求。英國因為資源有限，又在海外承擔許多義務，在五十年代（及之後）不得不削減香港的衛戍兵力。針對最惡劣的情況制定方案的軍事戰略家和顧問們明白，香港難以抵擋共軍大舉進攻，事實上香港守軍不足，連遲滯敵軍推進以掩護撤退都無能為力。他們深知香港的軍事弱點，令英國人更為忌憚共產黨會攻打此地，無論這種可能性多麼微乎其微。

令英國憂上加憂的是間接的「美國威脅」。冷戰在亞洲日益加劇，美國尋找盟友圍堵中國，發覺香港很有用處，可以在此地蒐集情報、實行出口管制、發動宣傳戰，甚至執行秘密行動。英國人擔心在香港或亞洲其地方與美國合作太密切會觸怒北京，令它在香港挑起事端，甚至發生更糟的情況，那就是中美爆發大戰，中國因而攻打香港。由於這些原因，英國人一方面急於引起美國對於協防香港的興趣，另一方面要約束美國對華政策中過於咄咄逼人的傾向。

本書會探討在去殖民化時代和冷戰期間，英美兩國如何應對香港的脆弱情況。它集中於香港脆弱性的四個層面，這四個層面對英美關係影響最大，它們是：香港的對外防衛、美中對抗對於香港的政治影響、香港經濟對大陸的依賴，以及美國在香港的公開和秘密活動。本

研究以 1949 年為起點。此時艾德禮（Clement Attlee）政府和杜魯門（Harry S. Truman）政府面臨兩個棘手難題 —— 中國共產黨在大陸得勝和香港前途，兩國政府就諸如外交承認、出口管制和香港防務等問題進行廣泛的外交討論和政策協調。本研究以 1957 年為終結，這須要說明一下理由。該年，新上台的麥美倫政府所做的防務檢討，使香港防衛能力問題備受關注，並且事實上令人質疑英國在香港地位的整體問題。1957 年也是英美關係動盪不定的一年，因為前一年發生蘇彝士危機，以及兩國在中國問題上意見相左。到了 1957 年底，英美關係恢復。在香港的防衛規劃、對華出口限制和聯合國中國代表權等問題上，兩國較為諒解彼此的立場。這並非說英國人贏得美國人支持他們的政策偏好，或者美國人得到英國人支持其政策，也不是說香港的脆弱性已不再是問題。然而，本研究指出，倫敦和華府的決策者看待香港問題時，不是着眼於這個地方本身，而是從英美關係的背景考慮。因此，選取 1957 年為關鍵的結束年份，是為顯示英美「特殊關係」的恢復，對有關香港的看法和政策有多大影響。

　　本書涵蓋英美兩國的政策，但重點會放在兩國政策不斷變化的互動。因此，分析層次將分兩方面 —— 英美互動的雙邊和個人層面。一方面，本書詳細介紹英美政府之間正式與非正式的外交協商、軍事討論和實際合作，下至前線工作層面，上至內閣。藉着集中於它們的雙邊互動，我希望能探明在與香港有關的議題上，英美兩國如何影響對方，影響的程度又有多深。另一方面，在個體或個人的層面，我將探討官員如何盤算對方可能作出的反應，這些盤算又如何左右他們的決策。尤其會凸顯的是，維持英美關係和保有香港，這兩者該如何取捨，在個別官員心中交戰。探討英美互動的個人層次，我們可以洞察

英美兩國的決策者如何看待盟友，他們對這種夥伴關係有多重視，或可以如何擴大彼此友情的界限。簡言之，此書集中探討制定政策時的互動過程，即除了重視實際決定和政策的結果，還關注他們對於彼此可能作出的反應的看法、計算和期望。

　　因此，本書把香港放到亞洲冷戰大背景之下英美關係的中心。[1] 它旨在補充現有關於香港、英國、美國和中國內地學術研究上的不足，現有的這些研究主要（如果不是僅僅）研究以下某一方面：美國對於

1　論及與中國有關（但不是專述香港）的英美關係的學術研究汗牛充棟，見 Roderick MacFarquhar, 'The China Problem in Anglo-American Relations', in William Roger Louis and Hedley Bull (eds.), *The 'Special Relationship': Anglo-American Relations since 1945* (Oxford, 1986), 311–19；Edwin W. Martin, *Divided Counsel: The Anglo-American Response to Communist Victory in China* (Lexington, Ky., 1986)；Rosemary Foot, 'The Search for a Modus Vivendi: Anglo-American Relations and China Policy in the Eisenhower Era', in Warren Cohen and Akira Iriye (eds.), *The Great Powers in East Asia, 1953–1960* (New York, 1990), 143–63；James T. H. Tang, 'Alliance under Stress: Anglo-American Relations and East Asia, 1945–51', in R. O' Neill and B. Heuser (eds.), *Securing Peace in Europe, 1945–62: Thoughts for the Post-Cold War Era* (London, 1992), 246–59；Peter Lowe, 'Challenge and Readjustment: Anglo-American Exchanges over East Asia, 1949–53', in T. G. Fraser and Peter Lowe (eds.), *Conflict and Amity in East Asia: Essays in Honour of Ian Nish* (London, 1992), 143–62；Anita Inder Singh, *The Limits of British Influence: South Asia and the Anglo-American Relationship, 1947–56* (London, 1993)；Qiang Zhai, *The Dragon, the Lion, and the Eagle: Chinese-British-American Relations, 1949–1958* (Kent, Oh., 1994); Steven Hugh Lee, *Outposts of Empire: Korea, Vietnam and the Origins of the Cold War in Asia, 1949–54* (Liverpool, 1995)；Lanxin Xiang, *Recasting the Imperial Far East: Britain and America in China, 1945–1950* (New York, 1995)，以及 Victor S. Kaufman, *Confronting Communism: U.S. and British Policies toward China* (Columbia, Mo., 2001)。

香港的政策，[2] 中英關係中的香港，[3] 以及英國殖民地政府對於共產黨和國民黨在香港活動的政策。[4] 此外，它將為許多至今未為人探討的問題提供新資料，同時為人們所熟知的事件提出新見解。眾所周知，香港是蒐集情報、從事宣傳活動甚至秘密行動的前哨，美國人、中共和國民黨都以各種方式從事這些事情。[5] 然而，香港在美國政策和冷戰鬥

2　Nancy Bernkopf Tucker, *Taiwan, Hong Kong, and the United States, 1945–1992: Uncertain Friendships* (New York, 1994); Johannes Richard Lombardo, 'United States' Foreign Policy towards the British Crown Colony of Hong Kong during the Early Cold War Period, 1945–1964', Ph.D. thesis, University of Hong Kong, 1997; 以及于群和程舒偉：〈美國的香港政策（1942–1960）〉，《歷史研究》，1997 年第 3 期，第 53–66 頁。

3　Brian Porter, *Britain and the Rise of Communist China: A Study of British Attitudes 1945–1954* (London, 1967); Robert Boardman, *Britain and the People's Republic of China 1949–1974* (London, 1976); James Tuck-hong Tang, *Britain's Encounter with Revolutionary China, 1949–54* (New York, 1992); Ming K. Chan (ed.), *Precarious Balance: Hong Kong between China and Britain* (Hong Kong, 1994); Zhong-ping Feng, *The British Government's China Policy 1945–1950* (Keele, 1994); Michael Yahuda, *Hong Kong: China's Challenge* (London, 1996); Aron Shai, *The Fate of British and French Firms in China 1949–54* (London, 1996); David Clayton, *Imperialism Revisited: Political and Economic Relations between Britain and China, 1950–1954* (London, 1997); Peter Lowe, *Containing the Cold War in East Asia: British Policies towards Japan, China and Korea, 1948–53* (Manchester, 1997).

4　Steve Yui-sang Tsang, *Democracy Shelved: Great Britain, China, and Attempts at Constitutional Reform in Hong Kong, 1945–1952* (Hong Kong, 1988); idem, 'Target Zhou Enlai: The "Kashmir Princess" Incident of 1955', *China Quarterly*, 139 (Sept. 1994), 766–82; idem, 'Strategy for Survival: The Cold War and Hong Kong's Policy towards Kuomintang and Chinese Communist Activities in the 1950s', *The Journal of Imperial and Commonwealth History*, 25/2 (May 1997), 294–317.

5　Richard Deacon, *The Chinese Secret Service* (London, 1989), 344–50; William M. Leary, *Perilous Missions: Civil Air Transport and CIA Covert Operations in Asia* (Ala., 1984); Evan Thomas, *The Very Best Men: Four who Dared: The Early Years of the CIA* (New York, 1995); John Prados, *President's Secret Wars: CIA and Pentagon Covert Operations from World War II through the Persian Gulf* (Chicago, 1996); Desmond Ball, 'Over and Out: Signals Intelligence (Sigint) in Hong Kong', *Intelligence and National Security*, 11: 3 (July 1996), 474–96; Johannes R. Lombardo, 'A Mission of Espionage, Intelligence and Psychological Operations: The American Consulate in Hong Kong, 1949–64', *Intelligence and National Security*, 14/4 (Winter, 1999), 64–81.

爭中的作用有點被誇大。[6]另外，前線英美國官員互相合作的程度，大多不曾為人所探討。[7]儘管英國人無法拒絕令「中立的」香港參與圍堵中國，但他們也不容許美國人在這個地方任意從事反共活動。港府對美國情報和宣傳活動的反應，視乎其性質是「公開」還是「秘密」而有不同。這會影響英美在現場和在總部關於香港事務的合作程度。但是，導致英美政府之間（和各自政府之內）分歧最大和關係最緊張的，是在香港實行出口管制，在韓戰時期尤其如此。但是，大多數有關對華出口管制的研究，對於香港的作用都只是輕輕帶過，不然就是從英國的觀點來看待它。[8]若想更清楚了解香港對實行這些管制所起的作用，就必須以曲折變化的韓戰局勢和英美關係為背景觀之。[9]因此，

6　例如，約翰尼斯·隆巴爾多（Johannes R. Lombardo）忽視殖民地政府施加的嚴格限制，因而誇大了美國在香港宣傳活動的規模。見 Lombardo, ‘A Mission of Espionage, Intelligence and Psychological Operations’ 和他的博士論文。

7　有一篇文章算是例外，它集中探討英美情報合作（但不是專論香港），那就是 Richard J. Aldrich, ‘ “The Value of Residual Empire”: Anglo-American Intelligence Co-operation in Asia after 1945’, in Richard J. Aldrich and Michael F. Hopkins (eds.), *Intelligence, Defence and Diplomacy: British Policy in the Post-War World* (London, 1994), 226–58。

8　Yoko Yasuhara, ‘Japan, Communist China, and Export Controls in Asia, 1948–52’, *Diplomatic History*, 10/1 (Winter 1986), 75–89; Qing Simei, ‘The Eisenhower Administration and Changes in Western Embargo Policy Against China, 1954–58’, in Cohen and Iriye (eds.), *The Great Powers in East Asia*, 121–42; Burton I. Kaufman, ‘Eisenhower’s Foreign Economic Policy with Respect to East Asia’, in ibid., 104–20; Wenguang Shao, *China, Britain and Businessmen: Political and Commercial Relations, 1949–1957* (London, 1991); Frank Cain, ‘The US-Led Trade Embargo on China: The Origins of CHINCOM, 1947–52’, *The Journal of Strategic Studies*, 18/4 (Dec. 1995), 33–54; Aaron Forsberg, *America and the Japanese Miracle: The Cold War Context of Japan’s Postwar Economic Revival, 1950–1960* (Chapel Hill, NC, 2000), 83–112.

9　凱瑟琳·申克（Catherine R. Schenk）和張曙光都嘗試以韓戰為大背景，探討香港在當時的出口管制所起的作用，不過他們的討論不夠全面。Catherine R. Schenk, *Hong Kong as an International Financial Centre: Emergence and Development 1945–65* (London, 2001); Shu Guang Zhang, *Economic Cold War: America’s Embargo against China and the Sino-Soviet Alliance, 1949–1963* (DC, 2001).

第 一 章

英國、中國和美國
冷戰思維中的香港

　　對於香港在冷戰中的作用，英國和美國各有不同看法。在倫敦看來，香港是有經濟價值的殖民地，也是英國強國地位的象徵。然而，英國人也知道香港的未來是與 1949 年成立的中華人民共和國息息相關的。乍看之下，美國人在香港沒有重大經濟和軍事利益，但他們逐漸覺得，在圍堵中國方面，香港可以起到關鍵的戰略作用。另一方面，中國共產黨認為香港是通向外部世界的有用窗口，還可起到離間英美同盟的作用。本章會論述在英美官方思維和在中共的盤算中香港有何價值。不過，首先必須略述一下香港的歷史，以令讀者對當地情況有所了解。

香港史

　　香港位於中國大陸東南沿岸，珠江三角洲的出海口，它成為大英帝國的直轄殖民地歷經三個階段。在 1842 年，英國在第一次鴉片戰爭打敗中國，香港島永久割讓予英國。英國人在 1860 年第二次鴉片戰爭結束後，獲得九龍半島和昂船洲，擴大了香港殖民地的版圖；在

1898 年列強競相瓜分中國土地時，又取得租借新界和兩百多個島嶼的租約，為期九十九年。[1] 這三個條約令英屬香港擁有約三百九十一平方英里（約一千平方公里）的陸地面積。雖然香港缺乏天然資源，但英國人獲得的遠遠不只是一個小漁村；事實上，幾百年來此地已存在形形色色的經濟活動，例如採珠、製鹽。[2] 香港成為蓬勃的英國貿易據點，不過，它的經濟作用不久就被北方的中國城市上海所蓋過，這種情況持續至二十世紀下半葉。[3] 在英治時代初期，香港忙於應付各種問題，例如罪案、法律歧視，以及殖民地政府與華人之間的衝突。[4] 統治權力掌握在總督和他委任的行政局（舊稱議政局）和立法局（舊稱定例局）手上。但英國實行的是「間接」統治，殖民地政府得到傳統華人社群組織的支持，而本地人的風俗習慣只要不威脅到政府，就不受干涉。英屬香港的歷史深受中國大陸的發展所塑造，又反過來參與塑造中國的發展。香港受英國法律保護，社會相對穩定，因此在十九世紀末至二十世紀初，成為反清革命份子的行動基地和避難所。同時，香港華人常常參與內地的政治事業。在 1910 年代至 1920 年代初，互相競爭的香港商人資助處於敵對狀態的廣州軍政府和北京北洋政府，

1　關於香港的概述，見 Frank Welsh, *A History of Hong Kong* (London, 1993)；Roger Buckley, *Hong Kong: The Road to 1997* (Cambridge, 1997)；Judith M. Brown and Rosemary Foot (eds.), *Hong Kong's Transitions, 1842-1997* (London, 1997)；以及 Steve Tsang, *Hong Kong: Appointment with China* (London, 1997)。從香港華人的角度探討香港史的學術著作包括：Tak-Wing Ngo (ed.), *Hong Kong's History: State and Society under Colonial Rule* (London, 1999)；王賡武主編：《香港史新編》，上、下冊（香港，1997）。

2　Liu Shuyong, *An Outline History of Hong Kong* (Beijing, 1997), 9-13.

3　關於香港在英國對華貿易中的角色變化，可見以下分析：Robert Bickers, 'The Colony's Shifting Position in the British Informal Empire in China', in Brown and Foot (eds.), *Hong Kong's Transitions*, 33-61。

4　Christopher Munn, *Anglo-China: Chinese People and British Rule in Hong Kong, 1841-1880* (Richmond, Surrey, 2001).

我們從香港在冷戰的參與，看到一種比現有文獻的描述更為複雜的情況。本書指出，倫敦希望這個殖民地參與圍堵中國，藉此向美國顯示英國作為其親密盟友的價值，香港因而可稱為「身不由己的冷戰戰士」。但是，處於中國陰影下的香港十分脆弱，所以它所起的作用必須盡量間接、審慎，而且是非對抗性質。

此外，本書從英國總體防務檢討、美國軍事策略和英美外交的脈絡來探討香港的對外防禦，藉此為這個問題提供新見解。研究這個題目的早期文獻，多半把英國和美國政策單獨處理，而且對於美國是否有承諾保衛香港意見分歧。[10] 有些學者把美國的政策聲明和文件所說的話當真，斷定美國在 1954 年非正式同意協防香港，他們是根據多項資料得出這個結論，包括美國總統艾森豪威爾（Dwight D. Eisenhower）寫給英國首相邱吉爾（Winston Churchill）的一封信。艾森豪威爾在信中說，香港若陷入險境，美國「期望與〔英國〕共同進退」。[11] 但如本研究顯示，由於中國的威脅純屬假設，而且美國協防香港的承諾是帶條件的，若想釐清美國「承諾」的完整意義，就必須探討美國政策背後的設想，以及他們對於另一方可能作出的反應的計

10　關於美國的政策，見 Tucker, *Taiwan, Hong Kong, and the United States*, 200–2, 208–9；Tsang, 'Strategy for Survival', 294–6，以及 Lombardo, 'Eisenhower, the British and the Security of Hong Kong', *Diplomacy & Statecraft*, 9/3 (Nov. 1998), 134–53。關於英國的政策，見 James T. H. Tang, 'From Empire Defence to Imperial Retreat: Britain's Postwar China Policy and the Decolonisation of Hong Kong', *Modern Asian Studies*, 28/2 (1994), 317–37；Feng, *The British Government's China Policy*, 117–22；William Roger Louis, 'Hong Kong: The Critical Phase, 1945–1949', *The American Historical Review*, 102/4 (Oct. 1997), 1052–84。

11　Raffi Gregorian, *The British Army, the Gurkhas and Cold War Strategy in the Far East, 1947–1954* (Basingstoke, 2002), 161. 另見 Lombardo, 'Eisenhower, the British and the Security of Hong Kong'。

算。因此，只着眼於美國是否承諾（即使是非正式地）協防香港是不得要領的，重要的是探討美國的看法、假設、對英國會如何反應的預期，以及反過來英國在這些方面的情況。本書指出，在艾森豪威爾眼中，保衛香港對於美國並無軍事價值，而是外交上討價還價的籌碼，用來換取英國在如中南半島、台灣控制的外島，以及聯合國中國代表權等問題上支持美國。對這位美國總統來說，至關重要的並非香港本身的價值，而是英國因素。

本書也指出，當時在香港的大英帝國，比表面所見更為脆弱，這種脆弱情況在所謂的「1957 年問題」達至頂點。那一年英國在香港的地位，似乎較自 1949 年以來任何時間更岌岌可危。除了因總體防務檢討帶來的香港防衛能力問題，英國官員還須處理一系列似乎凸顯此地境況風雨飄搖的問題：香港華商和英商已無法再忍受對華禁運，要求放寬；愈來愈多中國內地的難民湧入香港，港府要求國際社會協助處理；甚至香港的海軍船塢關閉，也被一些華人視為英國撤出亞洲的跡象。諷刺的是，高階政治和本地情況之間有落差。儘管白廳對於保衛香港有那麼多爭論，但一般香港人生活如常。雖然貿易禁運帶來種種經濟困難，不過香港自五十年代末起逐漸變成以出口為主的商業樞紐。此外，儘管港府財力耗用甚多，但在本地和國際志願機構協助下，它成功安置數以萬計中國內地難民。然而，香港在之後幾十年成功的故事，不應掩蓋它在冷戰時期的脆弱情況，曾令英國人在整個五十年代陷入兩難處境的事實。還須強調的是，香港得以轉型為世界工業中心，後來再變成金融中心，不應只歸因於一些本地因素，如廉價勞動力、華人的營商手腕和港府「自由放任」的政策（或迷思），還要歸功於英國成功把冷戰對香港的影響減至最低。本書為香港轉型

的歷史加入國際層面，同時把香港寫入東亞國際史之中。

　　本書以香港為英美關係的個案研究，把冷戰國際史、英美外交史和大英帝國史熔於一爐。為了凸顯冷戰的全球性質，最近的學術研究重新探討中小型國家的角色，以及在美蘇對抗中一些重要性較低的問題。對於某些問題，現在已有鞭辟入裏的論述，如由親西方的挪威到親俄的芬蘭等次要盟友所起的作用；對於從佛朗哥（Franco）治下的西班牙到蘇卡諾（Sukarno）執政的印尼等威權政體，英美所採取的政策，以及在北非沙漠到喜馬拉雅山脈等偏遠地區的冷戰緊張情勢發展。[12] 雖然在戰後國際體系中，香港並非自主的參與者，但它是否參與冷戰，是美英兩國再三關注之事。本書嘗試揭示香港在亞洲冷戰中所起的真正作用，這點至今不是被忽略就是被誇大。從更宏闊的角度看，英美對於香港的政策，始終不離兩國對待中國的態度，香港也提供有用的觀點，可以由此觀察冷戰時期美、英、中三國的關係。

　　此外，本書集中討論英國和美國政策的互動，有助增進我們對所謂英美「特殊關係」的了解。不過，英美關係是建立在許多地理和功能領域之上，單以香港的案例，不足以有信服力地顯示兩國關係有多「特殊」。在這方面，本書會採用由大衛·雷諾茲（David Reynolds）、亞歷克斯·丹切夫（Alex Danchev）和英國駐美國大使

12　Mats R. Berdal, *The United States, Norway and the Cold War, 1954–60* (London, 1997); Jussi M. Hanhimäki, *Containing Coexistence: America, Russia, and the 'Finnish Solution', 1945–1956* (Kent, Oh., 1997); Jill Edwards, *Anglo–American Relations and the Franco Question 1945–1955* (Oxford, 1999); John Subritzky, *Confronting Sukarno: British, American, Australian and New Zealand Diplomacy in the Malaysian–Indonesian Confrontation, 1961–5* (London, 2000); Saul Kelly, *Cold War in the Desert: Britain, the United States and the Italian Colonies 1945–52* (London, 2000); S. Mahmud Ali, *Cold War in the High Himalayas: The USA, China and South Asia in the 1950s* (London, 1999).

法蘭克斯（Oliver Franks）提出的構想和概念。他們說，英美「特殊關係」並非平等國家之間的聯盟，而是一個互動過程，當中充滿緊密協商、輕鬆隨意的交往、期望和彼此讓步。[13] 本書會以該「特殊性」的顯著特點為框架，用來檢視與香港有關的英美關係。如果香港的案例也顯示這些特點，那或許可以印證一種說法：英美關係的性質比其他同盟關係更特殊。

　　殖民時代香港的個案也觸及大英帝國史的許多主題。除了帝國防衛問題外，這研究也將「非正式帝國」（informal empire）和「外僑社群」（diaspora）的理念加以闡發。如同威廉・羅傑・路易斯（William Roger Louis）和羅納德・魯賓遜（Ronald Robinson）所說：「在冷戰的陰影下，昔日的大英帝國丕變為英美勢力範圍，之後再變成主要由美國承擔的責任。」[14] 換言之，冷戰拯救了大英帝國，它正在慢慢轉型為英美「非正式帝國」，而英國在這個聯盟當中擔當副手角色。蓋爾・倫德斯塔德（Geir Lundestad）從冷戰而非帝國的角度着眼，認為英國（和其他美國盟友）「邀請」美國人在歐洲和世界其他地方建立「帝國」，以圍堵蘇維埃共產主義。[15] 不過，香港似乎不符合「非

13　見 David Reynolds, 'A "Special Relationship?" America, Britain and the International Order Since the Second World War', *International Affairs*, 62/1 (Winter 1985/6), 1–20；Alex Danchev, *On Specialness: Essays in Anglo-American Relations* (London, 1998), 1–13；Oliver Franks, 'The "Special Relationship" 1947–1952', in William Roger Louis (ed.), *Adventures with Britannia: Personalities, Politics and Culture in Britain* (London, 1995), 51–64。

14　William Roger Louis and Ronald Robinson, 'The Imperialism of Decolonization', *The Journal of Imperial and Commonwealth History*, 22/3 (Sept. 1994), 462–511. Quotation from 473.

15　Geir Lundestad, *The American 'Empire' and Other Studies of US Foreign Policy in a Comparative Perspective* (Oxford, 1990), 31–115; and idem, ' "Empire by Invitation" in the American Century', *Diplomatic History*, 23/2 (Spring 1999), 189–217.

正式帝國」或「應邀建立的『帝國』」（'empire' by invitation）的命題：在 1945 年之後，它仍然是英國的正式殖民地。但如約翰·達爾文（John Darwin）所指出，香港「在五十年代初，即使法理上沒有去殖民化，但實質上已經去殖民化」；它的「政治前途取決於那個已去殖民化的大國 —— 中國 —— 是否願意遵守條約條款」。[16] 本書指出，英國人在中國的陰影下得以成功保住「已去殖民化的」香港，還有賴於可稱為「海外美僑」（American diaspora）的克制，這些「海外美僑」是指為了冷戰目的而短暫逗留香港的領事、新聞官、秘密行動專家等。換言之，香港不應成為美國「非正式帝國」的一部分，無論這個「非正式帝國」是英國邀請，還是美國強行建立的。本書採用「非正式帝國」和「外僑社群」的概念來分析美國人在香港的活動，藉以更清晰呈現在地方層面的英美關係和英國殖民統治。

　　本書主要依據英美兩國的檔案材料寫成，許多之前不曾為人使用，有些是近期才解密。它們包括：英國國家檔案館所藏的外交部、殖民地部、國防部、內閣和首相辦公室記錄；牛津大學博德利圖書館所藏的麥美倫文書（Harold Macmillan Papers）和葛量洪口述歷史訪談（Alexander Grantham Oral History Interview），美國國家檔案及記錄管理局所藏的國務院、國防部和駐港總領事館檔案記錄，杜魯門圖書館和艾森豪威爾圖書館的館藏資料，美國海軍歷史中心作戰檔案分館的記錄，普林斯頓大學圖書館的藍欽文書（Karl Rankin Papers），以及喬治城大學勞因格圖書館的外交人員口述歷史訪談

16　John Darwin, 'Hong Kong in British Decolonisation', in Judith M. Brown and Rosemary Foot (eds.), *Hong Kong's Transitions, 1842–1997* (London, 1997), 30.

（foreign service oral history interviews）。儘管本書主要探討高階政
治，但也提供一些關於大眾看法的評估，這些大眾看法見於美國和英
國報章，有助我們明白政策的制定。為了闡明中國共產黨和香港的觀
點，本書也有所取捨地運用中文資料，包括已出版的文件、回憶錄、
官方彙編的專著及報紙。

　　本書並不是按時間順序來討論事件，而是採取專題框架 —— 軍
事、政治、經濟和內部，凸顯香港在冷戰時期的脆弱情況。這四個專
題章節各涵蓋 1949－1957 年的事件，同時凸顯英國應對香港外患內
憂所採取的不同策略，它們可以概括為：防務、外交、（經濟）發展
和「非政治化」。第一章首先分三節討論在英國、美國和中國共產黨
眼裏，香港在冷戰中所起的作用。目的是協助讀者了解一個大背景，
在往後四個專題章節中，英美兩國就是在這個大背景之下處理香港問
題。第二章探討英美就香港對外防務的交流。第三章檢視英國接觸中
國和約束美國的外交活動。第四章論述香港在執行對華出口管制中的
作用，以及它對英美關係的衝擊。第五章剖析英美兩國在香港的情
報、宣傳和秘密行動上的合作與衝突。本書的結語部分按時間順序，
概述 1949－1957 年間英美互動中的香港，並討論在冷戰國際史和英
美外交史中，香港這個案例所具有的更廣泛意義。後記略談 1957 年
後的事件和發展。

而一些反帝國主義的香港華人，則在 1925－1926 年加入廣州的同志，發動反英大罷工。[5] 此外，在十九世紀至二十世紀初，本地華商積極參與亞洲區域的經濟貿易。香港成為聯繫中國（尤其華南）與東南亞的華僑商業網絡的樞紐。香港是自由港，所以人、金錢和貨物都以它為主要渠道，在中國大陸和東南亞之間流動。[6]

儘管英屬香港面臨許多問題和挑戰，但在二十世紀頭二十五年，它安然度過清朝覆亡、軍閥混戰和省港大罷工。然而，日本在三十年代侵略中國，為英國自 1842 年起在香港的統治帶來最大威脅。日本人可能進犯香港，但包括邱吉爾在內的英國戰略計劃者和政治領袖都認為，香港不值得英國投入稀缺的資源來保護它以抵抗日本入侵。除了兩營加拿大援軍，英國人不會再向香港增兵。結果日本只花了十八天就打敗英軍，在 1941 年 12 月的聖誕日起佔領香港。香港的日佔時期歷時三年零八個月，香港華人、英國人和其他外僑都蒙受巨大苦難。[7] 在 1945 年 8 月，敗於美國手下的日本人把香港交還英國。

香港是英國殖民地、華人社群，也可說是國際城市，在 1945 年後，尤其是 1949 年共產主義革命後，這三重角色既有延續，又有變化。香港在戰後迅速復甦，成績斐然。軍政府掌政八個月後，楊慕琦（Mark Young）重返香港擔任總督，軍政府把權力交還他領導的文人政府。建設活動恢復，工廠重新開張，貿易聯繫再次建立。到了 1948

5　Stephanie Po-yin Chung, *Chinese Business Groups in Hong Kong and Political Change in South China, 1900–25* (London, 1998); Chan (ed.), *Precarious Balance*.

6　Stephen Fitzgerald, *China and the Overseas Chinese: A Study of Peking's Changing Policy 1949–1970* (Cambridge, 1972), 50–1.

7　Philip Snow, *The Fall of Hong Kong: Britain, China and the Japanese Occupation* (New Haven, 2003).

年，香港恢復它戰前作為偉大轉口港的地位。如消息靈通的香港經濟雜誌《遠東經濟評論》（*Far Eastern Economic Review*）所言：「在三年蓬勃發展的光榮歲月裏，貿易數字年年破紀錄，營商利潤接連上升，大多數居民生活水準改善，香港能夠重建它崩壞的門戶，在東亞轉口貿易佔有更大份額，並且商業實力比它歷史上的任何時期都更強大和雄厚。」[8]

政治方面，英國人想過在香港推行政制改革。1946 年 5 月，楊慕琦宣佈他的本地自治方案，以協助香港華人「培養積極的公民感」，人稱「楊慕琦計劃」。這個計劃的重點是設立民選的市議會。但楊慕琦的市政計劃得不到立法局內非官守議員的支持，他們在 1949 年提出另一個替代方案。接任的港督葛量洪（Alexander Grantham）也不欲推行政制改革，他認為香港華人永遠不會培養出對英國的忠誠，而且香港會在 1997 年歸還中國。然而，為了實踐英國對於改革的承諾，葛量洪在 1950 年提出擴大立法局，以非官守議員為多數，部分議員由資格受限制的選民選出。但是，非官守議員、葛量洪和英國政府都無意改革，故到了 1952 年所有政制改革的嘗試都放棄了。[9] 結果香港仍然實行「殖民」制度，也可稱為「仁慈專制」，這種情況持續至六十年代末甚至更後期。儘管缺乏民主，但英國人致力為香港人提供有效率的管治、自由和法治。

事實上，由於中國大陸出現強大的政權，1949 年後英國在香港的境況，與以往已不可同日而語。中華人民共和國成立後不久，一

8　*FEER*, 22 Dec. 1948, Vol. 5, No. 25, 643.

9　詳情參見 Tsang, *Democracy Shelved*。

份本地報紙就警告:「中國共產黨正在敲香港的大門,無人能確切預測前景如何,也不知道他們會持什麼態度。」[10] 雖然後來的事態發展顯示,北京不打算干涉香港,但英國人在管治香港時,不得不考慮「中國因素」。如港督葛量洪憶述:「香港的基本問題是它與中國的關係。」[11] 之後歷任港督都極力避免觸怒北京。此時,香港親共產黨和親國民黨份子都視這個殖民地為硝煙未息的中國內戰的另一個戰場。他們竭力在教育、勞工和出版領域爭取香港華人的民心。面臨這種棘手情況,港府須以中立政策和堅定而不挑釁的態度來處理。無論共產黨還是國民黨,如果他們的活動被視為對法律和治安的挑戰,就不會容忍。[12]

如果說香港的政治制度維持不變,它的社會和經濟情況卻不是這麼一回事了。1946－1949 年中國爆發內戰,數以十萬計內地難民逃到香港,有些人帶來資本、營商技巧,有些則身無長物,只帶來他們的勤奮性格。1945 年香港重光時人口僅六十萬,但到 1950 年中,就上升至二百三十六萬。這些難民中有來自上海的工業家,他們在香港重建其事業;主要來自廣東和福建的低技術華人,則為自三十年代起萌芽的輕工業提供廉價勞動力。[13] 長期以來,儘管有少數顯赫的本地華商冒起,但英資大洋行一直主宰香港經濟,而這種經濟集中在貿易、航運和其他與商業有關的活動。事實上,有人說,英國殖民者只對推

10　*Hong Kong Standard*, 26 Oct. 1949.

11　Sir Alexander Grantham Oral History Interview, Aug. 21, 1968, MSS. Brit. Emp. s.288, Bodleian Library of Commonwealth and African Studies at Rhodes House, Oxford, 24.

12　Tsang, 'Strategy for Survival'.

13　Wong Siu-lun, *Emigrant Entrepreneurs: Shanghai Industrialists in Hong Kong* (Hong Kong, 1988).

動轉口貿易感興趣，而忽視發展製造業。[14] 來自中國內地的華人企業家為了在戰後的香港求存，選擇發展如紡織之類的輕工業，這方面不是英資商行的傳統領域。1951 年中國遭受禁運，中國經濟在 1950 年代倒向蘇聯集團，都令香港對華貿易銳減。然而，這些因素加速了香港的工業化，雖然也有點是勢所必然。到了 1952 年初，無論在生產數量、產品種類和市場範圍，香港工業都有了自戰爭以來的「長足進步」。[15] 華人企業家主要是小規模經營，他們不單從事生產，還把產品行銷海外。有些華人製造商後來發展為大型商業集團，地位足以挑戰傳統佔主導的香港英資商行。[16] 正如一名香港經濟評論員所說：「有些人只會想到這個殖民地上英國人的一面，忘記了此地的兩百二十五萬華人，他們或直接或間接參與貿易⋯⋯他們和英國人一樣，希望這個殖民地能保持它的地位、法律治安、自由，以及他們從中國逃到這裏所享受的一切。」[17] 簡言之，中國難民和移民，不論貧富，都在香港的長期經濟轉型中發揮重要作用。

儘管香港有可觀的經濟復甦和成長，但在五十年代，一般華人大多生活仍然艱苦。數十萬名難民從中國內地湧入，造成房屋嚴重短缺、環境擁擠，以及寮屋區的衛生和火災危險。如同香港政府年報寫到它的影響：「香港的面貌經歷急劇和醜陋的變化。有礙觀瞻的寮屋

14　見 Tak-Wing Ngo, 'Industrial history and the artifice of *laissez-faire* colonialism', in idem (ed.), *Hong Kong's History*, 119–40。

15　*FEER*, 10 Jan. 1952, Vol. 12, No. 2, 61.

16　Stephen Chiu, *The Politics of Laissez-faire: Hong Kong's Strategy of Industrialization in Historical Perspective*, Hong Kong Institute of Asian Pacific Studies Occasional Paper No. 40 (1994), 65.

17　*FEER*, 24 Jan. 1952, Vol. 12, No. 4, 100–1.

區在〔香港島〕維多利亞城和九龍的永久建築物四周蔓延，填滿山谷，爬上陡坡。」它最後說：「這個殖民地對土地的渴求一向殷切，現在則近乎饑荒程度。」[18] 直至五十年代中，香港政府只向窮人提供最低限度的社會福利，以免吸引更多中國內地難民到香港。中國難民和移民只能自求多福，或者靠本地或海外志願和教會組織救濟。但是，1953 年石硤尾發生大火，超過五萬名寮屋區居民無家可歸，促使港府開展大規模徙置計劃，[19] 興建多層徙置大廈和廉租屋供窮人居住，藉此消除寮屋區的衛生和火災隱患，並騰空被佔用的土地供正常發展之用。[20] 除了為日益增加的人口提供房屋，政府也增加用於學校、醫院、道路和其他社區需要的開支。到了 1957 年，如葛量洪在回顧擔任總督十年的成就時說：

> 我們的學校和醫院比以前多。新機場快將建成，可供世界上最大型的飛機升降；清拆貧民窟的工作進展良好；造價一千萬英鎊的水塘也投入使用⋯⋯對於香港這樣一個正在成長和進步的城市來說，所有這些都可說是正常的進展。[21]

18　*HKAR 1957*, 14–15.

19　科大衛說石硤尾大火不是背後的真正原因，而只是方便的藉口，用來壓服立法局內華人議員反對資助房屋計劃的聲音。英國官員早在 1935 年就提出這種計劃，而且港督葛量洪早在 1949 年就支持推行社會福利。見 David Faure, 'In Britain's Footsteps: The Colonial Heritage', in David Faure (ed.), *Hong Kong: A Reader in Social History* (Hong Kong, 2003), 660–6。

20　見 *HKAR 1957*, 16–34。

21　Alexander Grantham, *Via Ports: From Hong Kong to Hong Kong* (Hong Kong, 1965), 195.

　　雖然葛量洪描繪了如此美好的畫面,但數以萬計民眾仍然以寮屋和天台為家。在五十年代,大量香港民眾仍在掙扎求存,對他們來說,舒適的物質生活和政治抱負都是遙不可及。[22]

　　相較之下,香港的外僑(和一些華人精英)過着優渥舒適的生活。在五十年代,香港社會的外僑和華人是不相往來,有各自的朋友和娛樂圈子。雖然與戰前相比,英國人和其他外籍人士已不像過去那麼勢利和排外,但他們有些人仍然自認為比華人優越。在官場和商界專業人士圈子,華洋通婚仍然很罕見,而且因為語言隔閡和風俗習慣不同,在工作場所以外很難有什麼密切接觸。意想不到的是,兩個民族在香港和平共處。香港華人一般都很容忍英國統治,而英國殖民者對於香港的剝削,還不至會令人萌生強烈的仇洋排外情緒。[23] 反抗香港英國管治的暴力示威偶有出現,但沒有如其他英國殖民地發生的那種嚴重種族和政治衝突。簡言之,華人在戰後面臨許多問題和挑戰,但香港社會尚算和諧。兩個民族和平共處,顯示香港的國際化性質,是東方與西方交匯之處。[24]

　　因此,由於中華人民共和國在家門口成立,香港的特質歷經重大變化。香港仍屬於英國,但在實行共產主義的中國當前,殖民地政府受其陰影籠罩。香港這個華人城市因大量難民和移民從大陸湧入而改

22　David Faure (ed.), *A Documentary History of Hong Kong: Society* (Hong Kong, 1997), 233, 285.

23　James Hayes, 'East and West in Hong Kong: Vignettes from History and Personal Experience', in Pun Ngai and Yee Lai-man (eds.), *Narrating Hong Kong Culture and Identity* (Hong Kong, 2003), 179–205.

24　關於香港(表面上)西化的分析,見 Joseph Agassi and I. C. Jarvie, 'A Study in Westernization', in idem (eds.), *Hong Kong: A Society in Transition: Contributions to the Study of Hong Kong Society* (London, 1969), 129–63。

變，他們成為此地人口的主體，並為六十年代的經濟起飛貢獻良多。戰後，香港在國際舞台的地位也有所轉變。中國融入社會主義經濟，加上東南亞因去殖民化和政治動盪而減少了對華貿易，香港在海外華僑網絡的樞紐地位已不如舊時。但從五十年代末起，香港發揮新的作用，先是成為世界製造業中心，後來再蛻變為金融中心。此外，香港在 1949 年後也成為「冷戰城市」，既受美中兩國對抗所影響，又反過來影響這種對抗。總部設在香港的《遠東經濟評論》說：「香港此刻的心境和想法是，我們不再單單是我們本身的問題，而是捲入兩個世界和兩種生活方式衝突的巨大軌跡之中；此地的大變化將是更廣大的變化的一部分，而這個更廣大的變化會在翻天巨變的最終章寫下時來臨。」[25] 關於冷戰外交和策略之類的問題，「官方思維」十分重要。

香港、中國和英國的冷戰策略

在二次大戰結束後，英國工黨政府在 1947 年准許印度和巴基斯坦獨立，第二年又讓巴勒斯坦和緬甸獨立，但它堅決要把香港握在手上。保住香港，對英國的威望和經濟很重要，而隨着冷戰加劇，在戰略原因方面也很重要。香港在太平洋戰爭時落入日本人手中，是大英帝國的恥辱，英國人不理蔣介石反對，[26] 在 1945 年急欲從日本人手上

25　*FEER*, 24 Jan. 1952, Vol. 12, No. 4, 100.

26　在 1945 年，中國國民政府大概並不乏長驅直入香港的軍事實力。但得不到美國的政治支持，加上內戰復燃已迫在眉睫，蔣介石選擇克制，不反對英國人重佔香港。Tsang, *Hong Kong*, 62–4; Louis, 'Hong Kong', 1055。

收回這個地方。美國總統羅斯福（Franklin D. Roosevelt）希望在戰後把香港歸還中國，英國首相邱吉爾的反應是：「只要我一天活着，休想把香港從大英帝國手中拿走！」[27] 在戰後，儘管英國國力衰退，而且美國和蘇聯已主宰世界，但英國仍然渴望成為世界強國。外交大臣貝文（Ernest Bevin）希望組建一個由「英聯邦和美國人的勢力和資源」支持的「西歐體系」，以令英國影響力能夠「與美國和蘇聯相埒」。[28]保住香港，與維持英國世界強國地位是相一致的。

　　經濟方面，香港是管理有效率的自由港，為遠東的國際貿易提供倉儲、保險、銀行和航運設施。在殖民地部和貿易委員會眼中，它是「英國和香港工業家、貿易商、銀行家和船東在遠東的主要基地，也是英國出口貨物的重要市場」。[29] 在整個五十年代，英國都對香港擁有貿易順差。[30] 香港是英鎊區一員，把貨幣結餘放在倫敦，從而協助支持英鎊，也對英國的美元儲備有所貢獻。[31] 在借貸方面，英國為保住香港所花費的財政成本「極少」。在 1948 年後，除了三百萬英鎊用於

27　Buckley, *Hong Kong*, 170; Churchill's remarks quoted in Xiang, *Recasting the Imperial Far East*, 4.

28　CP (48) 6, 4 Jan. 1948, CAB 129/23, PRO.

29　CRO to UK High Commissioners, 7 Sept. 1949, FO 371/75839, F13676/1061/10G; Draft Minute to Prime Minister, enclosed in FO Minute by Dalton, 28 Feb. 1957, FO 371/127360, FC1152/1, PRO. Jürgen Osterhammel, 'British Business in China, 1860s–1950s', in R. P. T. Davenport-Hines and Geoffrey Jones (eds.), *British Business in Asia since 1860* (Cambridge, 1989), 215–16.

30　Clayton, *Imperialism Revisited*, 143.

31　Catherine R. Schenk, *Britain and the Sterling Area: From Devaluation to Convertibility in the 1950s* (London, 1994), 50–3, 108. 香港有美元的自由市場，表示這個殖民地可以滿足大部分它的美元需求，而無需耗用英國財政部的美元儲備。但英鎊在自由市場以大折扣兌換時，就會導致很大的美元損失。見 Catherine R. Schenk, 'Closing the Hong Kong Gap: The Hong Kong Free Dollar Market in the 1950s', *Economic History Review*, 47/2 (May 1994), 335–53。

興建機場的借款，香港沒有向倫敦要求財政協助。港府每年預算都能收支平衡。順帶一提，雖然英國仍然負擔大部分駐軍費用，但香港是「除了阿丁外，唯一繳交帝國防衛稅的殖民地」。[32] 香港對於英國經濟的真正價值很難衡量，不過，倫敦肯定認為這個殖民地難以放棄，因為它的經濟價值非常高，而且運作得很有效。[33]

　　到了四十年代末，共產主義對亞洲的威脅日大，把香港保持在英國人手中就有了重要戰略意義。除了「某些明顯的戰略優點」，如用來監聽中國和扼守中國海域的交通，[34] 英國決策者也會從冷戰角度來界定香港的重要性。英國從 1948 年起就一直在馬來亞清剿共產黨叛亂，馬來亞是為英國賺取美元的重要殖民地。[35] 到了 1949 年，共產黨在中國大陸得勝已迫在眉睫，英國也看到保衛香港對於心理因素十分重要。首相艾德禮從後來稱為骨牌理論的觀點着眼，贊同以下看法：「無法應對香港安全所受的這種〔來自共產黨〕威脅，會令英國在遠東和東南亞威信掃地」，而且「在暹羅、緬甸和馬來亞對抗共產主義的整個共同戰線，很可能會瓦解」。[36] 貝文比較兩個冷戰前哨的相似之處後，認為「香港的地位與柏林頗為相似」。他說：「和柏林的情況一

32　香港駐軍經費每年需要九百七十萬英鎊，香港付出約一百五十萬英鎊。但是，倫敦維持在香港駐軍的淨成本，每年僅需二百五十萬英鎊，因為這些軍隊就算不派到香港而部署在英國，仍會花費倫敦四百萬英鎊，而如果他們部署在英國本土，香港就不會付一百五十萬英鎊軍費。CO Minute, 6 July 1961, CO 1030/1300, FED 387/400/03, PRO。

33　應當注意，香港對某些英國商業利益的重要性，大於其對英國整體經濟的重要性。自五十年代中期香港製造業急速成長後，英國就須面對香港廉價產品，尤其是棉紡織品的競爭。Draft Minute to Prime Minister, 28 Feb. 1957, FO 371/127360, FC1152/1, PRO; Clayton, *Imperialism Revisited*, 99。

34　CRO to UK High Commissioners, 7 Sept. 1949, FO 371/75839, F13676/1061, PRO.

35　見 Thomas Kaplan, 'Britain's Asian Cold War: Malaya', in Anne Deighton (ed.), *Britain and the First Cold War* (London, 1990), 201–19。

36　CM38(49)3, 26 May 1949, CAB 128/15, PRO.

樣，很難預計事情會怎樣發展，但無論如何，維持我們在香港的地位十分重要。」[37] 雖然英國的戰略計劃者認為，「在發生世界大戰時沒有必要」保住香港，不過，在冷戰中卻不是這樣一回事，因為失去香港會「在政治和士氣上在亞洲造成嚴重影響」。[38] 因此，保衛香港成為在亞洲圍堵共產主義的關鍵環節。[39]

　　維持香港現狀也與保護英國在華經濟利益息息相關。[40] 對英國來說，「保持香港成為英國殖民地的主要理據」，是「香港具有帝國貿易基地的地位」。[41] 香港向來主要被視為「通商口岸」，其經濟功能是為英國在華的「非正式帝國」服務。[42] 由於中國大陸局勢混亂，香港日漸成為英國商業利益的主要作業基地。1937 年中日戰爭爆發後，太古洋行、怡和洋行和滙豐銀行等英資大商行逐漸重新整調業務重點和運作，從中國大陸尤其是上海轉移到香港 —— 這個過程在 1945 年之後加劇。到了五十年代初，共產黨長期挪佔和差別對待的措施，令在華英資企業無法再立足，被迫撤往香港。[43] 其後英國人把重心從在中國經商，改為與中國通商。香港是英國對華貿易的主要基地，其作用變

37　Note of meeting between Bevin and Commonwealth Ambassadors in British Embassy, Washington, 16 Sept. 1949, FO 371/76042, F14305/1024//61G, PRO.

38　JP (50) 47, 6 Apr. 1950, DEFE 4/31, PRO.

39　關於保存大英帝國和冷戰之間的關係，見 John Kent, *British Imperial Strategy and the Origins of the Cold War 1944-49* (London, 1993)。專門論述香港的，見 Tang, 'From Empire Defence to Imperial Retreat', 328。

40　簡單來說，英國在華經濟利益分兩類：一、在中國從事貿易的工業企業和房地產；二、與中國做生意的進出口和航運公司。FO Minute, 2 Feb. 1949, FO 371/75864, F1718/1153/10, PRO。

41　Paskin to Dening, 21 May 1949, FO 371/75872, F7609/1192/10G, PRO.

42　關於這個論點，見 Bickers, 'The Colony's Shifting Position in the British Informal Empire in China', 33-61。

43　馮邦彥：《香港英資財團》（香港，1996），第 136-44 頁；Shai, *The Fate of British and French Firms in China*。

得比以往更重要，雖然後來的結果令人失望。[44]

從地區的角度看，英國對於中國採取和解態度，是由它在亞洲的總體圍堵策略所塑造，也反過來塑造這種策略。英國的冷戰策略是源於它在戰後的軍事和經濟弱點，所以，壇坫周旋是它維持世界影響力和強國地位的主要工具。根據負責政策規劃的常務次官委員會估計，蘇俄對亞洲的威脅「不大可能在軍事方面」，主要危險將是共產主義的政治滲透。這樣的話，大規模軍事援助就沒有必要。反而應以美國資金支持的經濟援助為手段，幫助亞洲和西方國家「建立合作的習慣」，以對抗共產主義滲透。印度擁有「各種龐大的潛在資源」，故被視為「東南亞區域合作整體問題的關鍵」，而且「它能為〔區內〕其他國家提供的帶頭作用」，是「抗衡共產主義散播的重要因素」。[45]因此，英國政府在亞洲所構想的，是防禦性的圍堵策略，這種策略最初是以地區經濟和政治合作為基礎，最終擴大為某種軍事安排，而英聯邦的亞洲成員，尤其是印度，將在當中發揮重要作用。[46]

英國對於共產中國的態度多少與印度一致。印度認為，中共雖然是按照正統馬克思路線組織，但他們「首先是中國人，之後才是共產黨人，所以不會受莫斯科控制」。在印度總理尼赫魯（Jawaharlal Nehru）看來，「中國的對外政策仍然將不受莫斯科左右，而且……

44　Clayton, *Imperialism Revisited*, 122.

45　PUSC(32)Final Approval, 28 July 1949, FO 371/76030, F17397/1055/61G; PUSC(53)Final Approval, 20 Aug. 1949, ibid.; CP(49)58, 14 Mar. 1949, CAB 129/33; CM(49)62, 27 Oct. 1949, CAB 128/16; PUSC(53)Final Approval, 20 Aug. 1949, FO 371/76030, F17397/1055/61G, PRO.

46　關於這個論點，也見 Singh, *The Limits of British Influence*。

中國人的天性是對外國人一概不信任，俄國人也不例外」。[47] 英國也相信，假以時日，民族主義在中國的影響力將壓過共產主義。據外交部說，「鼓勵中國出現不那麼反西方傾向的唯一希望」，是給北京時間去明白，「克服其經濟困難需要西方協助」，以及「蘇俄帝國主義與中國國家利益格格不入」。[48] 因此，分化中蘇關係和遏制共產主義在亞洲擴張，應當採用和平外交手段，而非敵對的軍事措施。

　　不過，雖然英國要靠中國的善意來維持香港現狀，但為了保住在戰後世界的勢力和影響力，它也對美國仰仗很深。到了 1949 年底，貝文希望創造獨立於兩個超級強國的「第三世界勢力」構想已證明無法達成。[49] 常務次官委員會認為，英國外交政策應以維持密切的英美同盟為基礎，艾德禮內閣同意這個看法。[50] 英國不但依靠美國財政援助來復甦經濟，還仰賴美國保護西歐對抗蘇聯。[51] 在 1956 年的蘇彝士運河危機後，保守黨政府認為若沒有美國支持，英國就無法成為世界

47　Record of meeting, 24 May 1949, FO 371/76034, F8338/1075/61G; New Delhi to CRO, 1 June 1949, FO 371/75873, F8115/1192/10G, PRO.

48　FO Reports, 15 Aug. 1949, enclosed in CP(49)180, 23 Aug. 1949, CAB 129/36, PRO.

49　許多西歐國家覺得，聯邦概念比英國倡議的「第三世界勢力」概念更為吸引。英國也缺乏動員英聯邦和非洲資源的手段，而美國拒絕正式支持。John Kent, 'The British Empire and the Origins of the Cold War, 1944–49', in Deighton (ed.), *Britain and the First Cold War*, 179–80。

50　Ritchie Ovendale, 'William Strang and the Permanent Under-Secretary's Committee', in John Zametica (ed.), *British Officials and British Foreign Policy 1945–50* (Leicester, 1990), 212–27.

51　David Dimbleby and David Reynolds, *An Ocean Apart: The Relationship between Britain and America in the Twentieth Century* (New York, 1989), 188–95.

強國。[52] 只要不影響英聯邦的團結，以及不會把必要的資源從歐洲挪用到其他地方，英國就會在冷戰中緊跟華府的步伐。[53]

　　對於英國首相邱吉爾和麥美倫（Harold Macmillan）來說，英國外交政策的緩急輕重是以維持與美國的「特殊關係」為先，中英關係居次。邱吉爾算是半個美國人，與美國總統艾森豪威爾在戰時曾並肩作戰，兩人私交甚篤。在外交事務方面，邱吉爾對中國問題不感興趣，對中華人民共和國抱猜疑態度。反之，他專注於把英美合作恢復到戰時的程度，以及謀求與斯大林（Joseph Stalin）死後的蘇聯緩和。麥美倫也有相似的美國背景，戰時也有過與艾森豪威爾合作的經驗。另一方面，艾德禮和杜魯門的關係則沒有那麼密切，不過，英國外交大臣貝文和美國國務卿艾奇遜（Dean Acheson）工作關係良好，稍能彌補不足。[54] 然而，個人交情無法掩蓋英美兩國互相衝突的國家利益，即使他們的政策分歧或許主要在於方法，而非目標。事實上，邱吉爾與艾森豪威爾在許多事情上也意見相左，如緩和政策、中南半島和台灣，不過，邱吉爾希望利用與艾森豪威爾的「特殊關係」來促進英國國家利益。有時候，他很樂意為了英美關係的廣大利益而犧牲

52　Lord Beloff, 'The Crisis and its Consequences for the British Conservative Party', in William Roger Louis and Roger Owen (eds.), *Suez 1956: The Crisis and its Consequences* (Oxford, 1989), 333–4; William Roger Louis, 'The Dissolution of the British Empire', in Judith M. Brown and William Roger Louis (eds.), *The Oxford History of the British Empire*, Vol. 4: *The Twentieth Century* (Oxford, 1999), 342.

53　關於西歐、英聯邦和大西洋聯盟這「三個圈子」對於英國決策的影響，見 Kaufman, *Confronting Communism*。

54　Alistair Horne, 'The Macmillan Years and Afterwards', in Louis and Bull (eds.), *The 'Special Relationship'*, 89; Alan Bullock, *Ernest Bevin: Foreign Secretary 1945–1951* (New York, 1983), 718. 在工黨政府治下，英國駐美國大使法蘭克斯與艾奇遜很親近，而且為鞏固英美關係發揮重要作用。Danchev, *On Specialness*, 116, 119.

香港。

　　因此，香港令英國政府面臨一個長期問題：既要遷就中國，又要維持與美國的團結。另一方面，這種兩難處境多少反映了政府內兩派的潛在衝突，一派是殖民地部和外交部遠東司，他們着重香港利益和對華關係；另一派是外交部北美司、英國駐華盛頓大使館和內閣大臣，他們重視英美關係和冷戰的更廣大層面。[55] 令英國的兩面平衡做法極為棘手的是：中國試圖利用香港問題來分化英美同盟。在整個五十年代，英國官員一般認為，只要不過分挑釁中國共產黨，他們不會過問香港，因為對中共來說，香港是通往外部世界窗口，在經濟上很有用處；也可作為分化英美關係的楔子，在政治上有其價值；而且北京知道 1997 年「大限」到來，英國就要結束對香港的殖民統治。[56] 在我們繼續討論冷戰時代美國對香港的看法前，須先看一下中共的態度，以便能全面地了解英美政策。

中共對英屬香港的態度

　　中共領袖尤其是毛澤東，早在 1949 年奪得政權前就渴望改變中國的政府和社會，恢復中國的世界中心地位。經過一百年內亂和屈辱

55　路易斯進一步區分外交部中國司與殖民地部之間的不同看法，前者主要是從英中關係的角度看香港，後者則視之為邁向自治的殖民屬地。意想不到的是，港督葛量洪卻較贊同外交部的觀點，認為香港基本上是對華貿易的通商口岸，而非需要政制改革的殖民地。Louis, 'The Critical Phase', 1065, 1069。

56　Humphrey Trevelyan, *Worlds Apart: China 1953–5, Soviet Union 1962–5* (London, 1971), 59–60; Grantham to CO, 24 July 1950, CO 537/6074, 54501/1; Black to CO, 30 Oct. 1962, CO 1030/1300, FED 387/400/03, PRO.

於西方列強的歷史，毛澤東亟欲推倒傳統中國社會，建立以馬列主義思想和中國獨特歷史經驗為基礎的革命政府。毛澤東希望以「另起爐灶」、「打掃乾淨屋子再請客」和「一邊倒」為方針，令中國建立全新的外交關係。中國政府會掃除在大陸的帝國主義殘餘勢力，在平等基礎上與各國發展外交關係，並且調整中國的經濟和外交關係，投向社會主義陣營。只有這樣，毛澤東才可以向外界社會顯示中國人民真的「站起來」了。[57]

中國共產黨把決定香港和新界地位的三個條約視為「不平等」條約。[58] 在他們眼中，這些「不平等條約」是無效的，而且中國擁有香港主權的原則不可動搖。但是，在第二次世界大戰後，歸還香港不是毛澤東的首要關注，他正忙於與國民黨打內戰，之後又與美國人打冷戰。據說毛澤東早在 1946 年就向一批西方記者說過：「中國手頭的麻煩已經夠多，要去清理國內亂局，何況還要嘗試去統治台灣，無暇要求歸還香港。」[59] 在 1949 年 1 月，斯大林的代表米高揚（Anastas Mikoyan）訪問中國，毛澤東與他談論中國對內和對外政策時，表明對於香港的立場：「目前，還有一半的領土尚未解放，⋯⋯ 在這種情況下，急於解決香港、澳門的問題，也就沒有多大的意義了。」[60] 那時候中共最大的關注是在大陸擊敗國民黨，而香港在這方面有其作用。香港在歷史上是協調和監督華南戰事的地區中心。在 1947 年，

57　《周恩來外交文選》（北京，1990），第 48–57 頁。分析見 Chen Jian, *China's Road to the Korean War: The Making of the Sino-American Confrontation* (New York, 1994), 9–30。

58　它們是 1842 年割讓香港島給英國的《南京條約》，1860 年割讓九龍半島和昂船洲的《北京條約》，以及 1898 年令英國得以租借新界和二百多個島嶼九十九年的《展拓香港界址專條》。

59　引自 Tsang, *Hong Kong*, 69。

60　齊鵬飛：《日出日落：香港問題一百五十六年，1841–1997》（北京，1997），第 315–16 頁。

中共南方局成立港澳工作委員會（後來由廣東省委管理），以協助在華南進行的內戰。港澳工委對外聲稱是隸屬新華社香港分社的分支，新華社香港分社也是在同年成立，負責宣傳和統戰工作。[61]

有人認為，暫時不要求收回香港，是毛澤東在 1949 年春天共軍越過長江至 10 月中華人民共和國成立這段期間決定的。儘管中共領導層容忍英國的殖民統治，但他們視香港為重要問題。總理周恩來和陳毅、廖承志等領導人，憑藉國務院外事辦公室港澳工作領導小組指揮港澳工作委員會的工作。中華人民共和國成立後幾天，周恩來就向新華社香港分社社長喬冠華指示中國對香港的政策。據周恩來說，香港問題是「歷史遺留下來」的問題，有待歷史來提出解決的「時間和條件」。雖然中國暫時「不收回」香港，但不表示它「放棄」或「撤出」香港。反之，解決香港問題是「長期任務」。[62] 因此，人民解放軍在 10 月中旬逼近香港邊界時，他們得到的指示是避免與英國人引發任何事端。

中共決意維持香港現狀，甚至連蘇聯也動搖不了。毛澤東在 1950 年初到訪莫斯科談判中蘇同盟時，斯大林說「這個城市有許多帝國主義間諜」，試圖慫恿毛澤東奪取香港。斯大林所關注的，似乎不是鏟除香港的英「帝國主義」勢力，而是中美關係可能會正常化。在 1950 年 1 月，英國政府在外交上承認北京。斯大林擔心美國也會嘗試與中華人民共和國接觸，藉此令毛澤東背棄莫斯科。斯大林的盤算是，如果中國攻打香港，美國就會馳援英國，這樣就能阻撓北京與華盛頓之

61　許家屯：《許家屯香港回憶錄》，上冊（台北，1993），第 67 頁。

62　金堯如：《中共香港政策秘聞實錄》（香港，1998），第 2–3 頁。金堯如自 1950 年起，一直在新華社香港分社的港澳工委負責出版和宣傳工作。

間可能發展的聯繫。然而，毛澤東決心不去碰香港。[63]

把香港留在英國人手上，有助中共遂行其政治和經濟目標，尤其是 1950 年 6 月韓戰爆發以後。周恩來在 1951 年春天接見新華社香港分社社長黃作梅時，詳細說明他對香港的看法：中國對香港的政策是「東西方鬥爭全局戰略部署的一部分」，「不能用狹隘的領土主權原則來衡量」。周恩來說，艾德禮政府承認中華人民共和國，是希望「保存大英帝國在遠東的殖民地位。香港是大英帝國在遠東政治經濟勢力範圍的象徵」。但是英國和美國之間有「矛盾和鬥爭」。把香港留在英國人手上，中國共產黨反而能夠「主動」，並可以「擴大和利用英美在遠東問題上對華政策的矛盾」。此外，香港是中國通往外部世界的「窗口」，也是「突破以美國為首的西方陣營對我國實行封鎖禁運的前沿陣地」。周恩來強調，要認識維持香港現狀有「重大的戰略意義」。[64] 簡言之，中共對香港政策的基本原則，就是後來所稱的「長期打算，充分利用」。[65]

1953 年 7 月韓戰結束後，中國對香港的政策仍然不變。中國共產黨從 1954 年開始調整革命外交政策路線，呼籲與西方「和平共處」，以分化「自由世界」。[66] 英國是他們「和平共處」計劃的重要目標，尤

63　Sergei N. Goncharov, John W. Lewis, and Xue Litai, *Uncertain Partners: Stalin, Mao, and the Korean War* (Stanford, Calif., 1993), 100.

64　引自南山、南哲：《周恩來生平》（長春，1997），第 812–14 頁。在整個韓戰時期，各種貨物，無論是戰略物資還是其他商品，一直經香港走私到中國大陸。這些貨物的確切數量難以估算，但一些參與走私的香港商人由此發財起家，後來成為富豪。許家屯：《許家屯香港回憶錄》，第 267–8 頁；Grantham, *Via Ports*, 166。

65　Wong Man Fong, *China's Resumption of Sovereignty over Hong Kong* (Hong Kong, 1997), 42；齊鵬飛：《日出日落》，第 340 頁。

66　有關周恩來「和平共處」策略的分析，見 Ronald C. Keith, *The Diplomacy of Zhou Enlai* (London, 1989)。

其因為它十分關注對華貿易和香港。討論中南半島問題的日內瓦會議在 1954 年召開，儘管美國在會上不肯妥協，但周恩來與英國外交大臣艾登（Anthony Eden）為和平解決事件採取了務實的態度，兩人顯然因此惺惺相惜。同年 6 月，周恩來和艾登會面，同意將中英外交關係提升至代辦級。在日內瓦會議結束後不久，英國工黨代表團就到訪北京。周恩來在接見這些英國客人時，詳細談到如何改善中英關係和加強和平合作。但周恩來強調：「不成熟的問題，也不要去談，例如香港問題。……至於我們是否要收復香港，如何收復，〔中國〕政府還沒有考慮過。」[67]

不過，中國容許英國統治香港並非沒有底線。港督葛量洪在 1955 年私人訪問北京，他與周恩來會面時，據說周提及幾項關於香港的「行為守則」。中國願意容忍英國人留在香港，條件是不能令香港成為反共基地；不能令香港為敵對勢力利用，以對中國進行顛覆破壞活動；港府並須致力保護中國政府駐港人員和機構。[68] 葛量洪在回憶錄中記載了與周恩來的談話，但沒有提到「行為守則」。根據他的回憶錄，葛量洪在北京與周恩來談到，葡萄牙人準備慶祝澳門開埠（即成為葡萄牙殖民地）四百周年。周恩來說「中國政府和人民不喜歡這種典禮，澳門和香港的中國人也不喜歡」。在葛量洪眼中，最後一句話是「露骨的威脅，暗示共產黨人會在這兩個殖民地挑起事端，而且可能是嚴重事件」。[69]

67　《周恩來外交文選》，第 83 頁。

68　羅亞：《政治部回憶錄》（香港，1996），第 94 頁；以及 Byron S. J. Weng, 'Taiwan–Hong Kong Relations, 1949–1997 and Beyond', *American Asian Review*, 15/4 (Winter 1997), 165。

69　Grantham, *Via Ports*, 184–7. 結果，澳門原定舉行的慶典被取消。

根據美國駐港領事館的美軍聯絡官評估：「葛量洪爵士在北京得到有關澳門的警告，其實是針對香港。」[70] 因此，無論周恩來是明確告訴葛量洪香港應遵守什麼「行為守則」，還是僅以澳門為例子來暗中傳達這個訊息，都無關宏旨。重要的是英國人知道，中國會以激烈手段回應它眼中香港的挑釁活動，情況就像澳門原定舉行的慶典一樣。這表示倫敦和北京對華盛頓可能利用香港為顛覆大陸的基地都很有戒心。美國是否想過利用香港發揮這種作用？

美國政策中的反殖民主義、反共主義和「特殊關係」

在太平洋戰爭期間，信奉威爾遜民族自治原則的羅斯福總統，幾次要求英國在戰後結束香港的殖民統治。在 1945 年 2 月召開雅爾塔會議時，羅斯福在與斯大林舉行秘密會議，在會上表示希望「把香港主權歸還中國」，並把這個地方變成「國際化的自由港」。然而，隨着戰事發展，美國支持蔣介石索回香港的熱情逐漸冷卻，一方面是因為覺得蔣介石無能，另一方面是英國愈來愈重要。8 月 30 日，在杜魯門政府默許下，英軍指揮官夏慤（Cecil Harcourt）少將開進香港接受

70　Rittgers to Drumright, 29 Nov. 1955, RG 84, USIS HK 1951–5, Box 6, NA.

日軍投降。[71]

　　不過，在 1945 年後，英國不能想當然地認為美國會支持它在香港的殖民統治。在冷戰時代，美國原則上（如果不是實際行動上）仍然是反對殖民主義，而且不想與歐洲殖民主義關係太密切。[72] 在 1949 年中期，美國考慮應否把「香港問題」交付聯合國，但國務院認為：「這會為共產黨提供機會擔當能獲取廣大民心的角色，並會在殖民問題上……令本政府難堪。」[73] 在 1957 年關於香港的一份參謀研究中，美國國家安全委員會的計劃委員會清楚指出：

> 雖然香港管治記錄一向良好，而且經濟和社會方面成就可觀，但仍然是白人對一塊以帝國主義手段獲得的亞洲土地，實行家長式殖民統治的例子。美國公開支持英國在香港的統治，會在亞洲和非洲的前殖民地區成為政治負累。[74]

　　在另一些層面，英屬香港對美國國家利益似乎不太重要。在 1949 年，美國出口香港的貨物佔其總出口額不到 1%，而它從香港進口的

71　關於在二次大戰時期美國對於香港去殖民化的態度，見 Chan Lau Kit-cheng, 'The United States and the Question of Hong Kong, 1941–45', *Journal of the Hong Kong Branch of the Royal Asiatic Society*, 19 (1979), 1–20；William Roger Louis, *Imperialism at Bay: The United States and the Decolonization of the British Empire, 1941–1945*, paperback edn. (Oxford, 1986), 279–80, 456；以及 Andrew Whitfield, *Hong Kong, Empire and the Anglo-American Alliance at War, 1941–1945* (Basingstoke, 2001)。

72　David Goldsworthy, 'Britain and the International Critics of British Colonialism, 1951–56', *The Journal of Commonwealth and Comparative Politics*, 29/1 (Mar. 1991), 16.

73　Sprouse to Butterworth, 8 Aug. 1949, 846G.00/8–849, RG 59, DF 1945–9, Box 6158, NA.

74　Staff Study on Hong Kong, enclosed in Note by Executive Secretary to NSC, NSC 5717, 17 July 1957, *DDRS*, 1988, Fiche 25.

貨品就更微不足道了。1950 年底中國介入韓戰，美國和聯合國對華實行戰略物資禁運，美國與香港的貿易遂陷於停頓。到了 1957 年，儘管出口管制逐漸放鬆，但貿易仍沒恢復到 1949 年的水平。[75] 在 1949 年時，居住在香港的美國人不到一千人，八年後增至兩千多一點。參謀長聯席會議從安全的角度看，在 1949 年認為，英國保留香港對於美國沒有什麼軍事或戰略利益，但如果失去香港，對大英帝國會有深遠的心理影響。美國軍方在五十年代一直持這種看法。[76]

不過，在四十年代末冷戰加劇後，美國漸漸發覺，利用殖民地和前殖民地在全球圍堵共產主義有很大價值。可以說，冷戰拯救了大英帝國，它已逐漸變為英美「非正式帝國」，而英國在這個聯盟中扮演次要角色。[77] 反殖民主義是影響美國政策過程的力量，但也必須權衡兼顧其他安全和政治上的因素，例如全球權力平衡和盟友團結。[78] 如一位學者指出，在「殖民宗主國很弱，而解放運動明顯反共」的地方，美國就最樂意直接施壓要求歐洲國家實行去殖民化。[79] 香港的情況不同於荷屬東印度，英國並非像荷蘭那麼弱的殖民宗主國，因此杜魯門政府沒有大力要求結束香港的殖民統治。反之，大英帝國的軍事基地和情報蒐集站遍佈全球，美國在反共鬥爭中對它十分倚重。此

75　Census and Statistics Department, *Hong Kong Statistics, 1947–67* (Hong Kong, 1969), 97, 99; B. R. Mitchell (ed.), *International Historical Statistics: The Americas 1750–1988* (London, 1993), 430.

76　見本書第二章。

77　關於這點，見 Louis and Robinson, 'The Imperialism of Decolonization'。

78　William Roger Louis, 'American Anti-Colonialism and the Dissolution of the British Empire', in Louis and Bull (eds.), *The 'Special Relationship'*, 262.

79　Geir Lundestad, *East, West, North, South: Major Developments in International Politics 1945–1990* (Oslo, 1991), 261.

外，許多香港華人是為逃避共產黨統治而逃出中國大陸，他們沒有強烈要求獨立甚至自治。事實上，由於香港獨立不可行，若英國在 1949 年後結束對香港的殖民統治，就等於把此地交給中共控制。戰後的美國政府無論多不贊同歐洲殖民主義，一般都視香港為去殖民化過程中的例外情況。

　　1949 年中華人民共和國成立和 1950 年韓戰爆發後，美國開始視香港的角色是為其外交政策目標服務。首先是利用香港來蒐集情報和「觀察中國」。香港有三個有助於美國情報工作的有利因素：它在地理上與中國大陸接近，此地有華人人才，還有英國設施的便利。美國於 1843 年在英屬香港開設領事館，是首個這樣做的外國政府。[80] 1949 年中共建政，令美國駐港領事館有了新的重要性。有鑒於共產黨對待美國駐瀋陽領事的方式，杜魯門政府在 1949－1950 年冬天關閉所有在中國大陸的大使館和領事館。結果，所有領事和報告業務都轉到美國駐香港領事館，把這個在 1949 年時「人員寥寥的平靜駐外據點」，在 1953 年的時候變成「繁忙的中心，簽證、公民事務、航運、宣傳，以及蒐集和彙報政治、經濟情報等業務十分繁重」。[81] 此外，在五十年代初，共產黨對大陸的控制已鞏固，令在極權國家佈置情報人員更為困難。[82] 香港因其戰略位置，成為美國在中國外圍的重要監聽站，其時

80　Tucker, *Taiwan, Hong Kong, and the United States*, 198.

81　Rankin to Wright, 15 Nov. 1949, Karl Rankin Papers 1916–1973, Correspondence (Apr. 1948–May 1950), Box 4, Folder 5, Manuscripts Division, Department of Rare Books and Special Collections, Princeton University Library; Memo. on Hong Kong, Mar. 1953, RG 59, CA 1945–55, Reel 18, NA.

82　McConaughy to Acheson, 15 June 1951, RG 263, The Murphy Collection on International Communism 1917–58, China, Box 31, NA.

華盛頓與北京沒有正式外交接觸，在大陸內又沒有正式的行動基地。[83]
情報是靠向難民打聽和監看報章取得的。[84]

　　美國在香港情報活動的另一個重要方面，是報告經濟情況和出口
管制工作。1950 年北韓入侵南韓後不久，美國就取得其他西歐國家同
意對華實行出口管制；而在 1950 年底至 1951 年中國於韓國發動一連
串攻勢後，美國又獲得聯合國批准對華實行戰略物資禁運。美國國務
院認為，香港傳統上是中國的轉口港，因此「是日益明顯和廣受關注
的威脅，會危及美國實行阻止中共獲得貨物和外匯的政策」。[85] 為保證
禁運的戰略物資不會輾轉流入中國，美國駐港領事館奉命進行廣泛的
出口檢查，並要巨細無遺地調查香港的進口需求。[86] 香港鄰近中國大
陸，令美國人得以（而且極有必要）監督此地執行出口管制的情況。[87]

　　美國人也以秘密方法在香港獲取情報。美國情報部門在 1949 年
於香港設立監聽站。[88] 中央情報局（中情局）香港站附屬在美國總領
事館內，以領事館為掩護。[89] 1950 年中情局買下民航空運公司（Civil
Air Transport Incorporated，簡稱民航公司），用作其秘密行動的空運

83　Flake to McConaughy, 14 May 1952, RG 59, CA 1945–55, Reel 24; McConaughy to Burns, 18
　　Oct. 1955, RG 59, CA 1954–6, Miscellaneous File 1956, Box 16, NA. 如中情局國家評估辦公
　　室遠東參謀長羅素‧傑克‧史密夫（Russell Jack Smith）憶述：「〔1949 年後〕香港成為美
　　國觀察中國的瞭望台⋯⋯事實上，中國觀察家擁有的優勢，並不比在華盛頓的分析家多。
　　但他們確實與中國很接近，這倒是不小的優勢。」Russell Jack Smith, The Unknown CIA: My
　　Three Decades with the Agency (Washington, 1989), 87.

84　見本書第五章。

85　Memo. on Hong Kong, Mar. 1953, RG 59, CA 1945–55, Reel 18, NA.

86　Richard E. Johnson Oral History Interview, 30 Jan. 1991, FAOHP, GU, 6–8.

87　見本書第四章。

88　Tucker, Taiwan, Hong Kong, and the United States, 200.

89　Ronald Kessler, Inside the CIA: Revealing the Secrets of the World's Most Powerful Spy Agency
　　(New York, 1992), 33.

部門，香港從此成為民航公司的財務和管理總部。[90] 1950 年美國關閉
駐中國的大使館後，美國駐港領事館的工作範圍擴大，中情局香港站
同樣在五十年代擴大規模，而且日益重要，以應付對於中國情報愈來
愈大的需求。[91] 因此，曾任中情局駐斯堪的納維亞特工，後來當上中
情局長的科爾比（William Colby）在五十年代初説，斯德哥爾摩「已
非主要情報中心」，「秘密蒐集情報的最大挑戰在別處，是在柏林、維
也納和香港。」[92]

　　在技術情報蒐集方面，美國得益於英國設在香港的信號情報站。
根據 1948 年簽定的《英美保安協定》，蒐集信號情報的責任是根據地
理區域，分別劃歸美國、英國、澳洲、新西蘭和加拿大負責。雖然英
國政府通信總部（British Government Communications Headquarters）
負責的主要範圍，是蘇聯烏拉爾山脈以東地區和非洲，但全世界英國
殖民地的信號情報設施都歸它掌管，只是在某些地方會與其他信號情
報機構共同管理。[93] 在四十年代末，英國人在九龍大埔仔建立主要的

90　民航公司最初是由陳納德（Claire Chennault）將軍和魏勞爾（Whiting Willauer）創辦，以
　　協助蔣介石對抗中共的戰爭。中情局在 1950 年買下民航公司後，香港成為該公司新的財務
　　和管理總部，陳納德將軍獲「晉升」為台北的董事長，魏勞爾則在香港擔任總經理。中情局
　　香港站站長高克斯（Alfred Cox）成為民航公司的副經理，除了負責中情局在亞洲的秘密活
　　動，還肩負這家航空公司的管理職務。Leary, *Perilous Missions*, 113–15; Prados, *President's
　　Secret Wars*, 63–4.

91　Aldrich, '"The Value of Residual Empire"', 232–6.

92　William Colby, *Honorable Men: My Life in the CIA* (New York, 1978), 103.

93　Jeffrey T. Richelson and Desmond Ball, *The Ties That Bind: Intelligence Cooperation between
　　the UKUSA Countries—the United Kingdom, the United States of America, Canada, Australia
　　and New Zealand* (Boston, 1985), 1–4, 141–51. 根據研究情報史的學者克里斯托弗・安德魯
　　（Christopher Andrew）説，英美秘密協定簽署的時間應是 1948 年，而非大多數學者（包括
　　傑弗里・里徹爾森 [Jeffrey T. Richelson] 和德斯蒙德・鮑爾 [Desmond Ball]）所指的 1947
　　年。Christopher Andrew, 'Intelligence and International Relations in the early Cold War',
　　Review of International Studies, 24/3 (1998), 328。

信號情報站，由皇家空軍第 367 通信隊負責，該站在 1951 年遷到香
港島的小西灣。香港信號情報站的主要目標是中國東南方和南中國海
一帶，由英國政府通信總部和澳洲國防通信局（Australian Defence
Signals Directorate）共同運作，也派駐了美國聯絡人員。蒐集到的信
號情報會由英美情報機構共享。[94] 韓戰爆發後，截取中共軍事通信對
聯合國部隊的作戰非常重要。英國在香港的信號情報設施很受重視，
所以英美兩國制定了緊急撤走這些設施的方案，準備一旦中國攻打香
港時付諸實行。[95] 香港站的攔截範圍集中在華南，對於華北中共部隊
調動所能提供的信號情報，即使有也十分少。[96] 儘管如此，美國在冷
戰時期仍然不會放過大英帝國眾多便利的監聽站，亟思加以利用。[97]

　　此外，美國海軍很重視香港為其官兵提供的「休息娛樂」設施。
吸引美國海軍前來的一大優點是香港的深水港。一份提供給美國太平
洋艦隊總司令的簡介小冊子說：「香港的港口已經詳細測繪，航行方
面一般不會遇到什麼困難。」此外，那裏有「充足的碼頭設施」，還
有「足夠的私人船塢，足以處理一般的緊急船舶修理」，而最近的美
國海軍維修設施是在菲律賓。[98] 如五十年代初擔任太平洋司令部總司
令的雷德福（Arthur Radford）生動地形容：「香港的寧靜、美食和

94　見 Ball, 'Over and Out', 474–96。

95　見 James Bamford, *The Puzzle Palace: A Report on America's Most Secret Agency* (Boston, 1982), 318–19。

96　Matthew M. Aid, 'American Comint in the Korean War: From the Chinese Intervention to the Armistice', *Intelligence and National Security*, 15/1 (Spring 2000), 16.

97　在五十年代，美國打算在泰國靠近中國的地方興建信號情報站，儘管兩國在 1954 年結成美泰共同安全同盟，但建站計劃遭到地方人士反對。另一方面，國家安全局獲准在香港建立通信情報中繼站，與菲律賓的中繼站聯繫起來。Aldrich, '"The Value of Residual Empire"', 247; Ball, 'Over and Out', 479。

98　CINCPACFLT Briefing Pamphlet No. 9–54, Apr. 1954, RG 59, CA 1945–55, Reel 19, NA.

令人舒適的歐式設施，令我深信這個英國殖民地應該成為太平洋艦隊官兵的主要休息娛樂中心。」[99] 尤其在第七艦隊司令眼中，香港是最優良的自由港之一，故大力主張安排「盡量多的船艦」到訪這個殖民地。一份關於這支艦隊在 1954 年中至 1955 年中的行動的報告說：「定期編排第七艦隊船艦到訪遠東不同港口休假和娛樂，有助提升士氣，我們正着力編排每艘船在出勤期間，至少造訪香港一次。」[100]

　　香港是供東南亞所用的反共文宣材料的製作和協調中心，為美國對付中國的心理戰貢獻不少。1949 年成立的香港美國新聞處（美新處）地位特殊，這得益於香港有利的環境 —— 此地與中國近在咫尺，有能幹的華人，以及製作成本低廉。國務院計劃監察員奧爾森（Theodore B. Olson）在 1953 年提交關於香港美新處的報告中表示：「香港的真正重要性有兩重：一、窺探共產中國的窗口，也是一扇可內外雙向開啟的門；二、中國情報和中國人才匯聚之地，可以就地有效地運用，製作以其他地方華人為對象的文宣材料。」他接着說：「美新處在香港的行動規模相對小，但卻異常複雜。它針對的對象群體不只一個，而是至少四個；不是針對單一國家，而是七個或以上。」雖然美新處以香港為基地，但香港受眾，包括華人和英國人，在其「緩急輕重中只排第三和四位」，低於海外華人和大陸華人。雖然反共文宣是在香港製作，但主要供東南亞其他美新處和華盛頓其他部門使用。[101]

99　引自 Association for Radical East Asian Studies, *Hong Kong: Britain's Last Colonial Stronghold* (London, 1972), 100。

100　Commander of Seventh Fleet to CNO, 9 Aug. 1955, Post 1946 Reports, Box 39, NHC.

101　Inspection Report to State by Olson, 9 June 1953, RG 84, USIS HK 1951–5, Box 1, NA.

　　香港美新處主要負責製作中文的反共文宣，包括印刷品、電台廣播節目和電影。它的主要出版物包括標明由美新處出版的半月刊《今日世界》（*World Today*）（1952年前名叫《今日美國》〔*America Today*〕），另外還有隱藏出版方的月刊畫報《四海》（*Four Seas*）。它也印製小冊子和電影單張，還協助本地出版社出版和翻譯書籍。美新處也為「美國之音」的廣播節目製作中文稿，這些節目是由馬尼拉和檀香山的發射站播出的。[102] 在1953年8月，艾森豪威爾政府成立美國新聞總署（United States Information Agency），接手之前是由國務院掌管的所有海外新聞項目，並執行新設立的行動協調委員會（Operations Coordinating Board）的計劃。[103] 美國新聞總署審批世界各地美新處提交的國家計劃，並為促進美國國家利益的官方宣傳提供指導。[104] 它顯示，除了由中情局執行的心戰和秘密行動，美國也加強公開宣傳（即白色宣傳）工作。[105]

　　然而，美國的戰略、經濟和軍事利益是全球性的。華盛頓認為香港有助情報蒐集、公開宣傳和對華出口管制，這是一回事；美國政府是否必然按美國駐港領事館的政策建議行事，又是另一回事，[106] 遑論承諾美國會協防這個英國殖民地。事實上，對於蒐集有關中國的情報，台灣也發揮重要作用。在1955年後，中情局台北站規模變得

102　HK to USIA, 16 Mar. 1953, RG 84, USIS HK 1951–5, Box 3, NA.

103　Scott Lucas, 'Campaigns of Truth: The Psychological Strategy Board and American Ideology, 1951–1953', *The International History Review*, 18/2 (May 1996), 296–9.

104　Hans W. Tuch, *Communicating with the World: U.S. Public Diplomacy Overseas* (New York, 1990), 48.

105　見本書第五章。

106　Tucker, *Taiwan, Hong Kong, and the United States*, 215–16.

很大,有六百名職員,美國又在台灣派駐軍事情報單位,並設立先進的電信監聽設施,美國充分利用這個盟友的領土從事情報和秘密行動。[107] 如果說,英國政府在與中國打交道時須顧慮香港,那麼美國政府最關心的,肯定是美國國內政治和在全球與蘇聯鬥爭,而非香港的命運。在整個五十年代,美國逐漸(有時候是不大情願)增加它為台灣承擔的義務:提供大量經濟和軍事援助,簽定共同防禦條約,並支持台灣繼續保持在聯合國和其他國際組織的代表權。另一方面,中國介入韓戰後的杜魯門政府和 1953 年後的艾森豪威爾政府,都試圖以政治孤立、經濟遏制和軍事包圍來削弱中國。美國希望以強硬的楔子策略來對付中國,加深北京對莫斯科的依賴,從而在這兩個社會主義兄弟國家之間製造無法滿足的期望和不切實際的要求,最終使中蘇同盟瓦解。[108] 簡言之,香港只是美國須考慮的全球因素中無足輕重的一個。

如果說,香港本身對於美國的全球利益微不足道,那麼,在冷戰中充當副手的英國就肯定至關緊要。戰後初期,德國和法國百廢待興,英國仍是主要強國,並協助促使其他歐洲國家支持美國的圍堵策略。美國需要英國出力保衛西歐,並期望英國帶頭整合歐洲。在 1956 年蘇彝士運河危機前,美國人基本上把中東視為英國的責任。[109] 然而,所謂的英美「特殊關係」,在亞洲似乎問題比較大。無論與邱

---

107 見 John W. Garver, *The Sino-American Alliance: Nationalist China and American Cold War Strategy in Asia* (Armonk, NY, 1997), 186–93。

108 關於美國對付中蘇同盟的楔子策略,見 John Lewis Gaddis, *The Long Peace: Inquiries into the History of the Cold War* (New York, 1987), 147–94。

109 David Reynolds, 'Great Britain', in idem (ed.), *The Origins of the Cold War in Europe: International Perspectives* (New Haven, 1994), 77–95.

吉爾的交情如何密切，艾森豪威爾都不想讓人覺得他給予英國特權地位，在他眼中，英國只是「眾多盟友之一」。[110] 但私底下艾森豪威爾對英國人抱有較大期望。尤其是危機當前之際，美國渴望與眾盟友共同進退，以減輕圍堵的負擔。實際上，英國因而成為冷戰時期美國所有盟友中最親密無間的一個。[111]

110　Ritchie Ovendale, *Anglo–American Relations in the Twentieth Century* (London, 1998), 100.

111　艾倫 · 多布森（Alan P. Dobson）對英美之間的正式和非正式（或事實上的）特殊關係加以區分。見 Alan P. Dobson, 'Informally Special? The Churchill–Truman talks of January 1952 and The State of Anglo–American Relations', *Review of International Studies*, 23/1 (1997), 27–47。

第二章

堅守不可守的殖民地：
英美關於香港安全問題的交流 [1]

經歷日本佔領和蔣介石索還香港不果後，對於英國保住香港最大的挑戰在 1949 年到來，那時中國共產黨擊潰國民黨贏得內戰已是指日之事。工黨政府兩度派兵增援香港以收嚇阻之效，若嚇阻不成，就用這些援軍抵擋可能攻打香港的共軍。結果，中華人民共和國在該年 10 月成立，香港安堵如故。不過，在北京的陰影籠罩下，倫敦在整個五十年代繼續為香港的脆弱憂慮不已，那時韓國、中南半島和台灣海峽相繼爆發衝突，在中美大戰的背景下，香港受攻擊的恐懼縈繞不去；此外，由於英國本土經濟和防務政策，削減海外駐軍已成必要之舉，令香港在面臨外敵攻擊時，如果沒有外界協助就無法防衛。在 1957 年，新上台的保守黨政府全面檢討防務，香港防衛問題再次成為焦點，香港駐軍將減少至不敷應付內部保安的主要任務。在這個時期，美國海空軍對香港的支援，被視為守住這個不可守的殖民地的關鍵。

在美國看來，保衛香港的重要性不在於這件事本身，而在於其對

1　本章修改自拙文：'A Reward for Good Behaviour in the Cold War: Bargaining over the Defence of Hong Kong, 1949–1957', *The International History Review*, 22/4 (Dec. 2000), 837–61。

國際事務特別是英美關係的影響。美國軍官評估了共產黨的威脅，以及英國堅守香港的意圖和能力，以此為依據來衡量香港的安全。但是，華府決策者在考慮美國可能為香港承擔的義務時，他們更為重視的因素是：倫敦在亞洲其他地方可能給予美國的支持。同樣，對於美國反應的計算和期望，是英國規劃香港防務時的關鍵因素。

中共的勝利及其對香港的影響

從 1948 年底開始，共產黨在中國東北和華北打敗國民黨，英屬香港的未來就變得不確定。在 1949 年初，英國人不擔心共產黨直接進攻香港，反而擔心因難民湧入引發的內部動盪、共產黨煽動罷工，以及本地游擊隊施襲。[2] 因為自 1946 年起英國為香港制定的防衛政策，是在發生世界大戰或受到大規模攻擊時放棄這個殖民地，所以香港駐軍僅有一個步兵旅。殖民地部認為這樣的兵力「極為不足」，無力應付可能出現的難民問題和游擊隊襲擊。但要待到 4 月 20 日發生大大打擊英國在遠東威信的「紫石英號」（*Amethyst*）事件後，[3] 內

2　CO Memo. for COS Secretariat, enclosed in Paskin to Dening, 5 Jan. 1949, FO 371/75871, F629/1192/10G; MoD to GHQ,FE, 15 Jan. 1949, F1059/1192/10G, PRO.

3　在 4 月 20 日，皇家海軍巡防艦「紫石英號」從上海航向南京時，遭共軍炮火猛烈攻擊，該艦受到重創並有重大傷亡，擱淺在長江。皇家海軍幾次嘗試救出「紫石英號」，結果造成更多人員犧牲。「紫石英號」最終在 7 月底逃脫，但這事件成為英國國會激烈爭論的題目，並且暴露了英國在遠東勢力的局限。據曾銳生說，英國決定增兵香港，主要是為在此屈辱事件後，恢復遠東對英國的信心。Tsang, *Hong Kong*, 73–4。有關「紫石英號」事件的全面記述，見 Malcolm H. Murfett, *Hostage on the Yangtze: Britain, China, and the Amethyst Crisis of 1949* (Annapolis, Md., 1991)。

閣才決定（事件發生八天後）向香港增派一個旅，以加強香港衛戍兵力。[4]

　　該年 5 月中共部隊繼續向南推進，英國人憂慮的事情開始不只是內部騷動，還有共軍直接進攻香港的危險。參謀長委員會和外交部認為，已獲准增派的部隊無法應付大規模攻擊，為顯示英國保衛香港的決心，必須再增兵。[5]艾德禮內閣逐漸從冷戰角度看這個問題：無法應付共產黨對香港的威脅，「會令英國在遠東和東南亞威信掃地」，而且「整個對抗暹羅、緬甸和馬來亞共產主義的共同陣線很可能瓦解」。在 5 月 26 日，內閣決定再次向香港增兵，把陸軍兵力增強至一個師加一個旅，並有重炮、坦克和海空軍支援。[6]同時，香港政府通過許多法例，以加強應付內部保安情況的權力，如宵禁、鎮壓非法罷工、人事登記和驅逐不受歡迎人物。[7]憑着實力大增的駐軍，而且掌握了制空和制海權，英國人有信心能嚇阻共軍攻擊；如果阻嚇不了，就以這些兵力奮戰抵抗，同時向聯合國求援。但是，他們把這樣的大軍（總共五個旅）派駐香港，卻提升了這個地方的重要性，而失去香港會嚴重影響英國威信和帝國防務。[8]因此，儘管工黨政府有信心能保衛香港，但仍然希望爭取英聯邦國家和尤其是美國答應給予支持。

　　無論在歐洲的英美關係如何密切，倫敦都不能指望美國會理所

4　CO Memo. for the COS Secretariat, 5 Jan. 1949, FO 371/75871, F629/1192/10G; CM30(49)4, 28 Apr. 1949, CAB 128/15, PRO.

5　CP(49)118, 24 May 1949, CAB 129/35; Memo. by Attlee, 25 May 1949, FO 371/75872, F7788/1192/10G, PRO.

6　CM38(49)3, 26 May 1949, CAB 128/15, PRO; *HKAR 1949*, 4.

7　Lieutenant Colonel D. H. Oxley (ed.), *Victoria Barracks 1842–1979* (Hong Kong, 1979), 69.

8　Tsang, *Hong Kong*, 74.

當然地支持英國在亞洲的殖民統治。如 1949 年初英國駐加拿大署理
高級專員在報告中説：「在北美洲人們對整個殖民統治的想法深惡痛
絕」，若英國「想爭取加拿大或美國支持它以武力來維持對於某個直
轄殖民地的主權，事實上需要有非常充分的理由」。[9] 為獲得美國支
持，英國人的盤算是把防衛香港描繪為「抵抗〔共產黨〕侵略的決
定」，而非維持英國殖民統治的政策。[10] 貝文認為，倫敦接觸華府時
必須「非常慎重」。英國政府在這階段想要的，是美國「道義上的支
持」，而非「美國政府發出公開聲明」表示願意保衛香港，因為這可
能會「為美國政府帶來困難，尤其此時〔北大西洋〕公約和武器法案
的批准仍在審議之中」。英國駐美大使法蘭克斯同意此事的處理須慎
之又慎，以令「美國人不會覺得我們強人所難」。[11]

在 1949 年初，對於以歐洲為重的杜魯門政府來説，遠東問題在
其全球議程上所佔的位置並不高，它那時正集中精力應付柏林封鎖和
制定《北大西洋公約》。由於美國在香港缺乏重大利益，在國務院眼
中，香港前途因中共長驅南下而變得不確定，只是「英國的問題」，
建議美國政府不要主動向英國人提起此事。[12] 因此，在 4 月初於華盛
頓簽署《北大西洋公約》時，貝文向艾奇遜説，在香港問題上「我們
應持堅定立場，這點十分重要」，艾奇遜對此「不置可否」。英國外

9　Acting UK High Commissioner in Canada to CRO, 28 May 1949, FO 371/75873,
　　F7962/1192/10G, PRO.

10　CM38(49)3, 26 May 1949, CAB 128/15, PRO.

11　FO to Paris, 28 May 1949, FO 371/75873, F7862/1192/10G; Paris to FO, 2 June 1949,
　　F8104/1192/10G; Franks to FO, 3 June 1949, FO 371/75874, F8159/1192/10G, PRO.

12　Memo. by Davies, 24 May 1949, enclosed in Sprouse to Butterworth, 24 May 1949, RG 59, CA
　　1945–55, Reel 14, NA.

交部的會議記錄說，這「不太令人鼓舞」，因此應盡一切努力令美國人相信，「香港對美國遠東事務之重要，不亞於它對英國的價值」。[13] 兩天後貝文告訴艾奇遜，對於香港「英國傾向堅持到底，如有必要，就把它變成『東方的柏林』，無論中國局勢最終如何發展，都可以用它來施加影響力」。艾奇遜覺得：「另一個柏林的想法，如果還要再來一次空運，那真的令我十分厭煩！」[14]

事實上，杜魯門政府在此階段不大清楚英國對香港的長期政策。英國外交部希望與中共保持良好關係，所以工黨政府自二次大戰結束後，就不再就英國對香港的意圖發出任何強硬的聲明。雖然內閣在4、5月決定向駐港英軍增兵，但直至6月中旬，它還沒有制定關於香港未來的長期政策。[15]

美國國務院政策計劃處（Policy Planning Staff）處長喬治・凱南（George Kennan）被艾奇遜問到該如何與英國人討論香港問題時，他回答：「至少要先知道英國有何打算，在此之前，我方提出政策建議，大概都只是空談」，他還建議艾奇遜，如果貝文提到這個問題，就採用「蘇格拉底式提問法」，問對方一些問題來弄清楚英國的看法。[16] 這種機會在5月31日巴黎舉行外長會議時出現。貝文向艾奇遜發送一

13　Franks to FO, 2 Apr. 1949, FO 371/75839, F4805/1061/10; Minute by Coates, 5 Apr. 1949, ibid., PRO.

14　Memo. of Conversation, 4 Apr. 1949, *FRUS, 1949*, 7, pt. 2, 1138–41. 如曾銳生和路易斯極力指出，英國人從冷戰角度來界定香港的重要性，是為了爭取美國支持，而不是想把這個殖民地變成像柏林那樣隨時爆發危機的熱點。Tsang, 'Strategy for Survival', 294; Louis, 'Hong Kong', 1082.

15　內閣直至1949年6月23日才決定馬上「徹底檢討關於香港的長期政策」。有關戰後初期英國對於香港地位的態度，見Tsang, *Hong Kong*, 54–62。

16　Kennan to Butterworth, 31 May 1949, 846G.00/5–3149, RG 59, DF 1945–9, Box 6158, NA.

份備忘錄，宣佈英國決定再向香港增兵，並要求美國給予「道義上的支持」，「以對我們全體阻止共產主義擴張的總目標有所貢獻」。[17] 幾天後，貝文的顧問巴克利（R. E. Barclay）提出香港問題，艾奇遜就表示，如果香港無端受到軍事攻擊，美國會給予英國「道義上的支持」，並支持英國人「向聯合國申訴」，但國務院認為這種攻擊不大可能發生。之後艾奇遜説，「最可能發生的事態」是共產黨實行抵制和封鎖，他問英國人將如何應對這方面的壓力；他還説，「這些問題可能不是很黑白分明，而且犯事的一方不是聯合國成員國」，他問英國人期望向聯合國申訴會得到什麼結果。他補充説，英國對於這些問題的解答，「會有助美國釐清對於整體問題的思維」。艾奇遜在 6 月 14 日與貝文會面時再問，如果中共「只是利用經濟壓力」，英國將如何反應，貝文「沒有直接回答」這個問題。[18] 簡言之，這種關於香港的意見交流，純屬探索性質。杜魯門政府無法準確知道英國人對香港如何打算，以及他們對於共產黨的行動會有何反應，所以仍然不給予任何承諾。

如果説，美國無法確切估量英國的意圖，他們似乎能比較確定地評估共產黨對香港的威脅。在 6 月初，一份美國駐香港總領事館所寫的報告指出，中共不會派兵攻打這個殖民地，而是會使用經濟武器，

17　Memo. by Bevin to Acheson, in Paris to Dening, 1 June 1949, FO 371/75874, F8500/1192/10G, PRO.

18　Memo. of Conversation, 8 June 1949, RG 59, CA 1945–55, Reel 14, NA; Paris to FO, 8 June 1949, FO 371/75874, F8332/1192/10G, PRO; Memo. of Conversation, 14 June 1949, *FRUS, Memorandum of the Secretary of State, 1949–1951 and Meetings and Visits of Foreign Dignitaries 1949–1952, Microfiche Supplement*, Fiche 32.

如斷絕食水和糧食供應，以及停止鐵路服務。[19] 美國駐華大使司徒雷登（John Leighton Stuart）在與國務院的通信中提出相同結論。[20] 中情局在 6 月中旬估計：「香港似乎有可能⋯⋯ 最終歸還中國，但不會在 1949 年內發生。」[21]

關於共產黨對香港的意圖，情報判斷頗為樂觀，不過，美國軍方不能完全忽視共產黨攻打香港的可能性，因為這或會造成「嚴重的軍事後果，影響美國在太平洋的長遠安全利益」。美國軍方曾研究共產黨若攻擊華南的外國殖民地會有何影響，這份研究強調中共有能力攻打香港，並向政府提出七個總體行動方案，包括向英國提供軍事援助、根據《北大西洋公約》採取適當行動，以及把問題提交聯合國，而最後這一種做法「最可行和最可取」。[22] 參謀長聯席會議根據這項研究，向國防部長和國家安全委員會提供他們的軍事意見。就地理而言，香港缺乏「大規模部隊防守和保障重要設施安全所需的天險和縱深」，要成功保衛香港，就須「在深入內陸的地方建立軍事陣地」，而這樣做須派遣「大軍進入中國」。因此，「除非我們願意冒大規模軍事介入中國甚至引發世界大戰的風險」，否則美國派兵保衛香港「並不明智」。[23] 事實上，直至韓戰爆發前，美國對於太平洋的策略是避免捲入亞洲大陸的軍事衝突，反而依靠由菲律賓延伸至沖繩和日本的所

19　HK to State, 9 June 1949, RG 84, HKC 1946–9, Box 10, NA.

20　Stuart to Acheson, 6 June 1949, *FRUS, 1949*, 8, 368–9.

21　ORE 45–9, CIA, 16 June 1949, TP, PSF, Intelligence File, Box 256, HSTL.

22　Memo. by Chief of Staff, US Army, 10 June 1949, in Note by Secretaries to JCS, JCS 1330/51, 13 June 1949, RG 218, Records of the Joint Chiefs of Staff, Part 2: 1946–53, The Far East (China), Reel 1.

23　A Report to NSC by Secretary of Defense, NSC 55, 26 July 1949, RG 273, NSC Policy Paper File, Box 7, NA.

謂「周邊防禦圈」來展現美國勢力。在 1949 年，艾奇遜把台灣、韓國和中南半島都排除在這個周邊防禦圈之外，香港就更不用說了。[24]

　　就在美國人在評估英國人是否有意圖和能力固守香港之際，英國人也在盤算英聯邦國家和美國對於他們提出協防香港的要求會有何反應。內閣在 6 月 23 日獲悉，除了新西蘭和熱情低一點的南非，其他英聯邦政府都不願承諾支持英國在香港的地位。至於艾奇遜和美國國務院提出的那些問題，殖民地大臣瓊斯（Arthur Creech Jones）說，「他們所提出的是有關香港長期政策的整體問題」，因此，現在是時候「根據中國已變化的情況，重新檢討該問題」。貝文說，鑒於英聯邦和美國的反應，似乎須由英國政府負起「構思有效措施，以捍衛英國在香港利益的主要責任」。英國人一致認為政府應「馬上徹底檢討有關香港的長遠政策」。[25] 這個檢討在兩個月後完成，內閣在 8 月 29 日提出結論：英國政府只願意與「友善、穩定和控制統一的中國」的中央政府商討香港前途。它說，這樣的中國政府「目前並不存在」，而在情況有所改變前，英國人打算「維持在香港的地位」。[26]

　　在 1949 年仲夏，美國變得較為憂慮香港的未來。那時候，由於

24　關於「周邊防禦圈」策略的精闢分析，見 John Lewis Gaddis, 'The Strategic Perspective: The Rise and Fall of the "Defensive Perimeter" Concept, 1947–1951', in Dorothy Borg and Waldo Heinrichs (eds.), *Uncertain Years: Chinese–American Relations, 1947–1950* (New York, 1980), 61–118。

25　CM42(49)5, 23 June 1949, CAB 128/15, PRO.

26　內閣從原來的聲明（CP[49]177）中刪去「和民主的」這幾個字後，通過以此結論「為臨時政策」。它還同意應再深入考慮把香港置於「某種國際共管的制度之下」的建議。在 9 月 5 日，由於一些可預見的困難，外交部認為不可能為香港建立某種「國際體制」。在此情況下，英國政府覺得「無法或不應」決定關於香港未來的長期政策，而「直至情況有所改變前，我們的政策必須是留在香港」。因此，8 月 29 日的「臨時政策」成為事實上的「長期政策」。CM54(49)2, 29 Aug. 1949, CAB 128/16; Scarlett to Barcley, 5 Sept. 1949, FO 371/75839, F13280/1061/10G; CRO to UK High Commissioners, 7 Sept. 1949, F13676/1061/10G, PRO.

共產黨在中國大陸得勝已迫在眉睫，而且英美政策的分歧愈來愈大，杜魯門政府正在「非常徹底地研究和重新檢討我們〔美國〕的遠東政策」。艾奇遜渴望與英國人「坦誠交流看法」，以確定他們在諸如繼續承認國民政府、實行貿易管制政策，以及聯合國中國代表權等問題上，有多大意願支持美國。[27] 英美在討論中也談到香港問題，以協調彼此的政策。在 9 月 9 日，英國外交部助理次官鄧寧（Esler Dening）告訴美國國務院遠東司司長白德華（Walton Butterworth），駐港英軍「在必要時將足以同時應付正面攻擊和內亂」。鄧寧回應艾奇遜在 6 月提出的那些問題時說：「難以估計抵抗將維持多久，但英國政府會以堅毅不拔的精神待之，就像應對柏林的情況一樣。」[28] 三天後，貝文向艾奇遜重申，英國的看法是：無論受到外來攻擊還是發生內部騷動，他們都能夠保衛香港。接着貝文讀出一份聲明，說英國只會「與統一中國而且友善和穩定的政府商討香港的未來」，而在這種條件出現前，它「打算留在香港」。艾奇遜評論說，這項決定「明智和合理，應會得到美國政府支持」，貝文則回答：「我們的協議會令他的政府大為振奮。」[29]

　　杜魯門政府開始清楚知道英國決心保住香港，而且有信心能守下來。[30] 同時，美國的情報來源繼續指出，中國不大可能出兵攻打香

27　Acheson to Douglas, 20 July 1949, *FRUS, 1949*, 9, 50–2.

28　Conversation between Dening and Butterworth, 9 Sept. 1949, FO 371/76032, F14256/1072/61G, PRO; Memo. of Conversation, 9 Sept. 1949, RG 59, CA 1945–55, Reel 14, NA.

29　Memo. of Conversation, 13 Sept. 1949, *FRUS, 1949*, 9, 81–5; FO Memo., 20 Sept. 1949, FO 371/75878, F14110/1192/10G, PRO.

30　A Report to NSC by Acting Secretary of State, NSC 55/1, 27 Sept. 1949, RG 273, NSC Policy Paper File, Box 7, NA.

港，不過共產黨的顛覆活動仍然是威脅。[31] 美國駐港領事館在 10 月 1 日中華人民共和國成立後證實了這點，它報告說，香港邊界的事態發展「令英國當局感到欣慰」，因為共產黨正規軍「推進到距離邊界二十五英里處就駐足不前」。[32]

　　如果說，美國是以樂觀態度判斷共產黨對香港的威脅，它對於英國保住這個殖民地的能力就不是那麼樂觀。參謀長聯席會議研究過英國對於保衛香港的看法後斷言：英方參謀以為他們可以抵擋共產黨的堅決攻勢，或者承受中國的抵制或封鎖，這種看法「過分樂觀」。此外，參謀長聯席會議從美國安全的觀點着眼，對於英國保住香港「不大有軍事或戰略上的興趣」，因為根據美國的戰爭方案，發生戰爭時無須以武力保有「任何在中國大陸或韓國的據點」；而且如果美國派兵保衛這個殖民地，「無法不冒大規模軍事介入和引發世界大戰的風險」。[33] 在 10 月 20 日，國家安全委員會支持參謀長聯席會議的看法，認為如果共產黨發動攻擊，美國不應為保衛香港向英國人「提供軍事支援」，而應在英國向聯合國申訴時給予「道義支持」。國家安全委員會認為這樣做無須派出美軍，因為「任何涉及聯合國支持動用武裝部隊的安理會行動」，都肯定會被蘇聯否決。第二天，杜魯門批准《國家安全委員會行動第 256 號文件》，該文件指導美國對於保衛香港的

31　見 HK to State, 10 Oct. 1949, RG 84, HKC 1946–9, Box 10, NA; ORE 78–49, CIA, 4 Oct. 1949, TP, PSF, Intelligence File, Box 257, HSTL。

32　Rankin to Acheson, 3 Nov. 1949, *FRUS, 1949*, 8, 576–9.

33　A Report to NSC by Secretary of Defense, NSC 55/2, 17 Oct. 1949, RG 273, NSC Policy Papers File, Box 7, NA.

方針，直至 1957 年才由更全面的國家安全委員會政策聲明取代。[34]

在 1949 年，為應對由共產黨統治的中國崛起，英美兩國舉行了一連串討論，英國力指香港在冷戰中很重要，這個説法打動了杜魯門政府。然而，美國不願投入稀缺的資源，也不想犧牲在歐洲的優先事務，只願意向工黨政府提供「道義支持」，而英國所要的就是這種「道義支持」，因為這時候他們很有信心可以嚇阻共產黨攻打香港，並認為這個殖民地能守下來。[35]

共產黨介入韓戰和香港無法防守的狀況

1949 年時香港家門前出現了一個共產政權，它也安然渡過，但 1950 年 6 月北韓入侵南韓和 11 月中共的大舉介入，再次令人注意到香港防禦外敵的問題。英國的主要憂慮不是北京孤立地攻打香港，而是共產黨可能攻打台灣，引發美國與中國爆發戰爭。如果出現這種情況，英國就會陷入政策上的兩難局面：支持美國保衛台灣可能觸怒中國，令它攻打香港；但如果在中美戰爭中袖手旁觀，就會令英美同盟分裂。[36] 英國政策是約束華盛頓，使之不致把戰火蔓延到朝鮮半島之外，以免戰事擴大會引發中共的攻擊，令倫敦左右為難。在這方面，

34　Minutes of 47th NSC Meeting, 20 Oct. 1949, RG 273, NSC Meeting, Box 2, NA.; NSC Action No. 256b, 21 Oct. 1949, TP, PSF, Subject File, National Security Council (A–D), Box 191, HSTL.

35　如路易斯所説，貝文希望「獲得美國在總體上支持英國的立場，僅此而已」。Louis, ‘Hong Kong’, 1081–2.

36　Crowe to Garner, 24 July 1950, CO 537/6074, 54501/1; GHQ, FE to MoD, 20 Aug. 1950, ibid., PRO.

「保衛」香港就要靠英國施展牽制的外交手段來羈勒美國。[37]

　　大體而言，英國對香港的脆弱感，是源於已大為削減的駐港英軍，在面對中國愈來愈強的軍力，顯得勢單力薄。早在 3 − 4 月時，正在鎮壓叛亂的馬來亞局勢日蹙，英國必須從香港調派兩個旅（第二十六啹喀步兵旅和第三突擊旅）去那個更為危急的戰區。[38] 到韓戰爆發時，香港只有兩個旅和兩個空軍中隊，這種衛戍兵力被認為不足以抵抗重大攻擊。此外，中國在鄰近香港的廣州集結了大軍，一旦發兵進攻，英國人將只有很短甚至沒有預警時間。[39]

　　因此，美國要求英國為韓國的戰事出力時，參謀長委員會認為從香港或馬來亞派出任何陸軍或空軍到朝鮮半島，都是「有違軍事常理的」。在 7 月底，首相艾德禮以「巨大心理因素」為由，決定派英軍到韓國，即使如此，仍強調編組準備派出的旅群時，「不應以犧牲香港駐軍為代價」。[40] 但是，到了 8 月底韓國形勢危急，無法等待從遙遠的英國慢慢編組和派出第二十九獨立步兵旅。在美國的強大壓力下，內閣為了英美關係，不得不馬上從香港派出下轄兩個營的第二十七旅，協助防守釜山周邊防線。[41]

　　所有這些因韓戰而出現的事態發展，都令英國現有對於香港的防衛政策備受質疑。雖然英國的全球策略是在爆發世界大戰時放棄香港（事實上是放棄整個遠東），但英國軍官和戰略家現在必須思考一個情況，那就是香港「在一場有限度戰爭中受到中國攻擊，而這是得到

37　見本書第三章。

38　DO(50)14, 9 Mar.1950, CAB 131/9; DO(50)32, 29 Apr. 1950, ibid., PRO.

39　Gregorian, *The British Army*, 142–3.

40　DO(50)12, 6 July 1950, CAB 131/8; DO(50)115, 24 July 1950, ibid., PRO.

41　Jeffrey Grey, *The Commonwealth Armies and the Korean War* (Manchester, 1988), 42–3.

俄國秘密支持」，這樣的戰爭會捲入中國和英國，卻不會演變成世界大戰。[42] 參謀長委員會認為，在這樣的有限度戰爭中，「香港能否守下來很成疑問」。為了應對這種威脅，必須「大大加強香港的陸、空部隊」，但這樣做會「嚴重削弱我們在其他地方的冷戰工作和應付熱戰的戰備狀態」。但考慮這些時還必須衡量一點，那就是「在受到局部攻擊時失去香港，會在遠東產生非常嚴重的效果」。參謀長委員會因此建議，英國應該「令人覺得我們會頑強抵抗，藉以嚇阻共產中國進攻香港」，也就是「虛張聲勢政策」。[43] 在 9 月 27 日，內閣國防委員會得出結論，認為作為臨時的香港防衛政策，英國除了派兵替補調往韓國的兩個營外，不應向香港增兵，[44] 並在受中國攻擊時應向聯合國申訴。英國會嘗試嚇阻中國攻擊香港，並避免挑釁北京。同時，英國也考慮香港一旦受襲，是否可能向美國求援。[45]

事實上，北韓南侵令艾德禮於 7 月初向杜魯門建議在華盛頓舉行高級參謀會談，以檢視這次危機對世界局勢的政治和軍事影響。法蘭克斯和鄧寧在 7 月 20 日與參謀長聯席會議主席布雷德利（Omar Bradley）首次開會時指出，英國有「足夠兵力」維持香港內部保安，而且雖然無法抵禦北京的「重大」攻勢，但可擋下「小規模」攻擊。他們還說，對香港的武裝攻擊「會造成〔英國和中國之間〕實際交戰的狀態，他們會向聯合國申訴」。第二天，英國人在回覆美國的詢問時說，他們不會考慮「將香港交給聯合國託管」作為「防止共產黨進

42　MoD to BJSM, Washington, 21 July 1950, FO 371/83397, FC1192/22/G, PRO.

43　COS(50)109, 14 July, 1950, DEFE 4/33; COS(50)124, 10 Aug. 1950, DEFE 4/34, PRO.

44　關於英國軍方就把二十七步兵旅調回香港所做的討論，見 Anthony Farrar-Hockley, *The British Part in the Korean War*, Vol. 2: *An Honourable Discharge* (London, 1995), 60-7。

45　MoD to GHQ, FE, 4 Oct. 1950, FO 371/83398, FC1192/38/G, PRO.

犯的可行辦法」，並且「只會與友善、統一和民主的中國」商討香港的未來。[46]

　　除了探明英國人對於香港的打算，美國人也評估當地不斷變化的保安形勢。美國駐港領事館向華盛頓報告，共產黨直接攻打香港「不無可能」，因為有「近十萬共軍集結在廣州地區，當中只有一半人預定調往北方」。此外，共軍在近日攻佔萬山群島；發生在中港邊界的一連串事件，以及香港對北京的經濟作用因西方對華禁運石油和其他戰略物資而降低，這些因素都「大大削弱」了此殖民地的對外安全。令人安慰的是，內部形勢在此階段仍然頗為平靜和穩定。[47]

　　杜魯門政府最關注的並非香港的保安形勢，而是北韓南侵後，人們對於美國的世界地位的看法有所變化。早在韓戰爆發前的 1950 年春天，由於蘇聯在 1949 年 8 月獲得核子彈，1950 年 2 月《中蘇友好同盟互助條約》簽署，以及該年 4 月制定了《國家安全委員會第 68 號文件》，美國對共產世界的態度就已變得強硬。韓戰似乎證明蘇聯有稱霸世界的野心，也加深了美國在軍力平衡方面的「脆弱」感。[48] 在 8 月，為應對蘇聯因為韓國形勢可能採取的進一步措施，美國決策者思考各種行動方案。這些行動方案收錄在一份國家安全委員會的參

46　Summary Notes of 1st and 2nd Meetings, 20 and 21 July 1950, TP, DSR, Document File [No.5], Box 4, HSTL; COS(50)119, 28 July 1950, DEFE 4/34, PRO.

47　Daily Summary Excerpt, 6 July 1950, in Woodrow J. Kuhns (ed.), *Assessing the Soviet Threat: The Early Cold War Years* (DC, 1997), 403; HK to State, 18 Aug. 1950, 746G.00/8–1850, RG 59, DF 1950–4, Box 3597, NA; Grantham, *Via Ports*, 165.

48　Gordon H. Chang, *Friends and Enemies: The United States, China, and the Soviet Union, 1948–1972* (Stanford, Calif., 1990), 78–9. 關於美國思維中「脆弱時段」的概念，見 Marc Trachtenberg, ʻA "Wasting Asset": American Strategy and the Shifting Nuclear Balance, 1949–1954ʼ, in idem, *History and Strategy* (Princeton, 1991), 100–52.

謀報告之中。儘管國家安全委員會的參謀認為，香港「較可能」發生的情況是共產黨煽動內亂，但也難保蘇聯不會「慫恿僕從軍侵略」香港，他們警告，中共無論以什麼手段增強了實力，都會「提升蘇聯的總體實力」。國家安全委員會的參謀因此建議：「如果香港受到這種侵略，美國應考慮救助英國，並根據其時我們所承擔的軍事責任和能力，提供合適的軍事援助。」[49] 國家安全委員會在 24 日通過以這份參謀報告為未來幾個月的「工作指引」（《國家安全委員會第 73/4 號文件》），但同意暫緩向總統提出關於發生突發事件時，美國應採取什麼行動的最終建議，「直至確定這種事件必然會發生」。[50] 因此，美國對北韓南侵感到震驚，認為是克里姆林宮在背後煽動，遂對共產陣營採取更好戰的態度，傾向於以冒險行動來「奪取主動權」。[51] 然而，美國沒有承諾向香港提供軍事援助，除非中共有針對它的直接行動，而且美國將如何反應，最終決定權在總統手上。

中共在 1950 年 11 月大舉介入韓戰，並在 1951 年 1 月發動新年攻勢，令杜魯門政府上下震動。1951 年 1 月韓國局勢危如累卵，美軍和聯合國軍被迫撤出韓國並非不可能的事，在香港的美國人因此為最惡劣的情況做準備。雖然本地安全情況完全沒有達到危機的程度，但謠諑紛傳，說中美戰事趨熾，令美國人社群惶惶不安。[52] 所以在 1 月

49　Note by Executive Secretary to NSC, NSC 73/4, 25 Aug. 1950, TP, PSF, National Security Council File — Meetings, Box 209, HSTL.

50　Minutes of 66th NSC Meeting, 24 Aug. 1950, ibid.; Memo. for President, 25 Aug. 1950, ibid., Box 220, HSTL.

51　關於這一論點，見 Melvyn P. Leffler, *A Preponderance of Power: National Security, the Truman Administration, and the Cold War* (Stanford, Calif., 1991), 361–97。

52　FE(O)(WP)(51)3, 22 Jan. 1951, CAB 134/292, PRO; Ambassador Arthur William Hummel Jr. Oral History Interview, 16 June 1994, FAOHP, GU, 41.

中旬，美國駐港總領事館沒有事先與港府商量就建議在港美僑的眷屬撤走，結果數百名美國人（大多是婦孺）和一些美國商業機構（如花旗銀行）離開。參謀長聯席會議指示太平洋司令部總司令擬定撤退方案，一旦美中兩國戰事擴大就付諸實行。同時，美國人和英國人做了一些安排協調撤退計劃。一艘美國海軍運輸艦將派駐香港的港口，供撤僑之用。[53]

華府單方面決定撤走美國僑民，令香港和倫敦的一些英國官員大為不快，認為這樣會散播恐慌，令內部保安形勢惡化。[54]火上加油的是美國對香港實施嚴格的出口許可證政策，又施壓要求向中國全面禁運，英國對此已甚有疑慮。事實上，從英國的觀點看，美國在韓戰期間嘗試加強針對中國的經濟戰，這對香港威脅之大，不亞於中共可能發動的軍事進攻，那時共軍正全神貫注於朝鮮半島的作戰。[55]然而，在 7 月休戰談判開始，韓國戰事的前線穩定後，關於香港安全的不確定性也開始消散：到了 1951 年末，之前離開的美國家屬回來了，美國海軍也在香港的海港派駐船艦。

隨着韓戰最危急的時期過去，英國參謀長委員會修訂 1950 年 9月通過的香港臨時防衛政策。到了 1951 年中，他們對於香港的防衛能力「看法較樂觀」，部分原因是英國在韓國與中國作戰的經驗。英國人現在估計，如果能保持空中優勢，即使只憑三個旅（不是之前認為的三個師），英國也「很可能把這個殖民地守下來」。在 5 月 19 日，

---

53   Memo. by Office of Chinese Affairs, 8 Jan. 1951, RG 59, CA 1945–55, Reel 21, NA; Decision on JCS 1924/28, 24 Jan. 1951, RG 218, Geographic File 1951–3, Box 14; Memo. of Conversation, 6 Feb. 1951, RG 59, CA 1945–55, Reel 21, NA.

54   COS(51)9, 11 Jan. 1951, DEFE 11/380, PRO.

55   見本書第四章。

英國參謀長委員會提出一個有待部長級批准的看法：一旦中國攻打香港，而此攻擊「並非全球戰爭的一部分」，英國的政策就「應保衛這個殖民地，並向聯合國申訴」。同時，香港駐軍「不應減少」，並且應採取一切實際措施「嚇阻中國攻打香港」。[56] 該年稍後，新任首相邱吉爾認為，英國「應把對香港的攻擊視為重大問題，可能須為此向中國宣戰，而這場戰爭一旦發生，我們可望得到美國人支持」。[57]

關於美國對香港興趣的看法

1952 年韓戰陷於膠着，美國與其盟友愈來愈擔心另一個前線的共產主義擴張——中南半島。自 1946 年起，法國人就與越南獨立同盟會（越盟）在打一場殖民戰爭，越盟得到中共提供軍事援助和政治意見。[58] 由於憂慮中國直接介入東南亞，美國、英國和法國的軍方代表（後來澳洲和新西蘭也加入）聚集在一起，在政府不給予承諾的情況下，會商應對這種侵略可採取的軍事行動。[59] 應英國的要求，香港被放上五國軍事會議的議程。[60] 在 1952 年 2 月初舉行五國軍事會議期

56　COS(51)51, 21 Mar. 1951, DEFE 11/380; COS(51)89, 30 May 1951, ibid., PRO.

57　Churchill' s view summarized in JP(53)44(Final), 12 Mar. 1953; COS(53)35, 16 Mar. 1953, DEFE 4/61, PRO.

58　見 Qiang Zhai, *China and the Vietnam Wars, 1950–1975* (Chapel Hill, NC, 2000), 10–49。

59　關於東南亞防務的一連串五方會談，被稱為五國軍事會議，其起源可追溯至 1951 年 5 月中旬在新加坡舉行、討論東南亞問題的三國軍事會議。見 Historical Division of the Joint Secretariat, *The History of the Joint Chiefs of Staff: The Joint Chiefs of Staff and the War in Vietnam: History of the Indochina Incident 1940–1954*, Vol. 1 (Wilmington, Del., 1982), 211–14。

60　JP(51)223(Final), 3 Jan. 1952; COS(52)2, 4 Jan. 1952, DEFE 4/51, PRO.

間，英國人嘗試打探美國對於軍援香港的態度。他們發現，美國認為「面臨中國侵略時」，堅守香港並非「必須或合適」，所以不會提供「任何保衛此殖民地的直接援助」，僅會派出「他們遠東部隊或可動用的海空軍協助」撤退。[61]

　　但是，在 1952 年中期，法國在越南東京地區的形勢惡化，保衛東南亞對於美國整體國家安全利益變得十分重要。[62] 在 6 月 25 日，杜魯門政府通過《國家安全委員會第 124/2 號文件》，那是美國應對東南亞共產主義擴張策略的一部分，這份文件提出，「如有需要的話，〔美國〕應向英國人提供協助，掩護他們撤出香港」。[63] 擬定撤退方案的責任落在太平洋司令部總司令身上。在 1952 年底，時任太平洋司令部總司令[64]，後來當上參謀長聯席會議主席的雷德福上將，進行了他在東南亞最長的一次訪問，以視察區內情況。在香港，雷德福與駐港英軍司令討論了香港防務。他十分讚賞英國人竭力把香港變成中共若想拿下就須付出「高昂代價的目標」，不過沒有美國海空軍支援，香港仍然「不完全能守得住」。[65] 雷福德堅決反共，並大力主張動用空軍

61　Memo. by the US Member of the Five-Power Ad Hoc Committee on Southeast Asia to JCS, 5 Feb. 1952, FRUS, 1952–54, 12, pt. 1, 36–9; JP(52)22(Final), 4 Mar. 1952, DEFE 4/52, PRO.

62　Leffler, *A Preponderance of Power*, 469–74.

63　Report to NSC by Executive Secretary, NSC 124/2, 15 June 1952, *FRUS, 1952–54*, 12, pt. 1, 125–34.

64　雷福德身兼兩職 —— 太平洋海陸空軍總司令和美國太平洋艦隊總司令。

65　Stephen Jurika, Jr. (ed.), *From Pearl Harbor to Vietnam: The Memoirs of Admiral Arthur W. Radford* (Stanford, Calif., 1980), 292–4.

和海軍。[66] 在他看來，「把香港保留在友軍手中，對我們〔美國〕的利益十分重要」。[67] 在 8 月舉行的澳新美理事會會議上（澳洲、新西蘭和美國簽署《澳新美安全條約》，又稱《太平洋安全公約》），雷德福認為「香港能夠而且應該堅守」。他後來再向港督葛量洪提出這個看法，並建議舉行參謀會議規劃香港防務。[68]

雷福德的信心令英國人很振奮。除了他的看法，英國參謀長委員會在 1953 年初也察覺其他「顯示美國人重視保衛香港的跡象」。在 1952 年 11 月，澳新美理事會的軍事計劃參謀做了一份研究，令他們印象很深刻，這份研究強調，香港是「在中國大陸上唯一掌握在友方手中的橋頭堡」，而且是「與共產中國內的反共人士接觸的有用地點」，具有「重要戰略意義」。此外，在新上台的艾森豪威爾政府中擔任國務卿的杜勒斯（John Foster Dulles），在 1953 年 2 月到訪倫敦時詢問英國人是否認為香港「可以守下來」。國防大臣亞歷山大勳爵（Lord Alexander）回答陸上防務「良好」，但機場很脆弱是「弱點」，因為機場處於共軍火炮的射程內。不過，如果英國人「保持制海和制空權」，就可以「堅守約兩週，即使是受到猛烈攻擊」。杜勒斯告訴英國外交大臣艾登「他得知我們〔英國人〕認為可以堅守香港一段長時間，直至援軍到來，感到鬆了一口氣」。杜勒斯也問「關於美國在

66　Arthur W. Radford, ‘Our Navy in the Far East’, *The National Geographical Magazine*, 104/4 (Oct. 1953), 537–77; Michael T. Isenberg, *Shield of the Republic: The United States Navy in an Era of Cold War and Violent Peace*, Vol. 1: *1945–1962* (New York, 1993), 587, 615. 軍事史家愛德華・馬羅爾達（Edward J. Marolda）說，美國海軍由於它在太平洋的角色，所以向來以亞洲為重，並相信武力的功效。Edward J. Marolda, ‘The U.S. Navy and the Chinese Civil War, 1945–1952’, Ph.D. thesis, George Washington University, 1990.

67　Memo. of Conversation, 4 Feb. 1953, *FRUS, 1952–54*, 14, pt. 1, 142–3.

68　COS to Scott, 2 Jan. 1953; Admiralty to C-I-C, FE, 14 Feb. 1953, DEFE 11/434, PRO.

香港受攻擊時會持什麼態度，英國人是否獲得清晰的理解」，如果沒有，「那是否曾嘗試要求」這種理解。[69]

英國人認為美國對香港感興趣，這種看法積極地影響英國的防務規劃。英國參謀長委員會之前在 1952 年 3 月就斷言，無論是發生世界大戰或中國大舉入侵，一旦受到重大攻擊，「香港是無法守下來」。未來規劃所依據的假設，應當是香港駐軍保持在足以「維持內部保安」的規模，而若受到襲擊，能夠「遲滯中國大軍的陸上推進，爭取足夠時間令平民有秩序地撤退」。這主要是由於中共軍力增強，尤其是空軍的效能，令空軍戰力平衡「現在已非常不利於」英國人，而空軍是「成功保衛香港的關鍵」。另外，華盛頓的軍事討論明確指出，英國人不能指望美國「直接協防這個殖民地」。[70] 然而，到了 1953 年初，英國人覺得美國對香港感興趣，因此重新考慮他們的防衛計劃的假設。內閣國防委員會在 3 月 26 日同意，假如有機會，在兩國政府不給予任何承諾的情況下，將與美國人舉行軍事會議討論香港防務。英國人想知道參謀長聯席會議是否和雷福德一樣同情香港的處境。這種討論也有助釐清美國對於香港在遠東同盟戰略中的地位是持什麼戰略思維，以及新上台的共和黨政府對於香港整體情況的態度。[71]

結果，雷福德是美國國防部內孤獨的聲音。在 1953 年 4 月在巴黎舉行的北約組織會議上，英帝國參謀總長哈定（John Harding）找美國參謀長聯席會議主席布雷德利[72] 商量，布雷德利說，鑒於現時在

69　JP(53)44(Final), 12 Mar. 1953; COS(53)35, 16 Mar. 1953, DEFE 4/61, PRO.

70　JP(52)22(Final), 4 Mar. 1952, DEFE 4/52; COS(52)42, 21 Mar. 1952, ibid., PRO.

71　D(53)5, 26 Mar. 1953, CAB 131/13; COS(53)43, 31 Mar. 1953, DEFE 4/61, PRO.

72　布雷德利將軍是前任杜魯門政府留下的人，直至 1953 年 8 月才由雷福德上將接替其職務。

韓國承擔的義務，美國不打算協助英國防衛香港，不過「如果我們〔英國人〕被迫撤出，或許能派海空軍提供短暫支援，以掩護我們撤退」。另外，布雷德利將軍不同意利用香港為基地，發動對抗中國的大規模陸上作戰，尤其是出兵廣州：這「將耗費大量資源，而且不大可能得到什麼益處」。[73] 對於「亞洲優先」的雷福德動用海空軍協防香港的想法，以北約為重的布雷德利將軍自然不以為然。[74] 另一方面，英國人似乎也誤會了杜勒斯對香港所表示的興趣。[75] 如英國駐美大使梅金斯（Roger Makins）敏銳地觀察到，杜勒斯「完全是新上任」，他可能「只是在查問」，因此「以為目前的美國政策會設想保衛香港，是過於樂觀」。[76] 尤其是這位美國國務卿「沒有獲告知，如果香港受到攻擊，我們〔英國〕會與中國開戰」，而英國正是希望若要打這樣一場戰爭，美國會支援它。外交部的斯科特（Robert Scott）也認為杜勒斯評論香港時，「並不是想到英國與中國正式交戰，而只是表示很滿意聽到中國人若攻打香港，就會陷入一場曠日持久的正規軍事行動」。[77] 艾森豪威爾政府在 1953 年春天仍在構思其國家安全政策。

　　到了 1953 年 10 月，艾森豪威爾政府完成了對國家安全計劃的檢討。美國政府批准「新展望」政策（《國家安全委員會第 162/2 號文件》）的同時，也提出關於中國的政策聲明（《國家安全委員會第

73　Paris to MoD, 20 Apr. 1953, DEFE 11/434, PRO.

74　如雷福德在回憶錄中憶述，參謀長聯席會議內他的上級過於重歐輕亞。Jurika (ed.), *From Pearl Harbor to Vietnam*, 306。須要注意的是，雷福德自己當上參謀長聯席會議主席後，也必須考量更宏觀的戰略大局，因此沒有大力要求美國承擔保衛香港的義務。

75　可能令杜勒斯說出有關香港的評論背後的原因，見本書第三、四章。

76　Makins to FO, 17 Apr. 1953, DEFE 11/434, PRO.

77　Scott to Cabinet Office, 25 Mar. 1953, DEFE 11/434; MoD to GHQ, FE, 31 Mar. 1953, ibid., PRO。

166/1 號文件》)。有鑒於中共政權和中蘇同盟令「勢力結構的改變」，
《國家安全委員會第 166/1 號文件》主張採取「戰爭以外的手段」，削
弱中國在亞洲的相對勢力地位。美國在建立其遠東軍事力量時，極為
仰賴馬來亞和香港的英軍、中南半島的法軍，以及韓國、越南和在台
國民政府的部隊。[78]

　　這種變化也大大影響美國對於香港的防衛規劃。為了保持常備不
懈的狀態，以隨時應付韓國戰火復燃，並預備處理中南半島局勢惡化
造成的不測事件，太平洋司令部總司令在戰略規劃方面有了更多參
與。[79] 之前參謀長聯席會議發出訓令，把美國保衛香港的規劃局限在
只協助撤退，這道訓令在 1954 年初撤銷。在 2 月，參謀長聯席會議
授權太平洋司令部總司令「與英國人協調，就協防香港進行規劃研
究」，但要向英國人表明美國政府對此「不給予任何承諾」。[80] 在 4 月
9－12 日，太平洋司令部總司令的計劃參謀軍官和駐港英國三軍參謀
在新加坡舉行會談，在英國人眼中，會談帶來「寶貴的初步基礎，有
助美國協防香港的協調」。雙方的討論涵蓋防衛問題的不同層面，如
指揮與管制、作戰行動、通訊、電子設備和後勤支援，但沒有談及美
國援助的規模。[81]

　　英國人在 1953 年誤解了美國的意圖，但美國在 1954 年初對香港
產生新的興趣，令他們再次感到鼓舞。如同英國聯合計劃參謀部估

78　Report to NSC, NSC 162/2, 30 Oct. 1953, *FRUS, 1952–54*, 2, 577–97.

79　CINCPACFLT Annual Report 1 July 1953—30 June 1954, Post 1 Jan. 1946 Command File, NHC.

80　JCS to CINCPAC, 12 Oct. 1953, RG 218, Geographic File 1951–3, Box 7; JCS to CINCPAC, 11 Feb. 1954, RG 218, Geographic File 1954–6, Box 3, NA.

81　JP(54)Note 16, 14 July 1954; COS(54)86, 28 July 1954, DEFE 4/71, PRO.

計，美國人「近期對保衛香港所展現的興趣，是源於他們的遠東整體戰略利益這個大背景」。[82] 在港的英美關係明顯有長足進步，令美國駐港總領事館在 1 月底告知國務院，此地美英軍事人員之間的「友好合作非常密切」。結果，華府指示美國駐港領事館和駐倫敦大使館向適當的英國官員表示，兩國在香港培養出「如此美好的合作，美國十分讚賞」。[83]

這些事情發生之際，邱吉爾政府正在徹底檢討其防務政策，目的是再裁減英國兵力，使之低於 1952 年防衛政策及全球戰略文件所建議的程度。[84] 參謀長委員會在 2 月舉行的會議中指出，經過徹底檢討的磋商後，香港駐軍「無可避免」須從兩個旅群（另有一些輔助部隊和三個皇家空軍中隊）減至一個旅群和一個空軍中隊，這只是「遲早問題」。但他們擔心，「美國人會察覺」駐港英軍被削減至只能做象徵式抵抗的程度，這樣的話，就「無法指望他們會繼續有意保衛香港」。[85] 有鑒於此，內閣國防委員會在 4 月中旬決定，「以循序漸進和不引人注目的方式」，原則上把香港駐軍削減至「足以應付內部保安的程度」，並一致認為此決定須「絕對保密」。無論港督、英國地區司令官還是艾森豪威爾政府，在此階段都不會獲知會，因為若美國得悉削減軍隊之事，「會不利於在東南亞和西太平洋建立集體防禦體系

82　JP(54)21(Final), 18 Feb. 1954, DEFE 4/68, PRO.

83　State to London, 29 Jan. 1954, FO 371/110230, FC1041/1; FO to War Office, 8 Feb. 1954, ibid., PRO.

84　見 Ian Clark and Nicholas J. Wheeler, *The British Origins of Nuclear Strategy 1945–1955* (Oxford, 1988), 160–82；John Baylis and Alan Macmillan, 'The British Global Strategy Paper of 1952', *The Journal of Strategic Studies*, 16/2 (June 1993), 200–26。

85　JP(54)21(Final), 18 Feb. 1954; COS(54)19, 19 Feb. 1954, DEFE 4/68, PRO.

的前景」。這個決定須待即將舉行的日內瓦會議結束後才執行，以便這個討論韓國和中南半島問題的會議有結果後，再進一步檢討，而且可能的話，還應「與在韓部隊的整體減少聯繫起來」。然而，減少駐軍的決定「絕不影響英國政府以可資動用的部隊保衛香港的打算」。[86]但英國人肯定知道，美國對香港的空軍援助，尤其是提供超高頻無線電和 10 型敵我識別設備，對於成功保衛香港十分重要。[87]簡言之，英國政府在規劃香港防務時，必須慎重考慮美國因素。

在保衛香港問題上討價還價

在 1954 年春天，中南半島局勢惡化，艾森豪威爾明顯較願意協防香港。美國希望獲得英國和其他盟友支持，在中南半島採取「聯合行動」，解救在奠邊府受越軍圍困的法軍。在關於東南亞的五國軍事會議上，美國人明白英國人不願意採取行動對抗越盟，因為這樣可能觸怒北京攻打香港。因此，艾森豪威爾在 4 月 4 日寫了一封私函給邱吉爾：「我們希望建立的同盟並非針對共產中國。但是，如果事與願違，我們挽救中南半島及其在南方的英聯邦國家處境的工作，若以任何方式增加香港面臨的危險，我們期望與你們共同進退。」[88]

艾森豪威爾的盤算是，提出美國可能援助香港，或許能說服不情

86　CC29(54)1, 15 Apr. 1954, CAB 128/27; COS(54)23, 5 Mar. 1954, DEFE 4/69, PRO.

87　COS(54)86, 28 July 1954, DEFE 4/71, PRO.

88　Eisenhower to Churchill, 4 Apr. 1954, in Peter G. Boyle (ed.), *The Churchill-Eisenhower Correspondence, 1953–1955* (Chapel Hill, NC, 1990), 136–8.

願的邱吉爾協助拯救奠邊府的法軍。艾森豪威爾擔心，如果法國無法從中南半島的泥淖脫身，它對於在歐洲防衛共同體中重新武裝西德的支持或許會生變。箇中關鍵是歐洲安全的構想，而非保衛一個在戰略上無足輕重的英國殖民地。[89] 因此，艾森豪威爾視香港為外交上的胡蘿蔔，用來鼓勵英國在這場危機中緊靠在美國一邊。如艾森豪威爾後來向共和黨領袖解釋：「如果我們能聯手同時開入中南半島，那就再好不過的了，但如果他們不肯與我們一同進去，那就不能指望我們會幫助他們防衛香港。」[90]

邱吉爾在內閣會議上談及艾森豪威爾提出「聯合行動」的想法時，艾登說「組織東南亞集體防衛的建議」會「受到歡迎」，因為它「可以消除我們〔英國〕被摒諸《澳新美安全條約》門外的反常情況，並有助加強香港和馬來亞的安全」。然而，艾登也表示對於提出這項安排的時機「深有疑慮」，因為它會妨礙磋商中南半島和平的日內瓦會議的前景。[91] 艾森豪威爾雖提出對香港的保證，邱吉爾卻不大信服。在外交事務方面，邱吉爾沒有花太多時間去管中國，遑論香港。他還認為，就遠東而言，「我們的主要區域非馬來亞莫屬」。[92] 在 1954

89　關於北約與中南半島之間的聯繫，見 Lawrence S. Kaplan, 'The United States, NATO, and French Indochina', in Lawrence S. Kaplan, Denise Artaud, and Mark R. Rubin (eds.), *Dien Bien Phu and the Crisis of Franco-American Relations, 1954-1955* (Wilmington, Del., 1990), 229-50。

90　引自 Stephen E. Ambrose, *Eisenhower: The President*, Vol. 2: *1952-1969* (London, 1984), 181-2。

91　Geoffrey Warner, 'Britain and the Crisis over Dien Bien Phu, April 1954: The Failure of United Action', in Kaplan and others (eds.), *Dien Bien Phu and the Crisis of Franco-American Relations*, 65-6.

92　Churchill to Eisenhower, 21 June 1954, PREM 11/702, in Andrew N. Porter and A. J. Stockwell (eds.), *British Imperial Policy and Decolonisation, 1938-64*, Vol. 2: *1951-64* (London, 1989), 304.

年，這位年邁的首相忙於安排與繼斯大林之後上台的蘇聯領袖舉行高峰會。邱吉爾認為，若想與蘇聯緩和，避免與中國衝突是很重要的因素。[93] 英國擔心觸發第三次世界大戰，造成英聯邦分裂，以及國內民意離心，最終拒絕參加中南半島的「聯合行動」。沒有英國支持，美國也不願意單獨行動，奠邊府的法軍終於在 5 月初投降。日內瓦會議劃定越南南北分治後，美國就致力在東南亞組建集體安全組織。

在 1954 年中舉行的東南亞公約組織（簡稱東約組織）談判中，香港問題再次浮上枱面。杜勒斯從一開始就想把香港丟到一邊，因為納入它「會令美國承擔極為重要的額外義務」。此外，國民政府管治的台灣被排除在此公約之外，艾森豪威爾政府擔心，若納入香港，會在台北和美國國會的中國游說團（China Lobby，又譯院外援華集團）「為我們造成問題」，國會可能不肯批准公約。[94] 而英國人則堅持不讓台灣加入東約組織，因為這會令亞洲的英聯邦產生疏離情緒，並妨礙印度加入。因此，他們在這階段沒有大力要求納入香港，以減少美國要求把台灣包括在內的壓力，如果台灣加入，將「極不利於整個計劃的成功」。[95] 在 7 月 17 日，美英研究小組為草擬條約召開最後一次會議，美國代表在會上說：「美國的意見是，第 8c（3）段所列的承諾〔在『共產黨公然入侵』時『動用武裝部隊』〕不適用於香港。」[96] 英國人

93　John W. Young, *Winston Churchill's Last Campaign: Britain and the Cold War 1951–1955* (Oxford, 1996), 261–3.

94　Memo. of Meeting, 24 Aug. 1954, RG 59, CF 1949–63, Box 54; US Minutes of 2nd Meeting of US-UK Study Group, 8 July 1954, ibid., Box 53, NA.

95　COS(54)259, 12 Aug. 1954, DEFE 5/54; CO to FO, 25 Aug. 1954, FO 371/111882, D1074/493/G, PRO.

96　State to Geneva, 18 July 1954, RG 59, CF 1949–63, Box 53, NA.

同意，條件是明確提到把香港排除在外的內容，不要出現在研究小組報告，而只另外寫入美國的會議記錄。[97] 這一次英美之間沒有誤解：香港不包括在東約組織之內。任何分歧都是源自英國的假設：無論香港是否納入東約組織，都會得到美國保護。

美國人或許是在美英研究小組會議時給予英國人這種印象。在 7 月 8 日舉行的第二次會議上，副國務卿沃爾特·比德爾·史密斯（Walter Bedell Smith）說，把香港納入《東南亞公約》有「諸多困難」，建議「或許可能為香港另外做安排」。史密斯補充，他本人「有信心靠英美兩國共同努力可以保衛它」。[98] 在兩天後的下一次會議上，史密斯問英國駐華盛頓大使館公使斯科特，是否應在「東南亞地區」一詞之前加上「大」字，變成「大東南亞地區」，因為這樣「或許可以令美國政府在香港受襲時採取行動，而無需國會特別批准去涵蓋香港」。斯科特回答，他「個人對於沒有直接提及香港不大擔心。如果中共攻打香港，那將是『突如其來』，而且會是全面戰爭的前奏」。[99] 如後來外交部的會議記錄說：「畢竟事情很明顯，如果中共攻打香港，英國政府會面臨極其嚴重的境況，相當於英國本土受襲。東南亞防衛組織為應對這種攻擊所產生的結果，可想而知全都會實現，無論香港是否包括在該組織內。」[100]

英國駐華盛頓大使館也認為，「如果香港受到攻擊，美國人會站

97　Makins to FO, 19 July 1954, FO 371/111870, D1074/231, PRO.

98　Record of 2nd US–UK Study Group meeting, 8 July 1954, FO 371/111869, D1074/208, PRO.

99　Record of 3rd US–UK Study Group meeting, 10 July 1954, FO 371/111869, D1074/209, PRO; US Minutes of 3rd US–UK Study Group meeting, 10 July 1954, RG 59, CF 1949–63, Box 53, NA.

100　FO Minutes, 21 Aug. 1954, FO 371/111882, D1074/496, PRO.

在我們一邊：我們認為這點沒有絲毫疑問⋯⋯但這與任何可能來自
《東南亞公約》的新承諾無關⋯⋯」[101] 就此而言，英國期望美國會援
助香港的想法，並非根據史密斯在研究小組會議上的個人和非正式言
論，而是根據香港受襲，就等於英中兩國開戰的假設，而一旦英中爆
發戰爭，美國從一開始就不會坐視不管。[102] 換言之，最重要的還是美
國是英國親密盟友這一概念，而非美國對香港有任何具體的承擔。[103]
經常與華府官員接觸的英國公使和外交部官員傾向於相信，美國會在
危急關頭馳援英國，這種看法是對是錯則姑且不論。

　　在 1954 年底，亞洲爆發另一場危機，香港的對外防衛再次蒙上
陰影。在 9 月馬尼拉即將召開成立東約組織的會議前夕，中共炮擊
由國民黨控制、位於台灣海峽的外島金門和馬祖。[104] 在較早前的 8 月
時，英國眾大臣決定原則上削減香港駐軍，裁減至足以應付內部保安
的程度，但鑒於出現新的緊張形勢，這個決定還沒有實施。這場危機
在 1955 年初惡化，中共奪取大陳島，美國國會通過台灣決議案，授
權總統派兵協防台灣和「相關」地區，而艾森豪威爾威脅會以核武器
攻擊中國。局勢惡化後，英國參謀長委員會必須重新思考削減香港駐
軍的問題。基本上，台海危機再次凸顯英國在冷戰時期保衛香港的兩

101　Washington to FO, 27 Aug. 1954, FO 371/111882, D1196/817/54G, PRO..

102　COS(56)73, 27 July 1956, DEFE 4/89, PRO; London to State, 26 Nov. 1956, 611.46G/11–2656,
RG 59, DF 1955–9, Box 3270, NA.

103　據隆巴爾多説，英國人相信在東約組織討論期間，美國對香港有非正式承諾，因為美國官員
向他們暗示，如果香港沒納入東約組織之內，會另外為香港規劃防務安排。但是，令英國人
相信美國會保護香港的這個「另外的安排」究竟是什麼，隆巴爾多沒有説清楚。Lombardo,
‘Eisenhower, the British and the Security of Hong Kong’, 139, 141.

104　見 Gordon H. Chang and He Di, ‘The Absence of War in the U.S.–China Confrontation
Over Quemoy and Matsu in 1954–1955: Contingency, Luck, Deterrence?’, American
Historical Review, 98/5 (Dec. 1993), 1500–24。

難處境。如一份聯合計劃參謀部報告明白地說：「英國遠東政策的冷戰政治目標，與在香港的軍力背道而馳。」在政治上，英國的政策是「展示它決心保有這個殖民地」；但在軍事上，顯然「如果沒有美國給予大量援助，香港是無法守下來」。這份研究說，現在不應減少香港駐軍，直至遠東局勢變得較有利，不過，「只有為維持我們在此殖民地的政治目標，才有理由」增派部隊。然而，英國參謀長堅信「不可能不作抵抗，就拱手放棄這個殖民地」。因此「要避免向中國、美國或全世界顯出我們抵抗中國侵略此殖民地的決心有所減弱，這點比過去任何時候都來得重要」。[105]

　　台海局勢雖然緊張，但在香港的美國官員發覺此地局勢相對平靜。[106] 國家安全委員會的計劃參謀檢視美國的整體遠東政策（《國家安全委員會第 5429/5 號文件》）是否足以涵蓋對香港的政策，這項遠東政策關乎美國對於不受其條約義務涵蓋的國家受共產黨侵略時的反應，他們在 1955 年 3 月得出的結論是：杜魯門在 1949 年批准的《國家安全委員會行動第 256 號文件》不應被取代，以待進一步研究。[107] 但艾森豪威爾一向從英美關係這個更宏觀的角度看待香港問題，他在 2 月 18 日致函邱吉爾，承諾為香港給予某種支援：「我國人民把香港或馬來亞視為『殖民地』……如果我們為了香港或馬來亞捲入一場可能爆發的戰爭，在我國肯定是不得人心的，然而，如果事情這樣發

105　COS(55)7, 31 Jan. 1955, DEFE 4/75; JP(55)8(Final), 10 Feb. 1955, ibid.; JP(55)12(Final), 28 Feb. 1955, ibid., PRO.

106　HK to State, 22 Oct. 1954, 746G.00(w)/10–2254, RG 59, DF 1950–4, Box 3599; HK to State, 11 Feb. 1955, 746G.00(w)/2–1155, RG 59, DF 1955–9, Box 3267, NA.

107　Memo. for NSC, 4 Mar. 1955, WHO, SANSAR 1952–61, NSC Series, Policy Papers Subseries, Box 12, DDEL.

展，我毫不懷疑我們將站在你們一邊。」[108]

　　儘管在香港問題上似乎同心同德，但艾森豪威爾寫此信之際，英
美對於怎樣處理金門、馬祖卻出現嚴重分歧。英國人視這兩個外島為
中國的一部分，他們覺得不能讓台灣落入共產黨手中，金、馬卻是另
一回事。然而，艾森豪威爾政府受到台北政府和美國軍方與國會的壓
力，不同意放棄金、馬。[109] 大體上，艾森豪威爾這封信是與邱吉爾的
連串交流之一，每次交流他們都嘗試說服對方，一方說金、馬掌握在
國民黨手中很重要，另一方說撤出金、馬很重要。艾森豪威爾在暗示
美國可能會支援香港時，心中似乎惦念着這兩個外島。之後，繼雷福
德後出任太平洋司令部總司令的史敦普（Felix Stump）上將，大概最
能體會艾森豪威爾寫給邱吉爾的信中的想法：「香港是個沒有美國海
空軍及時支援就守不住的外島。因此，它或許是個有用的交換條件，
可以用來爭取英國鼓起更大勇氣，支持美國保衛金門、馬祖的堅定政
策。」[110]

　　邱吉爾對保衛金、馬和保衛香港的看法，與一年前美國建議在中
南半島採取「聯合行動」時他所持的態度並無二致 —— 避免與中國
衝突。邱吉爾一直希望在自己的首相任內，歐洲局勢可以趨於緩和，
中國「不夠重要，算不上是重大危險事件」；「我們念茲在茲的，應當

108　Eisenhower to Churchill, 18 Feb. 1955, in Boyle (ed.), *The Churchill-Eisenhower Correspondence*, 195-8.

109　詳見 Michael Dockrill, 'Britain and the First Chinese Offshore Islands Crisis, 1954-5', in Michael Dockrill and John W. Young (eds.), *British Foreign Policy, 1945-56* (London, 1989), 173-96；Foot, 'The Search for a *Modus Vivendi*', 143-63。

110　Memo. for Stump, Plans Division, USARPAC, Dec. 1, 1955, Strategic Plans Division Records, OP-30S/OP-60S Subject & Serial Files (Series XVI), 1955, Box 325, NHC.

是蘇俄」。[111] 艾森豪威爾對於與中國爆發大戰時會保衛香港的含糊承諾，無疑沒有打動邱吉爾，英國希望避免與中國開戰。事實上，英國參謀長委員會的看法是：「在戰爭時保衛香港，與其戰略價值不成比例。」[112] 對英國來說，保衛香港的最佳方法是以牽制的外交手段影響美國，使它和平解決這場危機。

保衛香港還是把它去殖化？

在 1955 年 4 月的萬隆會議上，中國總理周恩來建議與美國人談判，以化解台海危機。1955 年底形勢不再那麼劍拔弩張，英國保守黨政府同意以循序漸進方式大幅削減香港駐軍，最終減至可應付內部保安所需的程度。[113] 這引起美國憂慮。美國駐港領事莊萊德（Everett Drumright）得悉英國人將把一萬四千五百名官兵減掉三分之二，在 1956 年 1 月把此事知會遠東事務助理國務卿饒伯森（Walter Robertson）。莊萊德說，他不知道英國人為何要在此時削減兵力，猜測會不會與英國的經濟狀態有關，還是關乎馬來亞和中東的需求，又或者是「完全撤出遠東」的第一步。莊萊德繼續說：「最令我擔憂的，並非香港防衛力被減弱，而是此事對於本地華人和世界這一地區本土民眾的心理影響」，尤其是由於日內瓦的中美大使級會談，以及美國

111　Quoted in Young, *Winston Churchill's Last Campaign*, 305–6.

112　COS(55)15, 2 Mar. 1955, DEFE 4/75, PRO.

113　根據英國的計劃，現時兩個旅的駐軍（六個步兵營、五個炮兵團和一個裝甲團）到 1958 年時會減至一個旅（即六個單位），這一計劃會視乎政治形勢檢討。COS(56)1, 3 Jan. 1956, DEFE 4/82, PRO.

盟友對共產黨顯示出「軟弱態度」，此時「大勢不利於我們」。[114] 儘管英國努力淡化削減駐軍之事，[115] 但饒伯森在 2 月回覆莊萊德，英國駐港的部隊有「重要象徵意義，多少反映了英國的打算」，此外，若要成功實行英國和美國緊急撤離計劃，駐港英軍是「執行遲滯行動所不可或缺的」，既然英國有此決定，這個撤離計劃就必須重新檢討。[116]

　　美國密切注視這事態，英國人則盤算美國可能會有什麼反應。在 1956 年 1 月於墨爾本舉行的澳新美會議中，太平洋司令部總司令史敦普上將説：「香港是守得住的。」英國聯合計劃參謀部估計，雖然英國政府沒有正式知會美國人減少駐軍的決定，但「史敦普上將提出他的主張時，似乎可能知道我們減少香港駐軍的政策」。無論史敦普是什麼意圖，他表明對香港有信心，令英國人感到振奮，他們很想知道美國會否同意召開雙邊會談討論香港防務。[117]

　　大體而言，除了史敦普的言論，遠東的英國軍事指揮官也覺得艾森豪威爾政府從 1956 年初起對香港產生了較大的興趣。在 4 月中旬舉行的跨部門英國遠東防務協調委員會會議上，遠東空軍總司令佛利桑吉斯（Francis Fressanges）中將提到美國有意以空軍保衛香港，他向委員會報告，已與美國太平洋司令部達成安排，「向香港提供〔現代雷達〕設備，以便指揮美軍航空母艦的艦載機」。他説：「如果美國人願意為防衛〔香港〕提供強大的艦載機部隊，我們就應竭盡所能增加自己的貢獻，以維持現在美國在此問題上展示的善意。」現在擔任

114　Drumright to Robertson, 23 Jan. 1956, 746G.00/1-2356, RG 59, DF 1955-9, Box 3267, NA.

115　Memo. of Conversation, 8 Feb. 1956, RG 59, CA 1954-6, Geographic File 1956, Box 14, NA.

116　Robertson to Drumright, 14 Feb. 1956, RG 59, CA 1954-6, Miscellaneous File 1956, Box 16, NA.

117　JP(56)59(Final), 26 Mar. 1956, DEFE 6/35, PRO.

東南亞高級專員的斯科特聲稱：「美國顯然對保衛香港很感興趣。」[118]

美國對於以空軍保衛香港產生了較大興趣，並非平白無端，而是有其背景，那就是在 1956 年美英空軍加強了戰略核武器方面的聯繫。英國現在擁有少量核武器，並正在部署 V 式轟炸機，艾森豪威爾政府希望與英國人協調戰略計劃，並協助他們發展可靠的核嚇阻力量。[119] 在遠東，戰略思維同樣開始趨於一致。東約組織成立後，東南亞防務成為同盟責任。英國戰略計劃者認為，嚇阻共產黨侵略東南亞的主要力量，是美國的核武力和施加報復的意願。世界進入熱核時代和戰術核武器的發展，表示遠東發生有限度戰爭，不一定會觸發世界大戰。[120] 因此，英國的戰略計劃愈來愈重視核嚇阻力量，這個重視構成可以稱為英國的「新展望」策略。如佛利桑吉斯中將在英國遠東防務協調委員會會議上解釋：「〔英國〕遠東防衛政策中的新面貌，事實上是美國對於香港和東南亞恢復了興趣。在我們的計劃中應當強調美國這種看法變化，這點十分重要。」[121] 就此而言，英國人的推斷很正確，美國把東南亞防衛視為單一整體，而艾森豪威爾的策略在於動用核武器，對發動侵略的共產主義源頭實施大規模報復。

美國在 1956 年對香港產生愈來愈大的興趣，正值艾森豪威爾政府較為重視整個東南亞之時。越南劃定南北分治後，中南半島局勢較

118　BDCC(FE)(56)171, 13 Apr. 1956, DEFE 11/123, PRO.

119　John Baylis, *Ambiguity and Deterrence: British Nuclear Strategy 1945–1964* (Oxford, 1995), 241–50.

120　W. David McIntyre, *Background to the ANZUS Pact: Policy-Making, Strategy and Diplomacy, 1945–55* (London, 1995), 390–2; Martin S. Navias, *Nuclear Weapons and British Strategic Planning, 1955–1958* (Oxford, 1991), 48–51.

121　BDCC(FE)(56)180, 6 June 1956, DEFE 11/124, PRO.

為和平，但美國決策者感到地區危機（從緬甸到印尼再到南越）有山
雨欲來之勢，並且決心消滅中立主義、激進民族主義或共產主義的跡
象。[122] 美國在 9 月藉着「國家建設」計劃，全面負起對南越的責任。
此外，共產黨呼籲「和平共處」，令美國面臨一種新型的共產主義威
脅。1955 年 4 月周恩來在萬隆的成功，以及從 1955 年底起赫魯曉夫
（Nikita Khrushchev）在亞洲和非洲發動經濟攻勢，加強了美國對第
三世界的興趣。[123]

　　由於美國在東南亞承擔的責任日益增加，太平洋司令部總司令必
須為可能生變的地點制定應變計劃。[124] 史敦普上將在 7 月建議，在兩
國政府不做任何承諾的前提下，舉行參謀級別的非正式商討，以研究
在世界大戰以外的情況，如何保衛香港抵抗中國公然入侵。英國參謀
長委員會很快同意這個建議。[125] 美國太平洋司令部和英國遠東地面部
隊的參謀軍官遂於 9 月 3 － 8 日在香港舉行美英雙方的討論，他們商
定了一個「寬泛的作戰構想」，或許能以之為基礎，制定香港防衛計
劃：第一階段由英國人抵抗和維持治安；第二階段包括以美國海空軍
反擊；第三階段是擊潰敵軍地面部隊，而為此可能需要增加駐軍。[126]
英國遠東防務協調委員會在討論這份參謀報告時，認為應強調這個美
英合作構想中那些「沒有明言的基本假設」：

122　有關這個主題，參見 Robert J. McMahon, *The Limits of Empire: The United States and Southeast Asia Since World War II* (New York, 1999), 69–104。

123　Chang, *Friends and Enemies*, 165–8.

124　CINCPACFLT Annual Report 1 Jul. 1955—30 Jun. 1956, Post 1 Jan. 1946 Command File, NHC.

125　COS(56)65, 5 July 1956, DEFE 4/88; COS(56)78, 9 Aug. 1956, DEFE 4/89, PRO.

126　JP(57)27(Final), 13 May 1957, DEFE 4/97, PRO.

英國打算保衛香港。

美國不希望看到香港落入共產黨手中。

在關於香港問題上，英美政策會繼續緊密配合。

兩國政府都願意使用核武器保衛這個殖民地。[127]

換言之，聯合防衛香港概念所依據的「假設」，是美國可能動用核武器執行這些計劃的第二和第三階段。如佛利桑吉斯中將在 11 月的英國遠東防務協調委員會會議上解釋：「雖然香港不在東約組織的涵蓋範圍內」，但杜勒斯在其聲明中說，「如果東約組織成員國受到攻擊，美國在必要時會動用核武器」，這個聲明「大概可視為也包括香港」。斯科特同意，但補充一個條件：「如果美國認為攻擊香港是針對英國利益的孤立行動，而完全不涉及任何其他侵略行為，他們很可能不會協防此殖民地。」他建議參謀長委員會詢問英國政府會否接納這些「政治假設」。[128] 但是，在英國人更深入探討以美國核武器支援香港對外防衛是否可行之前，由於香港和英國國內發生的事件，他們不得不重新評估香港的內部保安情況。

在 10 月 10 日中華民國國慶日，因懸掛國民黨旗幟的紛爭，觸發九龍和荃灣暴動，在香港的親國府和親共人士爆發激烈衝突。暴動之後不久，周恩來聲稱九龍居民對香港政府「失去信心」，中國政府有「責任保護他們」。[129] 周恩來警告「共產中國不容許中國家門口前的香港有進一步騷亂」。美國駐港領事館報告，初步調查沒有找到台灣當

---

127 BDCC(FE)(56)190, 7 Nov. 1956, DEFE 11/124, PRO。

128 BDCC(FE)(56)192, 21 Nov. 1956, DEFE 11/124, PRO.

129 HK to State, 20 Oct. 1956, 746G.00/10–1956, RG 59, DF 1955–9, Box 3267, NA.

局參與此事的證據，但港督葛量洪「嚴肅看待北平的『威嚇』態度」，尤其周恩來聲稱，中國人民政府「有責任保護香港的華人居民」。[130]

最令葛量洪擔心的是，1956 年的暴動使人懷疑香港駐軍是否足以維持內部保安。他在暴動後認為，香港必須有足夠部隊應付可能發生的顛覆和暴動，因為暴動可能令中國以保護國民為理由介入：「我們敉平騷動可不能慢條斯理。日後發生任何動亂，若無法迅速控制，中國政府可能忍不住要插手，因為他們已經威脅下次會這樣做。」[131]但到這時候，英國的大臣決定在 1957 年初撤走皇家空軍中隊和裝甲團，到了該年年底只剩一個喏喀步兵旅（下轄兩個喏喀兵營和一個英兵營），另留下一個野戰炮兵團支援。根據香港英國駐軍司令在暴動後不久的最新估計，這樣削減兵力會使港府無法「充分維持境內安全」，因為若發生民眾騷動，須動用全部三個營去維持「市區治安」，那就沒有可用的部隊派到「邊境展現武力」。此外，在這種情況下，撤走外僑不可能完成。葛量洪深切憂慮，削減兵力的決定不只會令一般市民，還會令警察產生「士氣問題」，要是他們「懷疑英國政府堅守香港的能力」的話。[132]葛量洪和英軍司令重新評估內部保安的兵力需求後，要求七個營的駐軍。[133]

然而，他們提出要求的時間（1957 年初），正值麥美倫領導的新保守黨政府為了經濟理由，竭力大幅削減防衛開支，並且徹底檢討長

---

130 *New York Times*, 15 Oct. 1956; HK to State, 20 Oct. 1956, 746G.00/10–1956, RG 59, DF 1955–9, Box 3267; HK to State, 25 Oct. 1956, 746G.00(w)/10–2556, ibid., Box 3268, NA.

131 DC(57)8, 12 Mar. 1957, CAB 131/18, PRO.

132 COS(56)430, 6 Dec. 1956, DEFE 11/172; COS(56)439, 14 Dec. 1956, ibid., PRO.

133 DC(57)1, 3 Jan. 1957, CAB 131/17, PRO.

遠的英國防衛政策。[134] 在防衛大臣桑德斯（Duncan Sandys）眼中，駐兵防衛香港是「昂貴的軍事承擔」，而且如果目的純粹是為「維持治安」，而非「保衛這片領土」，那麼六個主要單位（即四個步兵營、一個裝甲團和一個野戰炮兵團）應已足夠。除了削減陸上部隊，香港的皇家海軍船塢和空軍基地也將關閉。[135] 簡言之，為了宗主國，只好犧牲殖民地的利益。

　　從美國人的觀點看，在 1956 年的暴動後，香港的保安形勢不特別令人憂心。香港政府在 1957 年初發表關於暴動的官方報告，共產黨報章對之「不大理會」，美國駐倫敦大使館感到很意外。即使中國外交部後來發聲明批評該報告，但如美國駐港領事館所說：「這並不表示北平會對這個殖民地實施任何制裁」。[136] 但是，如果共產黨對香港的威脅不是那麼堪憂，英國對於這個殖民地的打算卻使人擔心。麥美倫政府考慮在全球減少英國承擔的義務，惹人猜測英國可能從香港撤走。《新聞週刊》（Newsweek）在該年 2 月號刊登題為〈香港的未來〉（'Hong Kong's Future'）的文章，文章寫道：「此事不會在明天或後天發生，但英國人正在鄭重考慮把香港交還給共產中國。因為這個島嶼幾乎無法防守，有些英國戰略家覺得主動撤退，或許可從中獲得利益……」香港報章「以頭條大篇幅」報道此文，引發香港猜測四起，殖民地大臣蘭諾斯波德（Alan Lennox-Boyd）不得不在 2 月 13 日於

134　關於其背景，見 Philip Darby, *British Defence Policy East of Suez 1947–1968* (London, 1973), 100–7。

135　DC(57)2, 27 Feb. 1957, CAB 131/18, PRO.

136　London to State, 10 Jan. 1957, 746G.00/1–1057, RG 59, DF 1955–9, Box 3267; HK to State, 24 Jan. 1957, 746G.00(w)/1–2457, ibid., Box 3268, NA.

國會發表聲明，否認這種說法。[137]

　　大體而言，艾森豪威爾政府關注香港的未來，是因為它擔心英國打算在全球減少其承擔的義務，會令美國不得不接手原本由英國承擔的海外義務。1956 年蘇彝士運河危機發生後，美國在中東的參與程度加深。[138] 華府雖然對英國再次在埃及施加影響力不以為然，但仍希望看到英國繼續發揮世界強國的作用，只是這個角色須與美國步伐一致。因此，艾森豪威爾與麥美倫預定 3 月在百慕達舉行的會議，目標除了「恢復對於英美關係的信心」，還要「弄清英國將把海外軍事和經濟承擔減少至什麼程度」。[139] 艾森豪威爾政府希望知道，倫敦的防務削減將如何影響英國派駐「諸如馬來亞、香港等地〔的兵力〕，尤其是美國人可能須考慮介入」的地方。[140] 根據由國務院預備的會議簡介，「最理想的情況，是敦促英國人在其財力範圍以內，盡量繼續承擔他們的海外義務」。[141]

　　在 1957 年 3 月 20 日到達百慕達時，艾森豪威爾和杜勒斯與麥美倫和英國外交大臣勞埃德（Selwyn Lloyd）在中洋俱樂部（Mid-Ocean Club）共進晚餐，席間談到香港問題。麥美倫說「他們正在考慮放棄香港」，因為「保住它是很花錢的事」。杜勒斯說「一般人認為香港有利可圖」，這位英國首相回答時解釋：「對某些香港華商來說，它或

137　CO to HK, 2 Feb. 1957, FO 371/127246, F1081/1; CO to HK, 15 Feb. 1957, F1081/4, PRO.

138　Alan P. Dobson, *Anglo-American Relations in the Twentieth Century: Of Friendship, Conflict and the Rise and Decline of Superpowers* (London, 1995), 119.

139　Elbrick to Dulles, 13 Feb. 1957, RG 59, CF 1949–63, Box 127; Memo. Of Conversation, 27 Feb. 1957, ibid., NA.

140　Washington to FO, 27 Feb. 1957, FO 371/129329, ZP28/31, PRO.

141　Briefing Paper, BEM D–1/1, 15 Mar. 1957, RG 59, CF 1949–63, Box 127, NA.

許是有利可圖，但對英國來說，則是無利可圖。」而且保住這個殖民地僅僅是「為了戰略原因，另外是擔心當地居民若被拋棄，他們的前景堪虞」。杜勒斯回答「可以把香港視為島嶼和半島防線的一部分，這道防線對自由世界很重要，必須堅守」。他繼續說：「如果英國的對華政策與我們一致，我們或許可以協助守住它。」他們的談話之後討論到中國，杜勒斯解釋，華盛頓希望倫敦「全力」支持把中國摒諸聯合國門外，並暗示這樣「有助」美國政府如英國所願，放寬中國貿易差別。[142] 從美國的談話記錄，看不出麥美倫是否被說服打消「放棄香港」的念頭。但是，如美國國務院中國科科長高立夫（Ralph Clough）後來憶述，美國人「聽到如此權威的英方人物提出這種建議，當時着實嚇了一跳」。[143]

　　在 4 月，麥美倫政府完成檢討英國的長遠防務，發表桑德斯白皮書。為了彌補大幅削減兵員的後果，英國強調核阻嚇和依靠機動增援部隊。[144] 香港駐軍會撤走多少部隊還是未知之數，須待桑德斯來訪後決定，葛量洪在 7 月底的參謀長委員會上提出駐軍數目不足的問題。葛量洪指出：「如果英國政府真的打算堅持削減守軍，令派駐此殖民地的部隊減少至不足以鎮壓騷動的地步，那不如主動放棄我們的地位，以免受被迫撤退的屈辱。」[145]

142　Continuation of Memo. of Dinner Conversation, 20 Mar. 1957, RG 59, CF 1949–63, Box 127, NA. 貿易議題會在本書第四章中討論。

143　Clough to Martin, 10 Oct. 1957, RG 59, CA, 1957, Country File 1957, Box 1, NA.

144　關於該白皮書的分析，見 Wyn Rees, 'The 1957 Sandys White Paper: New Priorities in British Defence Policy?', *The Journal of Strategic Studies*, 12/2（June 1989), 215–29; Baylis, *Ambiguity and Deterrence*, 241–50。

145　COS(57)59, 23 July 1957, DEFE 4/98, PRO.

　　葛量洪只是試圖說服不情願的政府派更多部隊到香港，還是認真要求英國撤出香港，已經無從稽考。[146] 但可以肯定的是，葛量洪不是唯一主張重新思考香港未來的人。參謀長委員會認為，如果無法在香港長期保持某種最低限度的兵力，「就應該趕快考慮與中共談判，以為解決此殖民地的前途商定某種辦法」。他們覺得葛量洪的意見「很重要，應當知會內閣的大臣」。[147] 此外，1956 年成立關於香港的跨部門工作小組，「以跨部門方式，權衡斟酌我們〔英國〕在香港的地位」。[148] 1956 年的暴動和削減香港駐軍的建議，促使外交部的代表在 1957 年思考，是不是「我們很快就要壯士斷腕」，而且「就我們保有這個殖民地而言，從現在起，情況很可能會繼續惡化」。[149]

　　然而，儘管麥美倫在百慕達有那樣的言論，但從已解密的英國檔案文件，難以判斷英國人的態度有多認真。只可以說，麥美倫的性格喜怒無常，有需要時會看風使舵。[150] 此外，桑德斯白皮書沒有建議英國放棄在海外承擔的義務，而是以已大減的兵力來維持相同義務。[151] 在 2 月至 9 月間，白廳高級官員奉麥美倫之命，進行帝國的「成本效

146 簡單說，葛量洪認為，到 1997 年新界租約九十九年期屆滿之時，香港理所當然會歸還中國。他也覺得應當一直把香港視為中國的一部分，而且香港華人不會培養出對英國的忠誠。Grantham, *Via Ports*, 172; Louis, 'Hong Kong', 1058, 1065, 1069.

147 COS(57)62, 30 July 1957, DEFE 4/99; COS(57)59, 23 July 1957, DEFE 4/98; COS(57)65, 13 Aug.1957, DEFE 4/99, PRO.

148 這個工作小組是在 1956 年間成立。據一份外交部備忘錄記載，它在該年舉行首次會議。從那時起，由於防務檢討和駐港武裝部隊數目難以確定，這個小組的工作受到耽擱。Ashton to Wallace, 18 Oct. 1957, CO 1030/825, FED613/400/01, PRO.

149 Dalton to Johnston, March 28, 1957, ibid.

150 例如，在蘇彝士運河危機期間，麥美倫的態度一百八十度轉變。Louis, 'The Dissolution of the British Empire', 343.

151 Rees, 'The 1957 Sandys White Paper', 226–7; Michael Dockrill, *British Defence Since 1945* (Oxford, 1988), 81.

益」分析，從經濟角度看，這個分析沒有就香港對英國的價值提出清晰答案，這是因為香港在英鎊區具有獨特地位，又是遠東的金融和商業中心。[152] 到了 1957 年，儘管馬來亞獨立，但麥美倫肯定不大想放棄英國在蘇彝士運河以東地區的世界角色。[153] 不過，清楚的是，艾森豪威爾政府在 1957 年懷疑英國留在香港的決心。在此情況下，國家安全委員會在 7 月和 8 月檢討美國對香港的政策，這個問題自 1955 年 3 月以來就沒提起過。[154]

　　在 7 月 2 日，國家安全委員會計劃委員會初步審議關於香港政策的草案（《國家安全委員會第 5717 號文件》）和所附的參謀研究。由於英國人在百慕達向艾森豪威爾表示「香港遠非其主要利益所繫」，計劃委員會遂提出「英國人目前對香港的意圖」這個問題，並問英國人「欲盡量長期地留下，還是只要中國共產黨的壓力達到某一程度，英國人就會不戰而退，不再留下」。[155] 這草案其後經修訂，包括一個關於英國對香港意圖的聲明，其內容「措詞很籠統，沒有清晰指出我們是否相信英國人會為保住香港而戰」。修訂稿也刪去「所有提及與

152　D. J. Morgan, *The Official History of Colonial Development Vol. 5: Guidance towards Self-Government in British Colonies, 1941–1971* (London, 1980), 100. 有關麥美倫對於帝國的「成本效益」或「損益」分析，托尼‧霍普金斯（Tony Hopkins）有精闢的論述，見 Tony Hopkins, 'Macmillan's Audit of Empire, 1957', in Peter Clarke and Clive Trebilcock (eds.), *Understanding Decline: Perceptions and Realities of British Economic Performance* (Cambridge, 1997), 234–60。

153　連馬來亞的去殖民化都被視為保存英國在這地區影響力的方法。John Subritzky, 'Macmillan and East of Suez: The Case of Malaysia', in Richard Aldous and Sabine Lee (eds.), *Harold Macmillan: Aspects of a Political Life* (London, 1999), 178–9。

154　Memo. for NSC, Mar. 4, 1955, WHO, SANSAR, 1952–61, NSC Series, Policy Papers Subseries, Box 12, DDEL.

155　Note by NSC Planning Board, 2 July 1957, WHO, NSCSP, 1953–61, Special Staff File Series, Box 3, DDEL.

英國人達成『協議』的字句」，因為美國提供的協助將「十分有限，所以英國人會否願意為之付出代價很令人懷疑」。[156]

　　根據這份參謀研究，英國人打算「盡量長期」留在香港，「只要這樣做不會嚴重危害與共產中國的關係」，但如果受到中共攻擊就會「就範，而不會嘗試以武力維持他們的地位」。這份參謀研究認為，要是得不到協助，駐港英軍是無法提供「撤退歐籍僑民所必需的時間」。然而，中共暫時「不會去碰香港」，因為這個殖民地對他們進行間諜和顛覆活動很有用，還可以用來分化美英兩國。因此，國家安全委員會計劃委員會建議，如果香港受到共產黨直接或間接攻擊，美國就在聯合國支持英國，並「派出武裝部隊，在必要和切實可行的情況下介入」，以撤走美國和其他有利害關係國家的僑民，但「不提供武裝部隊幫助英國人敉平香港的騷亂」。[157]

　　在 8 月 8 日國家安全委員會開會審議政策聲明草稿時，艾森豪威爾甚至對支援撤退在港美僑也表示疑慮。他問：「這麼多美國人跑去香港幹什麼？」還建議「只限向確實有責任〔到香港〕的美國人發出美國簽證」。這再次顯示，在艾森豪威爾眼中，香港本身無關緊要。但是，參謀長聯席會議主席雷福德上將覺得，沒有迫切需要限制美國人進入香港，他認為香港港口有充足的船，能在短時間內完成撤退。經過短暫的辯論後，國家安全委員會通過《國家安全委員會第 5717

---

156 Briefing Note for Planning Board Meeting, 12 July 1957, ibid. 美國人心中所想的代價，大概是英國全力支持阻止中國加入聯合國。見本書第三章。

157 Staff Study on Hong Kong, Note by Executive Secretary to NSC, NSC 5717, 17 July 1957, *DDRS*, 1988, Fiche 25; Memo. for NSC, NSC 5717, 9 Aug. 1957, RG 273, NSC Policy Paper Series, Box 44, NA.

號文件》。[158]

　　到了 1957 年 8 月，美國關於香港受中國攻擊時採取的政策，仍只限於撤走美國平民。為什麼艾森豪威爾政府雖然之前曾提出暗示和建議，還是不承諾保衛香港？答案在於：美國人對於英國人是否有決心堅守香港，以及他們是否願意在聯合國中國代表權問題上支持華府所持的看法。艾森豪威爾的國家安全委員會在 7、8 月間審議關於香港的政策聲明草稿時，香港的安全形勢似乎沒有特別受威脅。倫敦此時也沒有向華府求助。[159] 但是，如行動協調委員會的總統特別助理弗雷德里克・迪爾伯恩（Frederick Dearborn）後來指出，《國家安全委員會第 5717 號文件》通過「得如此倉促，沒有等待第一線人員提出的看法」。[160] 不相信英國願意為保住香港而戰的艾森豪威爾政府，似乎急於下決定。[161] 後來莊萊德在與高立夫的通信中確定「英國政府實際上曾鄭重考慮是否可能放棄香港，或至少撤走所有守軍」。高立夫同意，並把這個判斷告知助理國務卿饒伯森。高立夫回覆莊萊德

158　Memo. for 334th NSC Meeting, 9 Aug. 1957, EPAWF 1953–61, NSC Series, Box 9, DDEL.

159　參謀長委員會在 5 月認為，在政治層面與美國政府舉行會談為時過早，宜先等待軍方就以核武器保衛香港是否可行提出建議。JP(57)27(Final), 13 May 1957; COS(57)40, 23 May 1957, DEFE 4/97, PRO.

160　在 7 月 3 日，有關香港的參謀研究草稿送交美國駐港領事館，請領事館提供意見，當時總領事莊萊德正在休假。美國領事托馬斯・狄龍（Thomas P. Dillon）就草稿提出的意見在 8 月 16 日送到華盛頓，那已是《國家安全委員會第 5717 號文件》獲批准後八天。而國務院直至 8 月 23 日才把已獲批准的政策聲明傳給狄龍。Drumright to Clough, 26 Sept. 1957, 611/46G/9–2657, RG 59, DF 1955–9, Box 2505; Clough to Dillon, 3 July 1957, RG 59, CA 1957, Country File 1957, Box 1, NA; Dillon to Clough, 16 Aug. 1957, DDRS, 1992, Fiche 184; Clough to Dillon, 23 Aug. 1957, 611.46G/8–2357, RG 59, DF 1955–59, Box 2505, NA.

161　隆巴爾多在其文章中指出，香港難以防守的情況，因「英國人顯然缺乏保衛香港的意願而變得更複雜」，而香港無法防守，是國家安全委員會在 8 月決定不承諾保衛香港的兩個「主因」之一。但他未能充分掌握在制定《國家安全委員會第 5717 號文件》時「英國因素」的突出地位。Lombardo, 'Eisenhower, the British and the Security of Hong Kong', 143–4.

時提到麥美倫在 3 月的言論:「在百慕達信口説起可能會發生這種情況,或許只是外交技倆,目的是促使我們承諾在軍事或經濟上協助香港」,但「我根據你的信推斷,可能還涉及更深層的原因」。[162]

　　更重要的是,艾森豪威爾一直視香港為討價還價的籌碼,或許以之來爭取英國支持圍堵中國。杜勒斯在百慕達暗示,如果倫敦停止要求讓中國加入聯合國,華盛頓就會投桃報李,協助它固守香港。然而,遲至 8 月 6 日(艾森豪威爾及其顧問開會審議《國家安全委員會第 5717 號文件》前兩天),美國政府仍然「沒有接到確切消息,表明英國會支持以緩議方式,阻止中國代表權問題」提交聯合國大會下一屆會議討論。[163] 艾森豪威爾政府無疑覺得,它關於香港的有條件提議已不必再討論下去。但是,艾森豪威爾和麥美倫很快就有另一個機會在香港防衛問題上討價還價。

　　關於國家安全委員會的新決定,英國人當然仍被蒙在鼓裏。但自從 1956 年美英參謀討論以來,英國軍事指揮官和戰略計劃者對於在聯合作戰概念中,美國以核武器支援香港的可行性,愈來愈有懷疑。他們了解到要成功保衛香港,有賴兩個重要因素。一是這個殖民地必須有「足夠的地面部隊」,以「在美國核武器阻絕發揮效果前,擋下第一波攻勢」;另外是「美軍能及時馳援,以殲滅敵人空軍,並阻止

162　莊萊德在 1957 年 9 月 20 日寫給高立夫的信,國家檔案館仍沒解密。但高立夫給莊萊德的覆函提到這封信的部分內容。Clough to Robertson, 9 Oct. 1957, RG 59, CA 1957, Country File 1957, Box 1; Clough to Drumright, 10 Oct. 1957, RG 59, CA 1957, Subject File 1957, Box 5, NA.

163　Memo. from Wilcox to Dulles, 9 Aug. 1957, *FRUS, 1955–57*, 11, 502–3. 英國要到 8 月 22 日才正式通知聯合國的美國代表團,他們支持緩議(延後關於這個問題的討論)。見本書第三章。

敵軍向香港增派部隊」。[164] 但香港英軍司令和英國參謀首長都很清楚，
光憑只有四個步兵營的駐軍，撐不到七十二小時進攻部隊就能到達九
龍，這樣的話美國的核反擊就無法奏效。此外，原本估計有四十八小
時的預警時間，美國可在中國發動攻擊後十二小時內採取行動是過於
樂觀，因為要獲得美國總統對於動用核武器的「政治批准，本身就會
有延宕」。[165]

　　然而，這些疑慮無礙英國參謀長委員會在政府不予承諾的情況
下，繼續從純軍事角度協調英美的規劃。事實上，在發表防衛白皮書
和決定削減香港駐軍後，繼續令美國對香港感興趣就變得比以往更
加重要。如桑德斯在 9 月告訴他的軍事參謀：「香港唯一的真正保障
是使中國人知道，攻打這個殖民地會令美國介入。」[166] 換句話說，要
保衛無法防守的香港，唯一方法是戰略嚇阻 —— 在一開始就嚇阻中
國，使之不敢發動攻擊，這樣的話，美國就不必有任何反應。這個結
論並不新鮮，但它在 1956 年底至 1957 年英國政府最高層的討論中得
到確定和支持。

小結

　　對英國來說，在冷戰時期保衛香港是艱難任務。雖然在發生世界
大戰時，堅守香港對英國沒有戰略利益，但在發生有限度戰爭和冷戰

164　Report by the Conference Secretary, 14 Sept. 1956, DEFE 11/172, PRO.
165　DCC(FE)(56)9, 22 Nov. 1956, DEFE 11/172, PRO.
166　BDCC(FE)(57)211, 14 Sept. 1957, DEFE 13/20, PRO.

時，情況卻完全不同。在整個五十年代，英國人都估計中國不大可能公然攻打香港，不過，如果中美兩國在韓國、中南半島或台灣之間的敵對行動擴大，也難保這個殖民地不會受攻擊。縱使香港受大規模攻擊的可能性很低，但英國人深知，除了 1949 年增兵後的一段短時期，香港駐軍是無力抵禦這種攻擊，這種了解加深了他們的脆弱感。到了 1956－1957 年，英國人非常擔心駐軍數目不足以履行主要的內部保安任務（維持治安、在邊境「展示武力」、完成撤退計劃等）。他們一直認為內部保安是比外部保安更大的威脅，不過兩者的界線在 1956 年「雙十暴動」後變得模糊。然而，有些英國官員不時覺得美國對香港感興趣，為此感到振奮。美國主要是從冷戰角度來評估香港防衛問題，這並不表示杜魯門或艾森豪威爾政府視香港為「東方的柏林」，並且願意為了令它繼續成為英國殖民地而投入稀缺的資源，甚至冒觸發世界大戰的危險。恰恰相反，對美國的國家利益來說，香港保留在英國人手中在戰略上無足輕重。然而，香港有時候仍然備受美國政府高層關注。為了遏止共產黨在韓國的侵略，支援中南半島的法國人，在金門和馬祖問題上安撫英國人，並且爭取英國人支持在國際社會孤立中國，美國決策者在香港防衛問題的談判中付出代價。

　　在這個時期，美國官員始終估計香港面臨的最大威脅，不是中國從外部攻擊，而是共產黨煽動境內騷動。美國對英國人保住香港的意圖和能力的評估，就不是那麼前後一致和清楚。在 1949 年，杜魯門政府就算相信英國人打算保住香港，也很懷疑他們是否有此能力。到了 1957 年，艾森豪威爾政府確切知道英軍連掩護撤退的能力都不足夠，不大相信英國有決心為留在香港而奮戰。從軍事角度說，要成功保衛香港，就必須在大陸上建立據點。無論是艾奇遜的周邊防禦圈概

念，還是艾森豪威爾的大規模報復策略，都不認為有必要在像香港這樣的領土進行靜態防禦。更重要的是，在美國政府眼中，保衛香港與其說是軍事決定，不如說是政治決定。儘管美國和英國的戰略計劃者制定了應變計劃，並同意共同作戰，但這些只是假設性的演練，政府並沒有許下承諾。美國在遠東的資源不足，而且歐洲有重要的優先關注事務，不願意為這個英國殖民地承擔政治義務。雖然艾森豪威爾和杜勒斯建議協防香港，但他們心中盤算的，主要是鼓勵英國在其他政策範疇支持美國。由於倫敦沒有發出確切的聲明，表示會在聯合國中國代表權問題上堅守立場，所以艾森豪威爾在 1957 年 8 月決定，除了撤走公民，美國不會幫助香港。

　　然而，有些英國官員確實認為香港若受到共產黨攻擊，美國會出手保衛這個地方。這是根據三個假設。第一，如斯科特所相信：「除非爆發世界大戰，否則香港不會受攻擊，而若發生世界大戰，美國從開戰之初就會參與。」第二，在蘭諾斯波德的看法，「中國攻擊香港會觸發第三次世界大戰，因為英國人會為香港而戰，而美國則會救援英國。」最後，英國聯合計劃參謀部假設，雖然「香港不屬於東約組織的涵蓋範圍……美國在遠東的核子嚇阻武力卻把它概括納入，保護它不受中國公然攻擊。不過，美國沒有具體承諾會保衛它。」[167] 並非所有英國官員都認為中國攻打香港必然會引發世界大戰，[168] 但這種攻擊無疑會被視為嚴重事件，會引發英中開戰，而美國或許會動用核武

167　COS(56)73, 27 July 1956, DEFE 4/89, PRO; London to State, 26 Nov. 1956, 611.46G/11–2656, RG 59, DF 1955–9, Box 3270, NA; JP(57)89(Final), 31 July 1957, DEFE 6/42, PRO.

168　第一海務大臣蒙巴頓勳爵（Lord Mountbatten）和葛量洪都相信，有可能在不捲入蘇聯的情況下與中國打一場局部戰爭。COS(56)73, 27 July 1956, DEFE 4/89; BDCC(FE),212, 27 Sept. 1957, DEFE 11/125, PRO.

器來協助盟友。英國推斷艾森豪威爾以大規模報復為其東南亞戰略，而且美國在應對共產主義侵略時，不會局限於東約組織名義上涵蓋的區域，這些推斷很正確。[169] 但是，艾森豪威爾和杜勒斯都希望使敵人猜不透美國的反應，所以美國不會承諾採取任何具體行動方案，也不會專門調派部隊去應付特定的突發事件。[170] 因此，沒有人——無論是共產黨、英國人還是艾森豪威爾本人——能夠肯定在有限度戰爭（例如中國進攻香港）中會不會動用戰術核武器。

香港受美國的核保護傘保護，或許是英國戰略計劃者和地區指揮官一廂情願的想法。但是，太平洋司令部總司令對於保衛香港顯出興趣，美國戰略計劃者進行的一系列研究，以及艾森豪威爾和杜勒斯那些帶有條件的保證，可能也誤導了英國人，並加強了他們對於美國援助的期望。期望美國會履行親密盟友之義的人，或許只限於斯科特和蘭諾斯波德等少數英國官員。但英國諸大臣下政治決定時所根據的，就是這位東南亞高級專員和負責香港保安的英國地區指揮官的意見，以及他們的軍事觀點。更重要的是，由於中國對香港的軍事威脅屬於假設性質，對於美國支援的看法和期望，其重要性就和正式承諾無異。畢竟，第七艦隊開進台灣海峽和美國水兵到香港休假，都使英國人感到安心，並能即時嚇阻共產黨，使他們不敢貿然進攻。[171] 北京不

---

169 Memo. for Secretary of Defense by JCS, 11 Feb. 1955, RG 218, Geographic File 1954–6, Box 7; Memo. for Secretary of Defense by JCS, 16 Nov. 1956, ibid., Box 10, NA.

170 David Lee, 'Australia and Allied Strategy in the Far East, 1952–1957', *The Journal of Strategic Studies*, 16/4 (Dec. 1993), 511–38; Saki Dockrill, *Eisenhower's New Look National Security Policy, 1953–61* (London, 1996), 195–200.

171 FO Minutes by Wilkinson, 30 Apr. 1953, FO 371/105274, FC1196/1, PRO; HK to State, 14 Nov. 1953, 746G.11/11–1453, RG 59, DF 1950–4, Box 3599, NA; Black to CO, 30 Oct. 1962, CO 1030/1300, FED 387/400/03, PRO.

去碰香港，大概不是被美國的核武器報復所「嚇阻」。但是，熟知情況的香港和倫敦公眾輿論，確實預計香港若受中國攻擊，美國不會坐視不理。[172] 嚇阻的策略似乎奏效。

　　在某種意義上説，英美有關保衛香港的討論是空談。對英國人來説，中共的威脅與其説是軍事上，不如説是政治上，保住香港既要靠與美國商量的防務安排，也要依賴與中國的外交接觸。

172　見《香港時報》，1957 年 2 月 24 日；《星島日報》，1957 年 9 月 20 日；*Daily Express*, 20 Sept. 1957 in FO Minute, 25 Sept. 1957, FO 371/127251, F1196/1, PRO。

第三章

應對政治威脅：
英美對華政策中的香港

　　1949 年毛澤東打贏中國內戰後，英國工黨政府面臨的問題不只是保衛香港，還要應付大陸的共產政權。英國人相信，香港的前途是跟英國與新中國的關係密不可分。為了維持在香港的殖民統治，英國人想和這個強大近鄰達成暫時協議，尤其是他們很清楚，光靠軍事手段無法保衛香港。必須強調的是，單單是香港因素，不能左右英國的對華政策：維持英國在華的經濟利益，以及離間中蘇夥伴關係的策略，同樣令英國必須採取積極接觸的外交手段。但是，在五十年代，外國（主要是英國）在大陸的投資正被中共排擠，北京又繼續與莫斯科緊密站在同一陣線，那時候香港在政治方面的脆弱情況，就變成英國政府更迫切憂慮的事情。此外，這個充斥戰爭與危機的時期，不時出現一些國際和本地事件急轉直下的緊要關頭，令英國人覺得香港尤其脆弱。英國官員在日常的外交行動中，十分小心避免過度挑釁中國。

　　杜魯門（1950 年後）和艾森豪威爾政府從全球情況着眼，又受制於國內政治，都採取強硬路線對付中國，同時防止台灣落入共產黨之手。對美國來說，香港並非分量很重的因素。不過，若說香港本身不是重大關注，英國這個冷戰主要夥伴就肯定是。美國決策者知道，

英國人不願與美國合作對抗中國,是擔心這樣做會令香港受共產黨報復。為了獲得英國支持,比如說艾森豪威爾總統就要顯示對這個殖民地的興趣,這是必須付出的代價。無論香港本身多麼無足輕重,它在美國決策者的計算中都成為了重要因素。本章集中討論英國如何折衝樽俎,嘗試以外交手段「保衛」香港──一方面安撫中國,另一方面約束美國。

香港的未來和承認中華人民共和國

工黨政府在 1949 年審議香港防務安排時,很清楚不宜無端挑釁在內戰中勝利在望的中國共產黨。在 5 月,對於英國可能宣佈決定保衛香港,外交部表示憂慮:「如果在香港問題上我們公然顯出過於挑釁性的態度,可能會迫使共產黨採取行動對付它,因為他們視之為攸關聲望之事。」[1] 長遠來說,英國人相信香港能否生存,既要靠英國的防務準備,也依賴中共的默許。艾德禮內閣在 5 月 26 日總結說:「我們政策的目標,應當是找出一個令中國共產黨政府默許我們留在香港的基礎。」[2] 此外,中共之所以容忍英國殖民統治香港,是因為香港對大陸的經濟價值。但是,杜魯門政府此時正思考利用出口管制為工具,改變中共的政治取向,英國人對此甚有疑慮。如貝文在內閣會議

---

[1]　Dening to Mayhew, 9 May 1949, FO 371/75872, F6804/1192/10G, PRO.

[2]　CM(49)38(3), 26 May 1949, CAB 128/15, PRO. 據雅胡達(Michael Yahuda)說,從 1949 年起,倫敦和北京之間有某種默契,只要英國同意不以對抗的方式對待大陸,並且不試圖在香港推行民主或自治,中國將容忍英國管治香港。Yahuda, *Hong Kong*, 44–9.

中直率地說：「中國人喜歡香港並非因為它受到英國管治，而是因為它提供了安全和有利可圖的貿易設施。」他接着說，如果「這些貿易設施受限制或斷絕，那麼中國對我們保有這個殖民地的興趣就會減少或消失」。[3]

那麼，對工黨政府來說，保衛香港的最佳辦法是防務和外交兼施。英國人主張與中共政權發展正式的外交和經濟關係，而非如美國人建議那樣，以貿易管制為手段改變中共的政治方向。但英國眾大臣也很清楚，他們必須使美國政府明白，倫敦是有充分理由須給予中華人民共和國外交承認。他們要令美國人體諒，為了香港的未來，英國不得不遷就中共。在這方面而言，英國之所以奉行和解的對華政策，香港既是原因，也是其辯解的理由。

英美在外交承認，尤其是實施出口管制問題方面意見相左，所以兩國進行了廣泛協商和討論，以令彼此的政策一致。9 月 12 日，英國駐華盛頓大使館向國務院呈遞備忘錄，說在阻止中國增強軍力和遏制共產主義擴張的目標上，他們「並無異議」。備忘錄接着說，事實上「由於他們在香港和東南亞的地位」，英國人有「迫切和充分的理由，十分渴望達成這兩個目標」。然而，英國政府「懷疑旨在促使中共政權改變其政治取向的出口管制是否能有成效」，認為該政權「不會願意為商業利益而改變政治原則」。[4] 在第二天於華盛頓舉行的會議中，艾奇遜告訴貝文：「我們不認為參與經濟戰爭有何意義，但我們覺得中國應為自己的作為付出代價」，而且「我們不應向中國共產政權提

3　Memo. by Attlee, 25 May 1949, FO 371/75872, F7788/1192/10G, PRO. 另見本書第四章。

4　Aide-memoire by British Embassy, Washington to State, 12 Sept. 1949, *FRUS, 1949*, 9, 875–8.

供任何額外的設施」。貝文回答説:「英國人不急於承認,但他們在中
國國內和在對華貿易方面有龐大商業利益,在相對和絕對意義而言,
都與⋯⋯〔美國人〕情況不同。」他強調:「此外,英國人還要注意香
港。」但貝文説,倫敦會「謹慎行事」,在承認問題上會與華府「緊
密協商」。他強調「彼此的分歧在於策略,而非目標」,艾奇遜也同
意。[5]

中共對國際義務的態度

美國人確實認為,除非中共能滿足艾奇遜在 5 月 13 日開出的三
個條件,否則不應承認中華人民共和國,這三個條件是:新中國政府
應「實質控制領土」,得到中國人民「普遍認可」,並且願意「履行
其國際義務」。[6] 艾奇遜在 9 月與貝文及其顧問在華盛頓會面時堅稱:
「共產黨全面接受國際義務,是給予承認的先決條件。」遠東司司長
白德華進一步提出,「共產黨説他們打算片面廢除各種條約,而不管
終止條款如何規定」,美國認為此事「不可容忍」。他之後説:「會廢
除的條約,可能包括那些關乎香港的條約。」貝文回答,他「無法想
像俄國建議中國廢約」。他也表示,他相信中共不會直接攻打香港,
而且由於增派了軍隊,他那時候很有信心香港能守得住。[7]

肯定的是,杜魯門政府很強調,在正式給予新中國政府外交承認
之前,中共必須先尊重國際法和條約。共產黨自 1948 年底起對待華

5　Memo. of Conversation, 13 Sept. 1949, ibid., 81–5.

6　Acheson to Stuart, 13 May 1949, ibid., 21–3.

7　Memo. of Conversation, 13 Sept.1949, RG 59, CF 1949–63, Box 1, NA.

德（Angus Ward）的方式，[8] 令華府質疑他們是否願意遵從國際關係的基本原則。在 1949 年 10 月 24 日，華德和他的四名人員被瀋陽共產黨當局正式拘捕。美國對於承認中華人民共和國的態度因而強硬起來。[9] 一份國務院為華盛頓會議而預備的簡報文件指出，「外國官員受到這樣駭人聽聞的對待，這事件還沒解決」而其他友邦卻去承認中國，「就算不是原諒這種做法，也相當於默許，會向共產黨人立下先例」。[10] 因此，白德華向貝文提出共產黨可能廢除關於香港的國際條約，目的或許是要令英國人覺得中共不願意擔當國際社會負責任的一員。

但是，中華人民共和國在 10 月成立後，工黨政府認為承認之事不宜再拖延太久。在 11 月 1 日，英國駐華盛頓大使館向美國國務院呈遞備忘錄，通知它英國內閣贊成向中國給予法律承認，但會先與美國政府和英國駐東南亞代表及殖民地總督商討後，才再做決定。[11] 同日，白德華與英國駐華盛頓大使館參贊休伯特‧格拉韋斯（Hubert Graves）討論備忘錄，白德華問：備忘錄沒有提及會先獲得共產黨保證尊重國際義務才給予承認，是否「表示英國政府不會期望取得任何交換條件」。格拉韋斯答道，英國政府的看法是：「不給予承認的弊害甚大，超過獲中共保證尊重國際義務可能帶來的好處。」然而，格拉韋斯補充說，「英國政府在給予承認之前，期望中共會保證遵守關於

8　1948 年 11 月，中共當局以從事間諜活動為由，軟禁美國駐瀋陽總領事華德及其職員。見 Hua Qingzhao, *From Yalta to Panmunjom: Truman's Diplomacy and the Four Powers, 1945–1953* (Ithaca, NY, 1993), 166–8。

9　Chen, *China's Road to the Korean War*, 45.

10　Memo. by Perkins, 5 Nov. 1949, *FRUS, 1949*, 9, 168–70.

11　British Embassy, Washington to State, 1 Nov. 1949, ibid., 151–4.

九龍租約的協議」，但「不會提出香港島的問題，因為那是根據條約割讓的英國領土」。[12]

　　儘管格拉韋斯這樣説，但工黨政府沒有奢望香港島與新界的命運可以分割。[13] 即使在中華人民共和國成立前，內閣已認為「中國國民黨和共產黨的目標，最終可能不只是收回此殖民地的租借領土，還有被割讓的地區」。似乎沒有一個中國政府會願意在 1997 年新界租約屆滿後續約，但英國人相信，中共暫時不會大張旗鼓要求歸還香港。[14] 內閣在 8 月底斷定，「除非它〔新中國政府〕是友善、穩定和控制統一的中國」，否則英國不應與它商討香港前途問題。理由是英國人若與「不友善的政府」談判，就會「受到脅迫」。如果中國政府不「穩定」，英國政府「不能指望它將香港維持為安全的自由港」。另外，要是中國「不統一」，香港前途「很可能成為相互傾軋的派系之間角力時的棋子」。由於這種「友善」、「穩定」和「統一」的中國政府，在 1949 年或可見的將來都不會存在，所以英國的政策是繼續留在香港。[15] 簡言之，工黨政府不希望與中共討論外交承認時，因為香港前途問題而橫生枝節。

12　Memo. of Conversation, 1 Nov. 1949, ibid., 149–51.

13　例如，早在 1946 年 7 月，外交部中國司司長喬治・基特森（George Kitson）在有關「香港未來」的修訂備忘錄中説：「我方任何將香港和新界加以區分的嘗試，只會被視為法律詭辯。在中國人心中，這兩者是不可分割的，而且若不把這個問題視為一個整體，是不會得到令人滿意的解決方法。」引自 Peter Wesley-Smith, *Unequal Treaty 1898–1997: China, Great Britain, and Hong Kong's New Territories*, rev. edn. (Hong Kong, 1998), 240。

14　從 1949 年 2 月開始，在北京宣傳機關的指示下，多份香港左派報章傳達在新中國之下，香港前途會得到保障的訊息 ── 事實上兩者被描繪為密不可分。見袁小倫：《戰後初期中共與香港進步文化》（廣州，1999），第 374–8 頁。

15　CP(49)177, 19 Aug. 1949, which is similar to CRO to UK High Commissioners, 7 Sept. 1949, FO 371/75839, F13676/1061/10G, PRO.

對國民政府的軍事援助和美國國內政治

英國也關注美國繼續向國民政府供應武器。早在 1949 年鄧寧就指出「國民黨不可能有效阻擋共產黨推進」。他接着說：「這樣的話，如果共產黨席捲華南，我們所供應的武器都會落入他們手中，而這些武器日後或許會用來對付〔在香港的〕我軍或中南半島的法軍。」之後，貝文批准一項建議，頒佈和切實執行禁令，停止向中國大陸任何地區供應武器和裝備，無論這些地區是由國民黨還是共產黨控制。為此，他必須獲得美國政府合作。[16]

艾德禮政府為香港着想，希望美國不要再向國民政府供應武器，但杜魯門政府捨棄國民黨的嘗試，受到國內政治和歐洲的優先要務所掣肘。事實上，到了 1949 年初，華府眼見國民政府敗局已定，故改變策略，從直接支持蔣介石改為採取較含蓄的政治和經濟手段。在 2 月 4 日，杜魯門批准停止向國民黨供應軍事物資的建議。然而，因為國會和中國游說團反對，杜魯門不得不撤回停止軍援的決定，改為下令減慢交付軍事物資的速度，希望藉着向國民黨提供有限度的軍援，可以推遲共產黨奪得大陸江山，並向「自由世界」顯示美國是可以信任的。[17] 在春天中共即將跨過長江之際，美國國內要求繼續支援國民政府的壓力愈來愈大。更重要的是，那時候杜魯門政府急欲獲得國會批准 1950 年財政年度的歐洲復興計劃（即馬歇爾計劃）第二批援助。

16　FO Minute by Dening, 30 Apr. 1949, FO 371/75880, F5900/1194/10G; Minute by Bevin to Attlee, 3 June 1949, ibid., F8801/1194/10G, PRO.

17　Chester J. Pach, Jr., *Arming the Free World: The Origins of the United States Military Assistance Program, 1945-1950* (Chapel Hill, NC, 1991), 194-6; Ronald L. McGlothlen, *Controlling the Waves: Dean Acheson and U.S. Foreign Policy in Asia* (New York, 1993), 93-4.

艾奇遜於是認為，為了歐洲，他必須在中國問題上有所妥協。他同意准許《1948 年援華法案》中沒指定用途的一億二千五百萬美元軍事援助，在 1949 年 4 月 2 日該法案期滿之後仍可動用。換句話說，受到國內政治掣肘，杜魯門政府無法完全棄國民政府於不顧。[18]

美國政府受到國內壓力，不得不支持國民黨，英國政府對此並非一無所知。英國駐華盛頓大使館在 5 月向倫敦報告，美國國務院的看法是，美國仍會根據《1948 年援華法案》提供三千萬美元的軍援。據國務院説，「由於這項軍援計劃是國會批准的，除非國民政府完全瓦解，否則不可能中止。」[19] 鄧寧在送呈貝文的公文中説：「美國人有點擔心國會的輿論，不打算完全禁止付運武器，但他們事實上是把這些物資送到台灣，而非中國本土。」[20] 儘管英國人認為整個中國大陸都將落入共產黨手中，但到了 1949 年中，他們仍盼望「台灣不會被共產黨主宰」。因此，有鑒於美國的態度，倫敦在此階段沒有大力要求全面停止軍援台灣（以有別於中國本土）；事實上，它可能還會按照具體情況審批向台灣輸送軍火的申請。[21]

但是，到了 1949 年秋天，中國內戰似乎已塵埃落定：中共在 10 月宣佈成立中華人民共和國；國民政府從廣州撤退到重慶，該年年底再播遷台北。台灣局勢惡化令英國政府憂心忡忡。在 11 月於巴黎舉行的外長會議上，貝文告訴艾奇遜：「我們在香港堅守陣地，但我擔

18　James Chace, *Acheson: The Secretary of State Who Created the American World* (New York, 1998), 218; Thomas J. Christensen, *Useful Adversaries: Grand Strategy, Domestic Mobilization, and Sino-American Conflict, 1947–1958* (Princeton, 1996), 80-3.

19　Washington to FO, 12 May 1949, FO 371/75880, F6942/1194/10, PRO.

20　Minute by Dening to Bevin, 31 May 1949, FO 371/75880, F8801/1194/10G, PRO.

21　Minute by Bevin to Attlee, 3 June 1949, ibid.

心台灣的事態。」英國外相指出，有些報告提到國民黨「在台灣有大批武器和裝備，而英國認為台灣會輕易落入共產黨之手」。貝文憂慮這些武器不是用作「對抗共產黨的潛在力量，反而可能成為共產黨用來對付香港或中南半島的資源」。貝文希望美國政府調查是否仍有向在台灣的國民黨供應武器。[22] 之後，英國駐華盛頓大使館參贊格拉韋斯向國務院的莫成德（Livingston Merchant）發送備忘錄，裏面說：國民黨透過一家美國私人公司購買了一百輛坦克、八架 B-25 轟炸機和大量航空汽油，這批貨物最近已交貨，而且預計往後還會有更大批軍事設備付運。[23]

然而，英國人很清楚美國政府在完全停止軍援台灣一事上遇到的困難。內閣國防委員會得知：「然而，這些努力會否成功似乎很成疑問，因為國務院似乎不願意插手和阻撓已獲國會批准付運的物資。」[24] 事實上，國會在 4 月批准延長歐洲復興計劃後不久，杜魯門政府就開始游說國會批准《北大西洋公約》和軍事援助計劃。這個軍事援助計劃的開支規模和對盟友所承諾的責任，都是承平時代前所未見的，所以在國會山莊遇到很大阻力。經過激烈辯論、原本建議的撥款被大幅削減，以及蘇聯成功試爆原子彈震撼美國後，國會才終於在 10 月批准《共同防禦援助法》。但在此過程中，國會的中國游說團爭取到不大情願的白宮答應向「大中國地區」（general area of China）額外給予七千五百萬美元的軍援。國防部長詹遜（Louis Johnson）希望將部

22 Paris to FO, 11 Nov. 1949, FO 371/75820, F16978/1023/10, PRO; Minutes of US, UK, and French Foreign Ministers Meeting in Paris, 10 Nov. 1949, RG 59, CF 1949–63, Box 2, NA.

23 Memo. by Graves to Merchant, 6 Dec. 1949, Papers of Dean Acheson, Memoranda of Conversations, Box 65, HSTL.

24 DO(49)23, 7 Dec. 1949, CAB 131/8, PRO.

分軍援專門撥予台灣，不過國務院已將大部分撥給中南半島、韓國和菲律賓。雖然美國政府不向國民政府提供新的軍事援助，但容許完成付運根據《1948 年援華法案》撥給台北的軍援。[25]

在 12 月 12 日，法蘭克斯向艾奇遜表示，英國憂慮美國進一步向台灣運送軍事物資，尤其是中型和重型坦克和飛機，因為「台灣遲早會落入中共手中，中共可能會在某個階段利用這些物資和武器對付香港」。艾奇遜在回覆時說明運送給台灣的軍事物資，是屬於《援華法案》中的一億二千五百萬美元軍援。他強調「我們〔美國〕肆意中斷給予台灣的貨物會在國內外造成的影響，而這批貨物在那一億二千五百萬中只佔不足八百萬（截至 11 月 1 日）。」在此階段停止往後的付運行動，其「實際價值微不足道」。但艾奇遜同意「研究中型和重型坦克的問題」，因為據法蘭克斯說，「駐港英軍現在擁有的反坦克武器，只能應付輕坦克」。法蘭克斯問及美國對台灣的態度自華盛頓會談後有否改變，艾奇遜回覆時力言，他的政府不會派兵防止台灣落入共產黨手中，但會嘗試「以政治和經濟手段，盡一切可行方法阻止此事」。[26]

如果説，工黨政府認為自己有充分理由承認一個有效管治中國大陸大部分地區的政府，那麼杜魯門政府就是被國內政治所驅使，要協助一個已喪失「天命」的政權苟延殘喘。

25　Christensen, *Useful Adversaries*, 83–5; McGlothlen, *Controlling the Waves*, 106–7.

26　Memo. of Conversation, 8 Dec. 1949, *FRUS, 1949*, 9, 442–3.

接受在承認問題上彼此意見分歧

工黨政府在 1949 年與杜魯門政府進行外交協商時知道，要改變美國政府「靜候塵埃落定」的政策不太容易，尤其是因為華盛頓的國內政治。然而，英國人想要證明他們承認中共政權的決定合理。如鄧寧在一份內閣文件草稿內總結：「其他國家不一定會馬上仿效。但此事攸關我國重大利益（在馬來亞和香港的利益，比在中國本土的更重要），所以我國準備接受片面決定的後果。」[27] 內閣在 12 月中旬終於決定給予中華人民共和國法律承認後，貝文向艾奇遜傳送一個私人訊息：

> 我們已在力所能及的範圍內，盡量延後有關這個問題的決定，但考慮所有情況和別國政府的看法後，我們還是覺得必須馬上予以承認。有一些因素特別影響我們，不只我國在華利益，還有我國在香港以及馬來亞和新加坡的地位，那些地方有廣大的華人社群。[28]

英國人一再指出香港的脆弱情況，藉以令杜魯門政府明白，必須以懷柔方式對待中共。無論美國國務院有什麼疑慮，它都了解到英國承認中華人民共和國是有其正當道由，尤其為了香港。艾奇遜即將在巴黎與貝文會面，一份為艾奇遜這次會議預備的意見書因此指出：

27　Dening to Strang, 9 Dec. 1949, FO 371/75828, F19217/1023/10, PRO.
28　British Embassy, Washington to State, 16 Dec. 1949, *FRUS, 1949*, 9, 225–6.

國務卿也應當明白英國人對香港的態度。如果英國人迫於美國壓力，長時間不承認中共，香港問題可能會引起複雜情況，而這或許會使中共攻打這個殖民地。[29]

美國決策者知道，中國這個地方對英國比對美國更重要。[30] 兩國的優先重點是在歐洲，只要有關中國的分歧不會波及在亞洲其他地區和歐洲的合作，美國願意尊重與英國在承認問題上彼此意見不同。

建交前的談判和兩航事件

1950 年 1 月 6 日，工黨政府向中華人民共和國給予法律承認，不過沒有立即獲得中共報以善意。北京在三天後回覆，表示願意就建立外交關係開展談判。但結果英中談判曠日持久，並在 6 月因韓戰爆發而中斷。[31] 中共領導層責怪英國人缺乏誠意，因為他們繼續支持國民政府留在聯合國，另外又不滿他們對於在港國民黨機關和國有資產的態度。[32] 後者包括在 1949 年底至 1952 年間，七十一架滯留香港飛機的擁有權之爭。[33] 這場飛機糾紛清楚顯示英國在捍衛香港時面臨的兩

29　Memo. by Perkins, 5 Nov. 1949, ibid., 168–70.

30　Nancy Bernkopf Tucker, *Patterns in the Dust: Chinese-American Relations and the Recognition Controversy 1949-1950* (New York, 1983), 27.

31　關於直至韓戰爆發前的英中談判，見 Tang, *Britain's Encounter with Revolutionary China*, 72–84。

32　中華人民共和國外交部中共中央文獻研究室編《毛澤東外交文選》(北京，1994)，第 129 頁。

33　有關這場飛機糾紛的普遍論述，見 Tang, *Britain's Encounter with Revolutionary China*, 187–90; Zhai, *The Dragon, the Lion, and the Eagle*, 105–7。

難局面：一方面北京利用這次香港事件來分化英美同盟，另一方面美
國國會又操弄此事來批評美國政府。

　　1949 年 11 月 9 日，中國航空公司（簡稱中航，這家公司以香港
為基地，大股東是國民政府）和中央航空運輸公司（簡稱央航，是
國民政府的官方機構）的董事總經理和員工帶了十一架飛機投奔新
成立的中華人民共和國，留下七十一架飛機在香港。中共於是聲稱這
七十一架飛機是中華人民共和國的財產。國民政府為阻止北京獲得這
些飛機，馬上把中航和央航飛機的產權轉移給民航空運公司，民航公
司的擁有者是親蔣介石的「飛虎隊」機師陳納德（Claire Chennault）
將軍及其商業夥伴魏勞爾（Whiting Willauer）。在這些申索和反申索
之間左右為難的英國人，依賴法律途徑來決定這些飛機的命運。1950
年 2 月 23 日，香港法院把這七十一架飛機判歸中國所有。但是，事
情沒有就此落幕。北京要求馬上把飛機移交中國，華府則向倫敦施
壓，阻止飛機落入共產黨手中。3 月 2 日，中國外交部副部長章漢夫
與奉命到北京談判建交的英國代表胡階森（John Hutchison）口頭交
涉，要求倫敦澄清其與台北的關係，這是因為較早前英國在蘇聯提
出、撤銷國民政府聯合國代表權的決議案上投了棄權票，另外是它對
於兩航飛機糾紛的態度。中國不滿意英國在 3 月 17 日的答覆，章漢
夫在 5 月 8 日要求胡階森進一步解釋，英國為何無法妥善保護這些飛
機（當中七架被破壞）和准許它們盡早交還中國。[34]

　　中共領導人確實非常不滿英國處理兩航飛機糾紛的手法。不過，

34　FO to British Representatives Overseas, 26 June 1950, FO 371/92235, FC1027/66, PRO;
　　Martin, *Divided Counsel*, 119–22, 139–49.

此事件對於他們拒絕與英國政府建立外交關係起到了什麼作用，我們
應該有正確的了解。毛澤東確實渴望與所有國家建立正式外交關係，
包括西方國家，但他堅持這些國家必須先與國民黨斷絕聯繫，不這樣
做只顯示西方帝國主義國家仍然拒絕承認新中國的出現，而且不肯以
平等和尊重的態度對待中華人民共和國。此外，在中共眼中，承認和
建立外交關係是有分別的。與某些國家建立正式外交關係前，有必要
進行更多商討，以弄清他們對國民黨的態度。因此，北京不覺得迫切
需要回應倫敦給予的承認，直至在中英談判中釐清英國人對於台灣的
看法。從毛澤東的觀點，對於英國建交要求「拖延時日」，並不代表
「陷於僵局」，而只是為了把「主動權完全握在我們手中」。在更深的
層次，這反映毛主席「另起爐灶」和「打掃乾淨屋子再請客」的決心。[35]

　　英國政府在處理兩航飛機爭議時，不能完全忽視它對英中關係可
能產生的影響。一份由外交部與殖民地部共同預備的內閣文件指出：
「人民政府在清楚知道英國政府是否打算阻止這些飛機離開香港前，
不打算完成談判，這並非完全不可思議的。」它警告，任何英國的行
動如果「令人覺得明顯偏袒美國，就會令我們的整體對華政府變得徒
勞無功」。此外，英國人還須顧慮香港的安全。假如香港當局屈服於
美國壓力，阻止飛機返回大陸，「可能會惹怒中共，因而組織罷工、
騷動和破壞活動」，或者「經濟封鎖」香港。香港的生存主要靠「我
們不去捲入中國的政治問題，維持一個不偏不倚的政府，並且堅持奉

35　潘瑾：〈中英建交談判的長期複雜歷程〉，載外交部外交史編輯室編：《新中國外交風雲》，
　　第三冊（北京，1994），第 150 頁；裴默農：《周恩來外交學》（北京，1997），第 130 頁；李
　　樵：〈奇特的外交——中英互設代辦處始末〉，載符浩、李同成主編：《外交風雲：外交官海
　　外秘聞》（北京，1995），第 273 頁。

行法治」。[36] 由於這些原因，兩航飛機的擁有權必須由香港法院解決，倫敦不應插手司法程序。但美國介入令英國的盤算變得複雜。

　　從一開始，美國一些著名的反共人物就介入兩航事件，並且支持陳納德。首先是戰時的戰略情報局前局長唐諾文（William Donovan），外號「大比爾」的他擔任民航公司法律顧問。唐諾文在一次與葛量洪的交談中，堅持要對方把飛機交給他，「不要多廢話」，否則就在倫敦給這位港督「製造麻煩」。[37] 在國會山莊，親蔣介石的共和黨參議員諾蘭（William Knowland）譴責香港法庭在 2 月把七十一架飛機判給中國的裁決，聲稱它「是非共產主義世界在地球彼方遭受的最大打擊之一」。他警告，這些包括 C-47 和 C-54 運輸機的飛機，會被北京用來攻擊台灣、東南亞和日本。諾蘭説，此舉「事實上加速了亞洲的共產主義擴張」，所以英國「不能再期望我們會協助在歐洲遏止共產主義」。俄勒岡州共和黨籍參議員摩斯（Wayne Morse）在參議院説，身為經濟合作總署（經合署）的支持者，「如果撥給經合署的款項，會被英國用來增強共產中國的空軍，〔他〕不會支持撥款給經合署」。[38] 事實上，陳納德為了達成他的目標，一直積極參與游説工作。在整個兩航事件中，他一直與中國游説團、國會議員和美國官員溝通，爭取他們的支持，反對英國作出有利於中共的決定。因此，華盛頓政壇變得緊張，陳納德的作用很重要。[39]

36　CP(50)61, 3 Apr. 1950, CAB 129/39, PRO.

37　Grantham, *Via Ports*, 162.

38　*Congressional Record*, Senate, 24 Feb. 1950, 2356; *Congressional Record*, Senate, 28 Feb. 1950, 2525, in RG 263, The Murphy Collection on International Communism 1917–1958, Box 30, NA.

39　關於這點，見 Lowe, *Containing the Cold War in East Asia*, 158–61。

　　杜魯門政府密切關注兩航事件的發展，擔心兩航飛機可能成為中共進攻海南島或台灣的重要軍事運輸工具。[40] 更重要的是，兩航事件發生時，正值麥卡錫主義在華盛頓日益高漲，美國人愈來愈主張以更強硬態度對付共產主義陣營。2 月 9 日，威斯康辛州的共和黨參議員麥卡錫（Joseph McCarthy）向民主黨政府發出第一槍，宣稱州政府被共產黨間諜滲透。麥卡錫的指控不管多麼缺乏根據，都令艾奇遜的對華政策陷於被動。此外，立場強硬的魯斯克（Dean Rusk）在 3 月取代白德華出任主管亞洲事務的助理國務卿。其後，著名的共和黨外交事務專家杜勒斯獲任命為艾奇遜的顧問，受命談判對日和平條約。這次高層人事變動令美國對華政策再受議論，並出現了新的計劃。到了 1950 年春天，國務院愈來愈多人談論在台灣「劃下底線」。在 1950 年春天，美國政府對共產主義陣營的態度變得強硬起來，名為《國家安全委員會第 68 號文件》的國家安全政策聲明也在此時制定。[41]

　　由於國內這種情況，杜魯門政府向艾德禮政府施加巨大壓力，要它影響香港當局的決定。國務院早在 1949 年 12 月就向英國駐華盛頓大使館表示，美國「極為嚴肅」看待共產黨可能取得兩航飛機之事。[42] 香港法院在 1950 年 2 月作出有利於中國的裁決後，艾奇遜在 3 月 27 日與法蘭克斯大使討論此事。這位美國國務卿說：「香港總督顯示他特別關注本地情況和與近鄰的關係，這大概是人之常情，但倫敦或許沒有令他充分了解，當中涉及更重要的大局，包括美英關係。」艾奇

40　HK to State, 24 Apr. 1950, 746G.00/4–2450, RG 59, DF 1950–4, Box 3597; HK to State, 28 Feb. 1950, 746G.00/2–2850, ibid., NA.

41　見 McGlothlen, *Controlling the Waves*, 115–17; Xiang, *Recasting the Imperial Far East*, 217–28。

42　Memo. of Conversation, 1 Dec. 1949, RG 59, CA 1945–55, Reel 20, NA.

遜繼續説，國民黨和美國人被禁止接觸那些零件和器材，中共卻獲准這樣做，結果有八百多噸的這些設備裝上了一艘英國船，據推測是開往大陸。更重要的是，艾奇遜警告：「有些國會議員已提出，除非此事能夠解決，否則會阻撓向英國提供共同援助計劃的物資和經合署援助，還會反對國務院的撥款。」艾奇遜説，「這個話題受到愈來愈熱烈的關注」，而且「我們將遇到很大麻煩」。[43]

　　英國政府明白杜魯門政府在兩航問題上所受的國內壓力。貝文在 4 月初的內閣會議上説，「在美國，有關中國的輿論群情洶湧」，因此，「如果在美國愈來愈多人感到美國利益〔在兩航事件上〕受到不公平對待，那會對英美關係造成與這裏涉及的事件不成比例的影響」。內閣很清楚，若不能阻止飛機落入共產黨手中，「不但嚴重損害英美關係，還會影響美國國務卿此時已有點岌岌可危的個人地位」。[44]此外，跨部門的東亞（官方）委員會指出，在國會大選年，民主黨政府必須「極為謹慎行事」，所以國務院「為了國內政治原因，在香港飛機的問題上，不得不採取強硬路線對待我們〔英國人〕」。[45]英國擔心選出反共的美國國會，會不利於延續馬歇爾計劃援助和軍事援助計劃，所以最終向美國壓力屈服。內閣在 4 月 24 日決定發出樞密院令，把兩航飛機扣留在香港，等待有關其擁有權的判決，而握有終審權的是倫敦樞密院。[46]樞密院令在 1950 年 5 月 10 日發出，經過曠日持久的官司和上訴，樞密院在 1952 年 6 月把這批飛機判歸陳納德的

43　Memo. of Conversation, 27 Mar. 1950, Papers of Dean Acheson, Memoranda of Conversations, Box 66, HSTL.

44　CM(50)19, 6 Apr. 1950, CAB 128/17; CP(50)61, 3 Apr. 1950, CAB 129/39, PRO.

45　FE(O)(50)16, 13 Apr. 1950, CAB 134/290, PRO.

46　CM(50)24, 24 Apr. 1950, CAB 128/17, PRO.

公司。

　　儘管中共批評英國在香港推行「兩面政策」，[47] 但英國官員認為兩
航事件只是北京拖延與倫敦建立外交關係的藉口，而非主因。[48] 中國
不急於與西方帝國主義國家建立正式關係。1950 年 5 月樞密院令發
出時，中共強烈抗議，但沒有中止與英國的談判。樞密院在 1952 年
把飛機判歸民航公司時，北京再度抗議，並接管英國人擁有的在華公
用事業，但它的宣傳沒有持續太久。[49] 不管英國人如何評估北京的意
圖和反應，他們都希望避免加深英中關係的困難。在兩航事件期間，
英國政府依賴香港的法律程序，並嘗試避免令人覺得它屈服於美國壓
力。[50] 儘管英中談判陷入僵局，但工黨政府認為承認政策是正確的，
也不想與中國的關係破裂。[51] 由於香港的脆弱政治情況，英國人多半
選擇與中國妥協，而非對抗，但成功與否也取決於美國。

　　美國國會的反共議員亟欲利用飛機擁有權問題向杜魯門政府施
壓，迫使它採取更強硬的路線對待中國和英國。艾奇遜在 1950 年 3
月警告法蘭克斯，如果把兩航飛機判給中國，或會非常不利於馬歇爾
計劃援助和軍事援助計劃的繼續，艾奇遜所指的，其實就是這些國會

47　裴堅章主編：《中華人民共和國外交史：1949–1956》（北京，1994），第 312 頁。

48　Record of Conversation, 11 Mar. 1950, *FRUS, 1950*, 6, 46–51; Younger to Bevin, 11 May 1950,
　　Documents on British Policy Overseas, Series 2, Vol. 2, 320–1.

49　Tang, *Britain's Encounter with Revolutionary China*, 189; Tsang, *Democracy Shelved*, 179–80.

50　比如，內閣決定發出樞密院令後，外交部指示新加坡地區新聞處的新聞官：「不要令人覺得
　　英國政府在此問題上屈服於美國的壓力，這點很重要。」FO to Singapore, 9 May 1950, FO
　　953/845, PG11043/1, PRO.

51　FE(O)(50)16, 13 Apr. 1950, CAB 134/290, PRO.

議員的威脅。[52] 這位親英的國務卿似乎不大可能僅僅為了七十一架滯留香港的飛機損害英美同盟，繼而危及西歐安全。[53] 簡言之，兩航爭議（這不是唯一涉及國共政府及其西方盟友的糾紛）顯示，每當國會物議沸騰和對香港懷有敵意時，美國政府就可能向英國政府施壓。在這種情況下，倫敦沒有什麼選擇餘地，為了英美關係，只好犧牲香港的殖民地利益。

韓戰中的「香港因素」

英國政府在兩航事件中向美國壓力屈服，不擔心這會招致中國進攻香港。但是，如果英國在韓國、中南半島和台灣這三個亞洲前線與美國合作太密切，就是另一回事了。

英國對於衝突擴大的憂慮

1950 年 6 月 27 日，北韓入侵南韓後兩天，杜魯門宣佈派第七艦隊游弋台灣海峽，既防止共產黨攻打台灣，又阻攔國民黨的海空軍攻

52　現有關於兩航事件的記述似乎令人覺得，威脅要向英國中止馬歇爾計劃援助和軍事援助計劃的，是國務院而非國會。當然，是美國官員在外交談判時向英國人傳達這種訊息。不過，應當清楚指出，這個威脅的源頭其實是美國國會。見 Tang, *Britain's Encounter with Revolutionary China*, 188; Zhai, *The Dragon, the Lion, and the Eagle*, 106。

53　如一份提供給艾奇遜的簡報文件說，對於某些國會議員就向英國提供的軍事援助計劃和經合署撥款所發出的恐嚇，「本政府的行政部門勢將大力反對……」Briefing Paper for May Foreign Ministers Meeting, FM D C–9, 24 Apr. 1950, RG 59, CF 1949–63, Box 2, NA。

擊大陸。[54] 工黨政府雖然在韓國問題上大力支持華盛頓，但不贊同杜魯門的台海中立化命令，認為這樣可能會擴大遠東的衝突，把中國進一步推向蘇聯的懷抱，令亞洲英聯邦國家尤其是印度離心離德，並使對抗北韓的聯合國同盟分裂。[55] 英國人也擔心香港所受的影響。儘管英國最初承諾派海軍到韓國，但外交部在 7 月初察覺「中央人民政府〔在其宣傳中〕至今一直小心避免提及英『帝國主義』，也沒有提及香港或馬來亞」。中共沒有利用此事為藉口斷絕與英國政府的所有接觸，也沒有打算馬上攻打香港。但如果英國人由於某種原因支持美國保衛台灣，情況就未必如此。外交部警告：「然而，我們要是參與台灣的行動，中央人民政府可能視為對中國領土的侵略，反過來進犯香港，這或者是為了報復，或者聲稱香港被用作侵略中國的基地。」[56]

英國人知道，一旦中共攻打台灣，引發中美兩國開戰，他們就會陷入政策上的兩難局面。外交部國務大臣楊格（Kenneth Younger）在 7 月底的一份內閣文件草稿中說：

> 我們公開站在美國人一邊，就會導致與中國關係破裂，香港變得岌岌可危，也影響英聯邦團結……另一方面，如果我們袖手旁觀，就會嚴重損害英美團結，還會令人對我們大失信心，影響中東、西歐和我們在大西洋公約的盟友。

54　這個決定主要是心理和政治性質，因為剛開始時美國沒有足夠船艦巡邏台灣海峽。Memo. of Conversation, 23 Oct. 1950, Papers of Dean Acheson, Memoranda of Conversations, Box 67, HSTL.

55　Martin, *Divided Counsel*, 156, 158–60; Zhai, *The Dragon, the Lion, and the Eagle*, 94–5.

56　FO Minute, 3 July 1950, FO 371/83298, FC1024/40, PRO.

楊格擔心「失信於盟友的全球後果」，不情願地承認英國「無法
獨行其是」，必須「至少在道義上支持美國人，如果他們要求的話」。
但他也建議，或許可以說服華盛頓「實際上把台灣中立化」，並勸誘
北京「接受這種中立化，作為中央人民政府加入安全理事會過程的一
部分」。[57] 英國遠東陸上部隊的指揮官也認為政府應「無條件支持」美
國。英國袖手旁觀是「難以想像和不切實際的」，因為這樣做不但會
「暴露我們共同陣線的裂痕，而且日後若輪到我們須要保衛香港時，
就無法指望美國會施以援手」。[58]

外交部和國防部較重視英美關係，殖民地部則較着重考慮香港的
情況。英國人擔心在台灣問題上協助美國，即使只是准許美國人使用
香港的設施，也會被北京視為「敵意行動」。更糟的是，從殖民地部
的角度看，在 1950 年夏天，英國在香港的地位「衰弱至危險程度」。
英國政府在 7 月下了一連串對中國「不友善」的決定：向中國禁運石
油，管制出口到大陸的戰略物資，並繼續扣押在香港的兩航飛機。正
如港督葛量洪評估這個形勢，這一連串「不友善」行動全都與香港有
關，它們會產生「積累效果」，並「降低香港對於中國的價值」，乃
至於「北京政府或許會覺得，香港對中國來說只是麻煩，故認為應採
取更積極向香港施壓的政策，而這種情況的出現已為期不遠」。由於
這些原因，有些殖民地部官員建議，應勸說美國不要把英國捲入任何
因台灣與中國大陸而發生的衝突，只要這不致令英美同盟破裂。[59]

在韓戰頭一個月，美國仍嘗試力挽狂瀾，不願意擴大戰事，寧願

57　Crowe to Garner, 24 July 1950, CO 537/6074, 54501/1, PRO.

58　GHQ Far East Land Forces to Defence, 20 Aug. 1950, ibid.

59　Paskin to Scott, 26 July 1950, ibid.; HK to CO, 24 July 1950, ibid.

限制它對台灣的承擔。事實上，除了台海軍事中立化，杜魯門在 6 月發出的命令也構想令台灣的政治地位懸而未定，留待對日本的和平條約或經由聯合國來和平解決。英國人憂慮戰事擴大，杜魯門和艾奇遜不得不一再安撫盟友，說第七艦隊巡弋台海只是韓戰期間的權宜之計，不影響對於台灣的最後處置。[60] 在 7 月底有關世界局勢的美英高層討論中，英國代表問：如果共產黨攻打台灣，會否導致美中兩國爆發戰爭？接着說，他們「極為擔心因此會令遠東的衝突延長下去」。他們還說，英國在香港的兵力足以維持內部保安和抵擋小規模攻擊，卻無法對抗重大攻勢。第二天，參謀長聯席會議主席布雷德利將軍說，美國「無意在中國大陸開戰」，並且「希望局限任何因台灣而起的戰事」。駐美大使法蘭克斯和皇家空軍元帥泰德勳爵（Lord Tedder）對布雷德利的看法「表示欣慰」，相信這種立場會令倫敦安心。[61]

　　從英國人看來，他們在此初期階段約束美國的嘗試頗為成功。[62] 如鄧寧在評估美英談判時說，會上沒有直接討論到英國會否協助美國防衛台灣的問題，但「他們〔美國人〕似乎明白一旦中共攻擊台灣，我們在香港將面臨的處境」。因此，鄧寧不覺得「美國期望我們加入他們防衛台灣」。反之，他認為，由於把戰事局部化有困難，以及美國

60　Foot, *The Wrong War*, 63–4; Peter Lowe, *The Origins of the Korean War*, 2nd edn. (London, 1997), 205.

61　Summary Notes of US–UK Conversations, 20–1 July 1950, TP, DSR, Document File, Box 4, HSTL.

62　William Stueck, 'The Limits of Influence: British Policy and American Expansion of the War in Korea', *Pacific Historical Review*, 55 (Feb. 1986), 70.

公眾可能產生的反應，美國人「對於保衛台灣問題想法有變」。[63]

美國對於英國關注香港的反應

1950 年 7 月，英國官員成功令美國政府明白香港的情況很脆弱，因此使韓戰局部化十分重要，他們似乎可以為此稍感安慰。但到了該年年底，美國決策者愈來愈厭惡他們眼中英國這種對香港和中國投鼠忌器的態度。在 11 月中國大舉介入後，在朝鮮半島的美軍和聯合國軍命運每況愈下，在關於如何打這場仗與媾和的問題上，英美分歧日益嚴重。工黨政府擔心把中國進一步推入俄國人懷抱中，認為西方不應犧牲歐洲而在亞洲糾纏，為了達成韓戰停火願意向中國讓步，例如給予中國聯合國席次，或把台灣交給中國。但是，杜魯門政府認為向中國讓步只會換來侵略，損害美國在盟友中的信譽，並引發國內政治反彈。在 12 月，被迫撤出韓國已非無稽之談，美國政府尤其是艾奇遜飽受國會和公眾撻伐。共和黨右翼和麥克阿瑟的支持者認為，美國在這場戰爭期間太受歐洲的盟友左右，尤其覺得艾德禮政府姑息中國，沒有為美國的戰事給予足夠支持。[64] 就在這情況下，艾德禮聽聞杜魯門關於可能在韓國動用原子彈的言論，在 12 月初趕去華盛頓討論這個緊急事態。[65]

艾德禮在 12 月 4 日的第一次會議上強調，與中共談判以令韓戰

63　COS(50)119, 28 July 1950, DEFE 4/34, PRO.

64　Rosemary Foot, 'Anglo–American Relations in the Korean Crisis: The British Effort to Avert an Expanded War, December 1950 — January 1951', *Diplomatic History*, 10/1 (Winter 1986), 46; Foot, *The Wrong War*, 106–8.

65　關於杜魯門與艾德禮的高峰會，見 Kenneth O. Morgan, *Labour in Power 1945–1951* (Oxford, 1986), 428–9。

盡早停火十分重要，而且把中國摒諸聯合國門外是枉費心機。艾奇遜
不為所動，回答說：「歸根結柢，關鍵問題在於：『如果我們談判，中
國人的行動會否有所不同？』『如果我們讓步，他們對於香港或中南
半島的政策會否改變？』」[66] 翌日，艾德禮說，為了達成停火而撤出
韓國和台灣，並給予北京聯合國席次，「代價不算太高」（據艾奇遜記
述）。[67] 不過，對於英國主張以犧牲台北來向北京讓步，美國人甚不以
為然。12 月 7 日，國防部長馬歇爾（George Marshall）在會議上說：
「英國人擁有香港……但那難以和台灣相提並論。美國對台灣放手不
管，會在西太平洋失去威信，這是不可容忍之事。」[68] 艾奇遜和尤其
是馬歇爾覺得，英國人為了香港而姑息中共，這種態度似乎令他們十
分不悅。

在 1951 年 1 月中國發動新年攻勢，美軍和聯合國軍再次可能被
迫從韓國撤退，尤其是漢城（今稱首爾）失守之後。麥克阿瑟將軍、
國防部和美國公眾愈來愈要求以更激烈的行動對付中國。工黨政府對
此感到憂慮。英國參謀長委員會認為，政治強勢的麥克阿瑟可能會故
意令他的部隊從韓國撤退，藉此為攻打中國鋪路。[69] 1 月 8 日，艾德禮
寫了一封私函給杜魯門，表示他擔心「美國政府可能放棄把戰事局限
在韓國的政策，代之以採取有限度行動對付中國的政策」。他也表明
反對美國試圖在聯合國提出譴責中國是侵略者的決議案。[70] 因為這種

66　White House Minutes, 4 Dec. 1950, TP, PSF, Subject File, Box 164, HSTL.

67　Dean Acheson, *Present at the Creation: My Years in the State Department* (New York, 1969), 481.

68　White House Minutes, 7 Dec. 1950, TP, PSF, Subject File, Box 164, HSTL.

69　Lowe, *Containing the Cold War in East Asia*, 223–4.

70　Attlee to Truman, 8 Jan. 1951, TP, DSR, Topical File, Box 8, HSTL.

決議案不只會破壞聯合國停火委員會的工作，還會導致採取額外措施對付中國，例如全面禁運或海軍封鎖，這會嚴重影響香港經濟。[71]

在 1 月 17 日北京拒絕聯合國停火建議那天，國家安全委員會開會討論參謀長聯席會議提出的建議，這些建議相當於與中國打一場有限度戰爭。艾奇遜說，他發現參謀長聯席會議的建議在三方面有「嚴重困難」：以海空軍實施封鎖，撤銷關於空中偵察的限制，以及動用國府部隊對付中華人民共和國。艾奇遜認為，除非英國人和葡萄牙人願意合作，否則封鎖中國不會奏效。儘管艾奇遜沒有點名提到香港和澳門，但他心中所想的，顯然是這兩地政府的合作。不過，布雷德利將軍認為「美國受到很大的民眾壓力，要『做點事』」──如果聯合國不跟隨的話，就單方面實行。馬歇爾同意，並指出「國會無數的質詢和抗議，將可能造成難堪的情況」，許多這些質詢和抗議要求美國「撤出韓國」。這位略為動怒的國防部長警告：「我們很快就會聽到這樣的問題：『我們將為香港付出多少？』『香港值多大的代價？』『為什麼英國人對我們的政策有這麼大影響力？』」馬歇爾認為：「我們首先須考慮的是美國的安全」。[72]

美國軍方素來主張以更強硬的方式對待中共。在 1951 年初韓國形勢吃緊，肯定促使馬歇爾和參謀長聯席會議要求採取堅決有力的措施對付中國，其激烈程度超乎美國政府內其他部門或美國盟友所願意考慮的。馬歇爾批評香港影響英國，從而也影響美國，或許想為艾奇遜極不贊同的參謀長聯席會議建議爭取支持。在整個韓戰期間，尤其

71　MacDonald, *Britain and the Korean War*, 45–6.

72　Memo. for the President, 18 Jan. 1951, TP, PSF, National Security Council Files, Box 220, HSTL.

是戰爭頭一年，國務院與國防部之間，以及倫敦與華盛頓之間的這種分歧一再出現。倫敦的政策受香港左右的說法，或許是過甚其辭，但在美國軍人正命喪戰場之際，英國人汲汲於迎合中國，肯定令美國國防部很惱怒。

中國利用香港作為分化英美同盟的楔子

韓戰期間，令英國在香港地位更為微妙的是，北京利用本地發生的事件分化英美同盟。1951 年底韓戰前線趨於穩定，邱吉爾在 10 月重新上台，此後英美的分歧開始彌合。1952 年 1 月初，邱吉爾和艾登訪問華盛頓商討中國和韓國問題。[73] 邱吉爾在 17 日向參眾兩院演說，感謝美國「不讓在台灣的反共華人被大陸侵略和屠殺」，還同意如果韓戰休戰協定破裂，「我們將以清晰、果斷和有效的方式回應」。他斷言：「英美兩國在遠東的政策將日趨和諧。」[74] 邱吉爾在華盛頓展現英美精誠團結，顯然震撼了中國首都北京。

在邱吉爾向美國國會演說後一週，英國駐北京代辦報告，在中國大陸的報章和宣傳中，英國「比平常受到更多關注」。[75] 據英國觀察家說，有幾個主題在共產黨宣傳中尤其顯眼。首先，它強調美英兩國之間，以及英國政府與其人民之間的「矛盾」。[76] 此外，中共把香港近期發生的事件，與邱吉爾在華盛頓向杜魯門表達的支持聯繫起來。

73　有關這次高峰會，見 Zhai, *The Dragon, the Lion, and the Eagle*, 114–16。

74　Churchill's Address to Congress, BBC Monitor, 17 Jan. 1952, FO 371/99260, FC1025/3, PRO.

75　Peking to FO, 9 Feb. 1952, FO 371/99256, FC1021/3, PRO.

76　見 NCNA Report on Churchill/Truman Talks, BBC Monitor, 16 Jan. 1952, FO 371/99260, FC1025/2; Peking to FO, 9 Feb. 1952, ibid., FC1025/6, PRO。

在 1 月 25 日，中國外交部就親共的中國電影工作者被香港遞解出境事件，還有去年 11 月東頭村大火的災民受迫害，以及它聲稱有蔣介石的特務從香港越境進入大陸從事破壞活動，向英國政府提出嚴重抗議。這抗議最後的聲明說：「這個新發展是美國政府進一步壓迫英國政府而邱吉爾內閣則進一步向美國政府屈服的結果」。如葛量洪相信：「外交部發出這聲明，很可能既由於近期香港本身發生的事件，也因為首相在華盛頓的會議。」遠東事務助理次官斯科特也在呈交艾登的簡報中說，共產黨針對香港的宣傳趨於激烈，「無疑是針對首相訪問華盛頓的反擊」。[77]

在 3 月 1 日九龍爆發暴動後，北京對港府的抨擊加劇。引發暴動的原因，是英國人禁止來自廣州的「慰問團」入境探訪東頭村大火災民。三天後，《人民日報》刊登評論指摘英國人「順從美國的意旨」，意圖「把香港變為帝國主義侵犯我們的基地」。親共的《大公報》和另外兩份本地報章轉載《人民日報》的文章，港府控告它們煽動罪並勒令停刊。之後兩個月，港府受到猛烈程度不一的宣傳口誅筆伐。[78] 5 月 10 日，中國外交部再次提出抗議，譴責英國人逮捕和迫害中國居民，並命令這幾份本地報章停刊，「構成了對中華人民共和國敵對挑釁的行為」。[79]

外交部的查爾斯‧約翰斯頓（Charles Johnston）評估過中國報章和官方聲明，他的看法是：儘管中共「小心翼翼不去威脅這個殖民

77　HK to CO, 26 Jan. 1952, FO 371/99243, FC10111/17; FO Minute by Scott, 15 Feb. 1952, FO 371/99260, FC1025/7/G, PRO.

78　見 Canton to FO, 12 Mar. 1952, FO 371/99244, FC10111/45; Peking to FO, 7 Apr. 1952, ibid., FC10111/50; Minute by Oakeshott, 9 Apr. 1952, ibid., PRO。

79　FO to Peking, 16 May 1952, FO 371/99244, FC10111/52, PRO.

地的完好，也不做任何針對香港政府的具體行動」，但繼續指摘「香港正被美國用作侵華基地，這顯然是『邱吉爾政府』邪惡陰謀的一部分」。[80] 因邱吉爾與杜魯門明顯團結一致而感到憂慮的中共，見到香港近期發生的事件，似乎發覺它是可信手拈來的攻擊目標。事實上，英國官員普遍認為，北京在 3 月暴動上大做文章，只是想試圖離間英美同盟。[81] 結果，它的反英宣傳沒有持續太久；態度也非「誓不兩立」那種。[82]

　　儘管邱吉爾在華盛頓發表支持杜魯門的言論，但他不打算大幅偏離工黨的對華政策。邱吉爾不喜歡中共，卻不願意支持採取額外措施報復中國。此外，英中兩國在建立外交關係方面雖無進展，但他不同意放棄承認北京，也不把台北視為代表中國的合法政府。[83] 保守黨政府繼續嘗試與中國達成臨時協議，不過邱吉爾在政策制定過程中更着重考慮英美關係。杜魯門政府知道，新上台的保守黨政府不會立即捨棄以和解態度對待中國。國務院認為，美國「不應幻想英國政府可能會大幅偏離或很快改變它承認中國的立場，雖然比起工黨政府，它的思維或許與我們較接近」。[84]

80　Ibid.

81　Gary Wayne Catron, 'China and Hong Kong, 1945–1967', Ph.D. thesis, Harvard University, 1971, 118–19; Kevin P. Lane, *Sovereignty and the Status Quo: The Historical Roots of China's Hong Kong Policy* (Boulder, Colo., 1990), 71.

82　FO Minute by Scott, 15 Feb. 1952, FO 371/99260, FC1025/7/G, PRO.

83　Martin Gilbert, *Never Despair: Winston S. Churchill 1945–1965* (London, 1990), 705–6. 在 1952 年初，外交部廣泛檢討英國與國民政府的未來關係。同時，蔣介石也派私人代表杭立武去商討雙方是否可能建立外交關係。但檢討的結果是：現時英國對於台北的政策維持不變。Steve Tsang, 'Unwitting Partners: Relations between Taiwan and Britain, 1950–1958', *East Asian History*, 7 (June 1994), 115–16; Lowe, *Containing the Cold War in East Asia*, 155–6.

84　Negotiating Paper, TCT Memo 3b, 21 Dec. 1951, TP, PSF, General File, Box 116, HSTL.

艾森豪威爾察知香港的脆弱情況

美國知道，除了韓國，英國在中南半島問題上也不願意與華盛頓合作，擔心會導致與中國爆發更大規模的戰爭。在 1952 年，美國、英國和其他盟國的軍事代表齊集華盛頓，探討應對共產黨侵略中南半島可能的軍事行動策略，美國人清楚知道英國人「希望保衛香港和中南半島，但不想對共產中國本身採取任何激烈行動」。[85] 到了 1954 年 3 月，法國在中南半島的狀況急轉直下。艾森豪威爾政府希望解救在奠邊府受共軍圍困的法國人，以阻止整個東南亞失守。國務卿杜勒斯在 4 月初與國會商量，獲告知「不要再有韓國」，而且在「國會通過決議案，授權總統派武裝部隊到當地」之前，政府應先嘗試「從英國人和其他自由國家那裏獲得明確承諾」。[86] 艾森豪威爾很重視謀取國會和民眾支持他的外交政策，尤其是涉及動用武力。[87] 為了獲得英國支持在奠邊府採取「聯合行動」，他在 4 月 4 日急忙寫了一封私人信給邱吉爾，說如果這種行動「增加香港面臨的危險」，美國「期望與你們〔英國人〕共同進退」。[88]

艾森豪威爾盤算，為香港提供保證，或許可以說服心不甘情不願的邱吉爾支持以海空軍介入中南半島。艾森豪威爾本人是軍方將領，

85　Historical Division of the Joint Secretariat, *The Joint Chiefs of Staff and the War in Vietnam: History of the Indochina Incident 1940–1954*, Vol. 1, 244–6.

86　Memo. for the File of Dulles, 5 Apr. 1954, *FRUS, 1952–54*, 13, pt. 1, 1224–5; Memo. for the File of Dulles, 3 Apr. 1954, ibid., 1225.

87　George C. Herring and Richard H. Immerman, 'Eisenhower, Dulles, and Dien Bien Phu: "The Day We Didn't Go to War" Revisited', in Kaplan and others (eds.), *Dien Bien Phu and the Crisis of Franco-American Relations*, 87.

88　全文引述見本書第二章。

很清楚香港是大英帝國的弱點。如他在寫給以前於軍校認識的多年好
友埃弗里特‧黑茲利特（Everett Hazlett）的信中説：「我猜，有兩件
事令英國人惶惶不可終日。第一，他們有種病態的偏執想法，認為自
由世界採取任何有益的行動，都會引發第三次世界大戰。第二，他們
對香港的安全擔心得發慌。」艾森豪威爾繼續説：「中共暫時沒有騷
擾香港，〔但是〕英國人擔心，如果他們在中南半島事件中被視為共
產黨的敵人，就可能隨時失去香港。」[89]艾森豪威爾明白英國人擔心
香港的脆弱情況，知道必須安撫戰時的老盟友。在奠邊府危機時，香
港成為用來爭取英國支持的重要外交工具（就算最終不奏效）。但如
艾森豪威爾正確地推斷，邱吉爾極力避免與中國開戰，所以拒絕美國
提出在中南半島採取「聯合行動」的要求。

中國海上內戰中的香港

　　但是，英美最難合作之事是在台灣問題上。香港不時捲入美英兩
國間的外交爭執，也捲入硝煙未息的中國內戰，在 1949 年後，這場
內戰在海上前線開打。1949 年 6 月 20 日，國民黨宣佈暫時「關閉」[90]
共區港口和毗連的領海，尤其是上海，之後又威脅會攻擊所有進入這
些水域的船舶，並在長江入海口佈雷。杜魯門在 1950 年 6 月宣佈中

89　Eisenhower to Hazlett, 27 Apr. 1954, in Louis Galambos and Daun Van Ee (eds.), *The Papers
　　of Dwight David Eisenhower: The Presidency: The Middle Way*, 15 (Baltimore, Md., 1996),
　　1044.

90　國民政府宣佈「關閉」而非「封鎖」。在國際法上，「封鎖」被視為戰爭行為，並暗示承認中
　　共的交戰團體地位。中國國民黨也把他們的行動稱為登船「臨檢」。

立化命令之後，阻止國府從台灣發動大規模海空軍行動攻擊中國大陸。不過，國府在外島的正規軍和其他游擊隊，繼續突擊共產黨控制的沿海島嶼，而這些行動不在中立化命令涵蓋範圍內。[91] 杜魯門政府默許國民黨封鎖和突擊中國大陸沿岸，因為它們有助阻延共產黨鞏固對大陸的控制，阻止戰略物資流入中國，並分散北京插手韓國和東南亞的注意力。[92]

　　英國人不滿國府軍隊登上外國船舶「臨檢」和騷擾中國沿岸的中共控制區。英國外交部把英國船受攻擊視為「非法和不友善的行動」。這種封鎖令從事對華貿易的英國和香港船舶風險增加，並造成航運公司的財政麻煩。另外，英國人認為國民黨的行動無法有效阻止共產黨鞏固在中國大陸的勢力，反而會危害英國「留在」大陸的政策。[93] 艾森豪威爾在 1953 年 1 月宣佈第七艦隊不再保護共產中國，但會保衛台灣，這令英國政府更憂慮國府海空軍的行動，至少初期是如此。艾森豪威爾把撤銷中立化的命令視為心理戰，目的是為韓國帶來體面的和平，英國內閣覺得這會造成「不利的政治影響，而沒有可資補償的軍事利益」，[94] 擔心「放縱」蔣介石，會使國民黨的突擊、封鎖和佈雷行動更趨激烈，更糟的是把美國拖入對抗中國的世界大戰。

　　英國參謀長委員會和殖民地部尤其擔心這種政策變化，會對香港

91　Decision on JCS 1776/28, 13 July 1950, RG 319, Army Operations, General Decimal File 1950–1, Box 19; Note by Secretaries to JCS, JCS 2118/21, 22 Aug. 1951, RG 218, Geographic File 1951–3, Box 15; Lewis to Barnett, 29 Dec. 1951, RG 59, CA 1945–55, Reel 34, NA.

92　Garver, *The Sino-American Alliance*, 116–19.

93　Memo. of Conversation, 5 Nov. 1949, *FRUS, 1949*, 9, 1159; Franklin to Graves, 21 Jan. 1950, FO 371/83424, FC1261/24/G, PRO; Memo. of Conversation, 2 Feb. 1950, 693.0022/2–250, RG 59, CF 1950–4, Reel 1, NA.

94　CC(53)6, 3 Feb. 1953, CAB 128/26, PRO.

安全產生影響。空軍參謀長迪克遜（William Dickson）爵士指出：
「如果國民黨空軍攻擊香港附近的目標，中共或會以為是我們從香港
發動攻擊」，這樣的話，他們「幾乎肯定會盡一切所能在這裏挑起騷
動」。[95] 參謀長委員會認為，由於香港的政治和經濟價值，中國人不會
「覺得為了反制國民黨可能發動的行動而攻打香港，是個說得過去的
理由」，不過，他們或許「不用靠戰爭就能癱瘓這個殖民地的生活」，
只要停止糧食供應或煽動騷亂即可。然而，「如果國民黨因得到美國
更大援助或美國參與作戰，而得以奪取海南島或在中國建立據點，共
產黨就可能攻打香港，以防止它成為發動更多攻擊的基地」。有鑒於
此，艾登受命在即將訪歐的杜勒斯到來時，要求他保證「美國政府在
實行艾森豪總統宣言的內容時，會特別注意可能對香港造成的影響，
並盡力確保國民黨也會這樣做」。[96]

　　2 月 4 日，艾登與杜勒斯和其他美國官員在倫敦會面，表達了英
國參謀長委員會關注美國第七艦隊接獲的新命令對香港的影響。杜勒
斯問英國人是否認為香港「守得住」。杜勒斯聽過英國軍方的看法後
說，他「得知我們〔英國人〕認為可以堅守香港，直至援軍到來，感
到鬆了一口氣」。他也問倫敦是否曾詢問並獲告知美國對於香港受攻
擊的態度。艾登回應時提出國民黨部隊攻擊英國合法船舶的問題。他
說「如果這些攻擊現在增加，會在英國引起憂慮」，希望華盛頓「約
束國民黨人」。杜勒斯反過來指出，有些香港註冊的英國船在賣給共
產黨利益集團後仍然懸掛英國旗的問題。關於台灣，他向艾登保證，

95　COS(53)31, 3 Mar. 1953, DEFE 4/60; COS(53)130, 5 Mar. 1953, DEFE 11/434, PRO.
96　FO Minute by Scott, 4 Feb. 1953, FO 371/105196, FC1018/27, PRO.

雖然由前任政府締結、向國民黨供應軍備的現有協議「會繼續有效，但現時沒有規劃新的安排」。[97]

　　如第二章所說，英國參謀長委員會對於杜勒斯有關香港的言論感到振奮，視之為美國有意協防香港的跡象。但事實似乎是，杜勒斯詢問香港的防衛能力，一方面是希望減少英國對於「放縱」蔣介石的後果的憂慮，另一方面勸誘倫敦加強管制從事對華貿易的英國船舶。事實上美國和英國一樣，極力避免為了台灣而被拉入與中國的戰爭。艾森豪威爾政府宣佈解除中立化命令後不久，就開始逼迫國府承諾，沒有美國批准不會攻擊中國。[98] 英國保守黨政府很清楚，美國當初實行台海中立化，是杜魯門單方面的決定，所以他們也不可能推翻艾森豪威爾解除中立化的命令。英國人最感懊惱的是，美國人沒有事先徵詢他們的意見。他們希望向艾森豪威爾政府清楚指出，事先商量十分重要。杜勒斯確定華府沒有計劃向台北進一步提供軍援後，外交部決定不再追究這個問題。[99]

　　不管美國政策有何變化，在五十年代，中國內戰在台灣海峽持續，香港也成為國共相鬥的受害者。處於兩個敵對政權之間的英國人嘗試保持中立，又不時展現堅定而不挑釁的態度。根據美國海軍的資料，在 1950 年至 1953 年初，國民黨搜查、扣留和充公從事對華貿

97　FO to Secretary, COS Committee, 16 Feb. 1953, enclosed in COS(53)27, 24 Feb. 1953, DEFE 11/434, PRO.

98　在 4 月 23 日，蔣介石同意向華盛頓許下這種承諾。一位台灣歷史學家說，艾森豪威爾的政策是「束縛」而非「放縱」蔣介石。Su- Ya Chang, 'Unleashing Chiang Kai-Shek?: Eisenhower and the Policy of Indecision toward Taiwan, 1953'，《中央研究院近代史研究集刊》，第 20 期（台北，1991 年 6 月），第 371–82 頁。

99　Washington to FO, 31 Jan. 1953, FO 371/105196, FC1018/7; FO to CRO, 2 Mar. 1953, FO 371/105197, FC1018/66, PRO.

易外國商船的事件，共有超過二百五十起，當中 75% 是英籍船。[100] 例如，在 1952 年 12 月，英國貨輪「和興號」（*Rosita*）在福建沿海被國民黨炮艇攻擊，英籍船長身亡，這艘船在香港註冊，並由一家據知為共產黨擔當代理商的香港公司包租。在倫敦的艾登大為震怒：「我們是沒有方法制裁國民黨當局嗎？他們實在是欺人太甚。」英國外交部命令淡水領事館提出強烈交涉，並嘗試要求美國國務院向台北施壓。[101] 一年後，「和興號」在前往上海途中再遭受射擊，大概是國府部隊所為，這是自 1950 年以來它第十三次受到攻擊。[102]

雖然英國政府沒有很堅定地支持哪一方，但傾向於更寬待中共，至少較不那麼同情國民黨。1954 年 7 月，中共戰機誤認一架國泰航空民航機為國民黨戰機，在海南島附近將之擊落，機上十人罹難，其中三人是美國人。兩架美國飛機在該區搜救時受到挑戰，在此過程中擊落兩架共軍飛機。中共馬上對誤擊國泰客機表示「遺憾」，並願意向英國賠償，但指摘台北在中國沿海地區擴大騷擾範圍，華盛頓以救援失事飛機為藉口入侵中國領空。[103] 美國政府想以強硬立場對付中國，英國政府卻希望盡量減低這事件的影響。[104] 事實上，此不幸事件發生的時間，剛好是國民黨海軍在菲律賓與台灣之間海域截扣蘇聯油輪

---

100 'Harassing the Red China Trade', ONI Review Supplement, Jan. 1954, Post 1 Jan. 1946 Command File, NHC.

101 FO to Washington, 9 Jan. 1953, FO 371/105282, FC1261/7; FO Minute by Addis, 15 Jan. 1953, ibid.; Washington to FO, 16 Jan. 1953, ibid., FC1261/11, PRO.

102 'Harassing the Red China Trade'.

103 章漢夫回覆英國代辦的照會，1954 年 7 月 26 日，載世界知識出版社編輯：《中華人民共和國對外關係文件集，第二集：1954–1955》（北京：1954），第 125–6 頁；Peking to FO, 28 July 1954, FO 371/110326, FC1386/26, PRO。

104 Memo. of Telephone Conversation, 26 July 1954, *FRUS, 1952–4*, 14, pt. 1, 507–8; Memo. of Conversations, 25 July 1954, ibid., 506–7

「陶普斯號」（*Tuapse*）後一個月。英國人對於國民黨扣押「陶普斯號」甚不以為然，慨嘆國泰客機遭擊落，或許是「愛隨便開火」的中共空軍飛行員，以為當時在附近的蘇聯油輪受國民黨攻擊而作出的即時反應。[105] 此外，這事件發生之時，正值英中兩國在日內瓦會議後不久把雙方外交關係提升至代辦級。保守黨政府秉持「和平共處」的精神，希望事件盡快解決，並接受北京為事件負起責任。[106] 英國人這種安撫的態度，這次沒有嚴重損害英美關係。一個多月後，中共開始炮擊國民黨控制的金門和馬祖，情況卻不是這樣了。

香港是外島

在整個第一次台海危機中，保守黨政府與艾森豪威爾政府即使對於保衛台灣沒有嚴重分歧，也在防衛金門和馬祖問題上扞格不入，而杜勒斯和艾登之間的個人恩怨使英美關係更加棘手。[107] 更重要的是，英國人對金門、馬祖缺乏同情，令一些美國公眾心生不滿，他們視香港為另一個外島，而倫敦也需要華盛頓的支持來保住這個外島。

到了 1955 年初，北京拒絕新西蘭在聯合國提出的停火決議案（神喻行動〔ORACLE〕），令這場危機進入關鍵階段，國民黨從大陳島撤退。英國駐華盛頓大使麥金斯（Roger Makins）在 2 月 9 日通知杜

---

105 英國駐東南亞高級專員認為：「有充分理由相信，那架〔國泰航空〕飛機被擊落時，俄國油輪『巴統號』（*Batumi*）就在附近，而戰鬥機可能是在掩護它。」Singapore to FO, 25 July 1954, FO 371/110325, FC1386/11, PRO.

106 House of Commons Debates on 26 and 27 July 1954, in FO 371/110325, FC1386/24, PRO. 終於，北京同意支付三十六萬七千英鎊以作賠償。Grantham, *Via Ports*, 164.

107 David Carlton, *Anthony Eden: A Biography* (London, 1981), 365–7; Richard Lamb, *The Macmillan Years 1957–1963: The Emerging Truth* (London, 1995), 396–400.

勒斯，英國「不支持美國插手被認為屬於中國一部分的外島」。[108] 第
二天，艾森豪威爾寫了封私函給邱吉爾，強調「根據現有情況」，國
民黨應「在那些外島的問題上得到一些保證」。[109] 為了解決彼此的爭
議，艾森豪威爾與邱吉爾進行了一連串交流。邱吉爾在 15 日寫道，
這些外島並非「開啟戰端的恰當原因」，而且國民黨從金、馬撤軍，
在「法律、道德和處世智慧而言都是正確的」。艾森豪威爾在三天
後回覆邱吉爾，他借古喻今：「再退讓的話，就會比慕尼黑協定還要
糟」，而西太平洋所有非共產國家都會覺得，「他們倒不如着手去與共
產黨爭取最好的條件」。艾森豪威爾在信末提到香港：「我國人民把香
港或馬來亞視為『殖民地』—— 對我們來說，這是個不光彩的字眼。
如果我們為了香港或馬來亞捲入一場可能爆發的戰爭，在我國肯定是
不得人心的，然而，我毫不懷疑如果事情這樣發展，我們將會站在你
們一邊。」[110] 如第二章所述，艾森豪威爾暗示美國可能會援助香港，
希望藉此說服邱吉爾支持保衛金、馬。但是，若說這位美國總統有點
同情香港，美國公眾卻非如此。在整場危機之中，熟知情況的美國輿
論把香港和那些外島相提並論，並批評英國不支持美國政府。《美國
新聞與世界報道》（*U.S. News and World Report*）雜誌 3 月號的一篇文
章說：「再看一看地圖，在金門南方約四百英里處，你會找到另一個
外島 —— 香港。」這篇文章說，英國政府一方面打算保衛香港，而且
顯然期望美國協助，另一方面卻抨擊美國政府關注金門和馬祖。《華

108　Memo. of Conversation, 9 Feb. 1955, *FRUS, 1955–57*, 2, 243–7.

109　Eisenhower to Churchill, 10 Feb. 1955, in Boyle (ed.), *The Churchill-Eisenhower Correspondence*, 190–2.

110　Churchill to Eisenhower, 15 Feb. 1955, ibid., 192–5; Eisenhower to Churchill, 18 Feb. 1955, ibid., 195–8.

盛頓郵報》（*Washington Post*）問：「如果英國人反對美國插手距離中國大陸一百多英里遠的台灣，為什麼他們不放棄根本就在中國之內的香港？」文章最後説：「如果英國人繼續在美國對台政策方面把自己弄得那麼討厭，我們為何不提出香港問題？」[111]

　　這種批評香港的評論，還潛藏着美國的反殖民主義情緒。《美國新聞與世界報道》的文章也詰問：「這些外島 —— 香港和金門、馬祖 —— 之間有何差異？在英國人眼中，差異在於香港是英國殖民地，是大英帝國的一部分……這是人稱『殖民主義』的例子。」[112] 艾登在議會公開要求國民黨從金、馬撤軍，以換取北京承諾不使用武力，繼而舉行全面政治解決的討論，這令美國更為惱火。如外交部的記錄所言：「自外交大臣在下議院發出有關這兩個沿海島嶼的聲明後，美國就出現大量不友善的反殖民言論。」上述有關「英國的外島」的文章就是典型例子。[113] 美國國務院迫於國會的壓力，在 3 月中旬公開此前仍是秘密的雅爾塔會議記錄，這些反殖民言論就令英國人更感不安。就香港而言，已發表的記錄包括斯大林和羅斯福（Franklin Roosevelt）在 1945 年 2 月 8 日的談話，大意是這位已故的美國總統表示，他希望將香港主權交還中國，使之成為國際化的自由港。[114] 英國政府認為決定公佈這些文件的「時機不當」，「完全不歡迎」這件

111　*US News and World Report*, 11 Mar. 1955; *Washington Post*, 3 Mar. 1955, in Washington to FO, 15 Mar. 1955, FO 371/115058, FC1047/1, PRO.

112　*US News and World Report*, 11 Mar. 1955, in Washington to FO, 15 Mar. 1955, FO 371/115058, FC1047/1, PRO.

113　*Hansard*, House of Commons Debates, 8 Mar. 1955, 5th Series, Session 1954–5, Vol. 538, col. 159–63; FO Minute by Sutherland, 25 Mar. 1955, FO 371/115058, FC1047/1, PRO.

114　見 *New York Times*, 17 and 18 Mar. 1955。

事。[115] 英國國會問到有關香港地位的問題，邱吉爾不得不再次表示英國人「決心維持他們在香港的地位」。[116] 在雅爾塔記錄公開後一天，葛量洪與美國總領事莊萊德交談中說，中共「現在對於香港沒有什麼圖謀」，而且會「履行〔關於其地位的〕協議和條約」。但葛量洪繼續說：「如果美國與共產黨統治的中國大陸重新建立關係，香港最大的危險就會到來。」他認為此事似乎「無可避免」。如莊萊德在這次談話後向華府報告：「總督沒有詳加解釋，但在他內心深處，大概認為美國會在某個時候與中國人站在同一陣線，進行針對香港的反殖民行動。港督有此觀察，或許是因為華府公開〔雅爾塔會議文件〕而有感而發。」[117]

和韓戰時期一樣，美國公眾在 1955 年覺得，一副心思放在香港的英國有姑息中國的傾向。美國的輿論塑造者批評英國對保衛金門和馬祖缺乏同情，不明白英國政府為何不以看待香港的同樣方式看待金、馬。艾森豪威爾和杜勒斯兩人都須順應民意，並冀望在外交政策方面，國內能達成一致意見。[118] 然而，如他寫給邱吉爾的私人信所指出，艾森豪威爾對香港「殖民地」的看法，不像美國民眾那麼苛刻。艾森豪威爾十分關注殖民主義問題。[119] 萬隆會議在 4 月底舉行，令華

115　*The Times*, 17 Mar. 1955.

116　*Hansard*, House of Commons Debates, 24 Mar. 1955, 5th Series, Session 1954–5, Vol. 538, col. 2271.

117　HK to State, 22 Mar. 1955, 746G.022/3 2255, RG 59, DF 1955–9, Box 3270, NA

118　Gary W. Reichard, 'Divisions and Dissent: Democrats and Foreign Policy, 1952–1956', *Political Science Quarterly*, 93/1 (Spring 1978), 51–72.

119　Bowie and Immerman, *Waging Peace*, 213–14.

府更擔心中國和不選邊站的印度會利用反殖議題來反對西方。[120] 但艾森豪威爾也知道，要令英國在冷戰中與美國合作，就須付出代價。艾森豪威爾明白香港的脆弱情況，遂向邱吉爾暗示，如果他支持防衛金門和馬祖，美國就會投桃報李，為這個英國殖民地承擔更大義務。在這一點上，艾森豪威爾希望利用與邱吉爾的深厚情誼和親密友好去影響英國。[121] 不容否認，艾森豪威爾的管理方式和政策制定，是依賴有條不紊的組織過程多於個人外交。[122] 不過，在艾登和杜勒斯之間的友誼毫不親密的時候，艾森豪威爾與邱吉爾的私人交情，是美國嘗試獲得英國支持或至少減少兩國分歧的重要因素。[123] 儘管如此，艾森豪威爾以香港為胡蘿蔔無法說服邱吉爾，更不用說艾登，他在 4 月初取代年邁的邱吉爾當上首相。幸好最後中共主動解除這場危機，暫時結束了英美兩國在保衛各自的「外島」所面臨的政策兩難。

---

120 Henry Williams Brands, *The Specter of Neutralism: The United States and the Emergence of the Third World, 1947–1960* (New York, 1989), 110–1.

121 如艾森豪威爾在 1955 年 3 月告訴邱吉爾，兩人「私交甚篤」將「有助我們兩國政府在各地更有效地對抗共產黨」。引自 Michael David Kandiah and Gillian Staerck, ' "Reliable Allies": Anglo-American Relations', in Wolfram Kaiser and Gillian Staerck (eds.), *British Foreign Policy, 1955–64: Contracting Options* (London, 2000), 154。

122 Peter Boyle, 'The "Special Relationship" with Washington', in Young (ed.), *The Foreign Policy of Churchill's Peacetime Administration*, 34–5; Bowie and Immerman, *Waging Peace*, 83.

123 艾森豪威爾在 2 月 18 日寫給邱吉爾的信，有助緩和英美在這兩個外島問題上的緊張關係。如邱吉爾告訴艾登：「這封信好得多了……它態度真摯誠懇，試圖令我們了解美國人的觀點。」引自 Lamb, *The Macmillan Years*, 399。

1956 年暴動、中國代表權和「兩個中國」

英國在中南半島和台海問題上都拒絕美國的建議，不願軍事介入。如在第二章所述，在金門、馬祖危機中，英國戰略計劃者必須令英國軍力和關係到香港的冷戰政治目標互相協調，而這是艱難任務。更糟的是，到了 1956 年初，自 1954 年日內瓦會議以來中英關係出現的短暫蜜月期，似乎已走到盡頭。英國駐北京代辦歐念儒（Con O'Neill）記錄了中國報章抨擊英國的文章數量增加，涵蓋的題目包括英國重新武裝、對華貿易限制，以及中東殖民問題。歐念儒向英國外交部報告其觀察時說，「只要我們打算在東亞或東南亞保有屬地或維持影響力」，他「看不出我們與中國的關係，如何能擺脫基本上困難和惡劣的局面」。外交部的梅里（James Murray）認為，英國在馬來亞的地位「事實上不大可能受我們與中國的交往影響」，但香港卻「屬不同的類別」，因為英國人「在那裏很難抵抗中國的壓力」。他接着說：「我們在大陸的商業資產消失後，它是最後一個可以用作要脅的具體把柄，令我們無法採取與中國為敵的強硬政策。」故此，由於「我們在香港的脆弱情況」，還有「爭取新的英聯邦保持同情態度的重要性」，「我們與中國人打交道時，應採取頗為懷柔的路線」。遠東司司長科林・克羅（Colin Crowe）同意，但強調英國政府不能「為了遠東事務冒與美國人決裂的危險」。所以，「美國的遠東政策最好可以靈活一點，這不只使我們更易於與他們合作，還能使他們在諸如中國代表權等棘手問題上，可以在適當時候慢慢抽身，而不至令威信嚴重受

損。」[124]

　　聯合國中國代表權問題確實一直令英美摩擦不斷，也是使中共憂心的問題。在 1956 和 1957 年，香港和亞洲發生的連串事件，令北京加強攻擊它眼中英美製造「兩個中國」的陰謀。10 月 10 日，九龍和荃灣發生暴動，中共支持者被親國民黨人襲擊，是這次暴動的主要受害者。為了此事，周恩來和副外交部長章漢夫分別兩次召見英國駐北京代辦抗議。周恩來在 10 月 13 日與歐念儒的會面中，批評港督葛量洪把暴動說成是在港國民黨和共產黨支持者之間的衝突，從而為國民黨特務開脫。周恩來警告，「九龍非常非常接近廣州」，九龍發生的事件「直接影響中國該地區的和平」。周恩來在三天後與英國代辦的另一次長時間會面中，也批評港督在同日發出的聲明不提「國民黨特務的破壞活動」。周恩來說：「從此可見，香港當局縱容國民黨特務利用香港和尤其是九龍為基地削弱大陸，並以之為到大陸破壞的跳板。香港政府不譴責國民黨特務的活動，就證明了這點。」周恩來在談話結束時警告：「你應當知道，我們若要在香港製造很多麻煩，是輕而易舉，但我們不想這樣做。」[125]

　　在中國和香港的英國官員評估共產黨對這場暴亂的反應時，擔憂「周恩來言論中非常殺氣騰騰的內容」，包括「中共在香港製造麻煩的能力」，以及「香港發生的事件威脅到中國的安全」。他們也注意到

---

124 O'Neill to Lloyd, 27 Feb. 1956, FO 371/120926, FC1051/2; FO Minute by Murray, 12 Mar. 1956, ibid.; FO Minute by Crowe, 13 Mar. 1956, ibid., PRO.

125 Peking to FO, 13 Oct. 1956, PREM 11/1798; Peking to FO, 16 Oct. 1956, ibid., PRO.

北京和廣州的電台出現「一連串誇大和危言聳聽的評論」。[126] 但是，
英國外交部不大擔心北京對香港會有即時的圖謀，認為「中國要是決
定對香港採取激烈行動，無論是軍事還是非軍事上，都會由整體因素
決定，而不一定關乎這個殖民地本身目前的狀況」。[127] 不過，在艾登
眼中，香港的暴動是嚴重事件，他要求得到關於事態發展的通報，並
建議派出一艘或更多英國船艦去該地區「顯示實力」。[128] 這時抱恙在
身的艾登，正在鄭重考慮以色列、英國、法國聯手入侵蘇彝士運河的
建議。[129]

　　1957 年 1 月，香港政府發表九龍和荃灣騷亂初步報告書後，中共
對英國人的批評又再熾烈起來，這種批評本來已消退了一段時間。中
國外交部在 1 月 22 日發出聲明，說英國人把暴動歸咎於某些幫會和
中國難民，繼續「洗刷國民黨特務份子策劃和組織九龍暴亂的罪行，
推卸自己的責任」。更重要的是，「報告書中還公然稱台灣蔣介石集
團為『台灣國民政府』，並將它和中華人民共和國中央人民政府相提
並論，這再一次暴露了英國政府製造『兩個中國』的陰謀」。聲明說
這次暴亂「並不是偶然的」，而是香港英國當局長期「對國民黨特務
份子在港九地區 …… 的活動 …… 採取包庇和縱容的態度」，例如在
1950 年炸毀中航和央航飛機，在 1950 至 1953 年劫奪五艘中國漁船，

126　Peking to FO, 17 Oct. 1956, ibid.; HK to CO, 23 Oct. 1956, ibid.; HK to CO, 16 Oct. 1956,
　　　ibid.
127　FO to Peking, 19 Oct. 1956, ibid.
128　Zulueta to Moreton, 18 Oct. 1956, ibid.; Monckton to Hailsham, 18 Oct. 1956, ibid.
129　Victor Rothwell, *Anthony Eden: A Political Biography 1931–57* (Manchester, 1992), esp.
　　　223–9.

在 1955 年炸毀「克什米爾公主號」，[130] 1956 年把國民黨的 F-86 戰鬥機放回台灣，[131] 以及國民黨特務利用香港為訓練和進行顛覆活動的基地。[132]

從中共的官方聲明和向英國政府提出的交涉可見，他們集中攻擊香港政府的所謂「兩面」政策——一方面承認中華人民共和國，另一方面縱容國民黨的「顛覆」活動。他們一再批評國民黨特務參與暴亂（不管證據多麼薄弱），希望藉此向英國人施以最大壓力，迫使他們鏟除國民黨在香港的勢力。[133]

同時，北京也指摘倫敦與華盛頓「合謀」在國際社會製造「兩個中國」，目的是分化這兩個盟友。[134] 提出這種指摘的背景，是 1955 年 8 月起在日內瓦舉行的中美大使會談陷入僵局。[135] 對周恩來來說，日內瓦談判（它在 1957 年底中止）失敗的主要原因，是美國人想迫使

130　1955 年 4 月 11 日，「克什米爾公主號」客機在印尼領空爆炸，周恩來和其他中國代表團成員原定坐這架飛機從香港前往雅加達。據曾銳生說，是國民黨特工在機上放炸彈，試圖暗殺周恩來。中共事先得悉這陰謀，但沒有阻止。他們的目的有許多，其中之一是迫使香港當局在事件發生後剷除國民黨在香港的秘密網絡。Tsang, 'Target Zhou Enlai', 766–82.

131　1956 年 1 月 31 日，一架國府空軍的 F-86 軍刀式噴射機遭共軍戰機追擊，迫降香港機場。經過長時間討論後，英國人不情願地釋放這架戰機，但飛機直至 1957 年初才運回台灣。見 Tsang, 'Strategy for Survival', 307–10。

132　Peking to FO, 23 Jan. 1957, PREM 11/1798, PRO.

133　在「克什米爾公主號」事件中，中共向港府提供那些國民黨特務和英國人應逮捕什麼人的「資料」，當時這套手法很成功，英國官員懷疑中共想故技重施。Peking to FO, 22 Oct. 1956, PREM 11/1798, PRO. 但是，1956 年的暴動不同於前一次事件，這次除了那些傳統上親國民黨的三合會成員有參與，國民黨特務並沒插足其間。

134　尤其是在 1954 至 1955 年的台海危機後，包括杜勒斯在內的一些美國官員，開始鄭重思考「兩個中國」政策，但從來沒有得到清晰闡明或正式實行。見 Nancy Bernkopf Tucker, 'John Foster Dulles and the Taiwan Roots of the "Two Chinas" Policy', in Richard H. Immerman (ed.), *John Foster Dulles and the Diplomacy of the Cold War* (Princeton, 1990), 235–62。

135　這些談話詳見 Kenneth T. Young, *Negotiating with the Chinese Communists: The United States Experience, 1953–1967* (New York, 1968)。

「中國承認美國侵佔台灣的現狀，製造所謂兩個中國的形勢」。[136] 1956 年 9 月，毛澤東在與印尼總統蘇加諾會面時批評英國。雖然英國政府亟欲與中國發展外交關係，但毛澤東説，英國繼續在聯合國投蔣介石的票。因此，北京只與倫敦維持「半正式的外交關係」。[137] 周恩來在 1957 年初接見英國貿易委員會代表時指出，對於中國在聯合國的席位問題，英國的態度「不友好」，而且處理「克什米爾公主號」和 F-86 戰鬥機事件的做法「錯誤」。這是三年來中英關係「沒有得到改善」的原因。[138]

自 1951 年 6 月起，歷屆英國政府無論多麼不情願，都支持緩議 —— 每年動議暫緩討論中國在聯合國席位的問題。但是，到了 1957 年，麥美倫政府認為不可能再長期把中國排除在聯合國之外。迅速的去殖民化過程，令聯合國內同情北京的亞洲和非洲國家數目增加。[139] 然而，英國決策者也明白，對美國來説，聯合國中國代表權既是國內也是國際的重大問題。[140] 在 5 月，艾森豪威爾政府默許英國取消中國差別，冀望藉此令倫敦在批准中國代表權的問題上維持強硬立場。[141] 所以，美國人在經濟戰線妥協時，英國人覺得別無選擇，只能在這個敏感問題上緊跟美國的立場。此外，蘇彝士運河危機令保守黨

136　《周恩來外交文選》，第 182–224 頁。

137　《毛澤東外交文選》，第 263–74 頁。

138　中共中央文獻 究室編：《周恩來年譜：1949–1976》，中卷（北京，1997），第 91 頁。

139　Washington to FO, 27 Feb. 1957, FO 371/127239, F1071/9G; FO Minute by Dalton, 8 Mar. 1957, ibid., F1071/12/G, PRO.

140　在國際上孤立中國為何對艾森豪威爾政府來説很重要，見以下記述：Rosemary Foot, 'The Eisenhower Administration's Fear of Empowering the Chinese', *Political Science Quarterly*, 111/3 (1996), 505–21。

141　Caroline Pruden, *Conditional Partners: Eisenhower, the United Nations, and the Search for a Permanent Peace* (Baton Rouge, La., 1998), 122.

政府驚覺，沒有美國支持，英國當不上殖民和世界強權。[142] 桑德斯防衛白皮書在 4 月發表和香港駐軍的規模決定後，麥美倫政府很清楚，如果得不到美國軍事援助，香港就無法抵禦外來攻擊。[143] 與美國的對華政策步伐一致，是保持英國的世界性影響力必須付出的代價。最後，英國官員估計，北京對於他們繼續支持台北留在聯合國，應不會有太激烈的反應。[144] 因為這些原因，在 9 月 24 日英國代表團再次在聯合國大會投票支持緩議。

　　蘇聯在 10 月成功發射它的首枚太空衛星「史普尼克號」（*Sputnik*），進一步促使英美在全球議題的政策上更趨一致。艾森豪威爾擔憂蘇聯在核技術方面的明顯領先，會令人心動搖，[145] 他同意與麥美倫在華盛頓會面以加強英美合作。在 10 月 23 日於白宮舉行會議的第一天，杜勒斯告訴麥美倫和英國外交大臣勞埃德，在中國問題方面「我們須更密切合作」。他說，美國一直嘗試在貿易問題上遷就英國的觀點，「在政治方面，美國的觀點也須要得到一些遷就」。麥美倫明顯被說服，他回答說：「只要他一天仍是首相，就不會同意任何會令中共加入聯合國的事情。」[146] 但華盛頓會議的最重要時刻在第二天才到來。艾森豪威爾同意修改《麥克馬洪法》並加強英美核子合作；

142　Louis, 'The Dissolution of the British Empire', 342.

143　COS(57)40, 23 May 1957, DEFE 4/97; BDCC(FE)(57)212, 27 Sept. 1957, DEFE 11/125, PRO.

144　Victor S. Kaufman, ' "Chirep": The Anglo–American Dispute over Chinese Representation in the United Nations, 1950–71', *English Historical Review*, 115/461 (April 2000), 364–5. 事實上，毛澤東擔心會製造「兩個中國」，所以不急於看到中華人民共和國加入聯合國或其他台灣也有代表權的國際組織。但中國繼續要求加入，是為「在外交上採取攻勢」，令美國處於被動。《毛澤東外交文選》，第 286–8 頁。

145　雖然艾森豪威爾認為，「史普尼克號」衛星的衝擊是心理上大於軍事上，但他必須處理「美國報章、政客和公眾近乎歇斯底里的反應」。見 Ambrose, *Eisenhower*, 448–54。

146　Memo. of Conversation, 23 Oct. 1957, RG 59, CF 1949–63, Box 136, NA.

麥美倫「幾乎不相信〔自己的〕耳朵」。[147] 為了投桃報李，勞埃德在寫給杜勒斯的信中確定，現屆英國政府「在獲得美國政府事前同意之前，不會謀求或支持有關聯合國中國代表權的任何改變……其他可能出現這個問題的國際組織也是如此」。[148] 然而，香港問題沒有被忽視。作為這些協議的一部分，英美兩國政府同意在另外八個地理和功能性的工作小組之外，再成立香港工作小組，以「就共產中國對香港的威脅提出情報判斷」，並「研究應對不同類型威脅所需的共同措施」。[149]

麥美倫在向內閣報告華盛頓之行時說，在會議中達成的這些協議，是「美國政府方面重大和寶貴的讓步」。[150] 取消分享核資訊方面的限制（加上在 3 月舉行的百慕達會議上美國答應提供飛彈），把英美核子合作的層次提升到其他美國盟友不可企及的程度。這位英國首相甚至不太在意須有所妥協，不可大力要求讓中國加入聯合國。如麥美倫在日記中寫道：「相較於我們所得到的，這只是很小代價。它的遣詞用字很小心，這並非協議，而是女王陛下政府單方面的聲明。」[151]

但是，美國現行的香港政策（《國家安全委員會第 5717 號文件》）並沒有因為香港工作小組成立而撤銷，根據這個政策，華盛頓向英國提供的軍事援助只限於撤走美國公民。美英工作小組在 12 月中旬開會時，主要工作是就香港所受的軍事威脅提出彼此同意的判斷，以此

147　Harold Macmillan, *Riding the Storm 1956–1959* (London, 1971), 322.

148　Lloyd to Dulles, 25 Oct. 1957, RG 59, CF 1949–63, Box 136, NA.

149　Ibid.; Dulles to Lloyd, 28 Oct. 1957, ibid., NA.

150　CC(57)76, 28 Oct. 1957, CAB 128/31, PRO.

151　Diary Entry, 25 Oct. 1957, Papers of Harold Macmillan, Manuscript Diaries, 1950–66, Mss. Macmillan dep. d.30, Bodleian Library, Oxford。

為依據來思考共同應對之道。[152] 但在麥美倫眼中，成立工作小組的意義肯定不止於此：用他的話說，美國「同意把香港視為共同防衞問題，並與我們討論方法和手段」。[153] 從英國的觀點看，各種不同地理和功能性的工作小組，可以令兩國政府在工作層面改善彼此政策的磋商和協調。結果，兩國「自二次大戰以來首次」有了一個「不斷共同檢視某些國際問題的制度」，這樣，英國人就有「可能在美國政策的形成階段施加影響力」。因此，美英香港工作小組有助「保持美國對於防衞香港的興趣」。[154]

蘇彝士運河危機後，艾森豪威爾和麥美倫都看到重建英美關係很重要，而兩人的長久友誼對此事很有幫助，他們的交情源自二次大戰期間兩人在北非和意大利的經歷。[155] 受到「史普尼克號」衛星的震撼之後，艾森豪威爾願意加強英美核子合作，「藉此保證英國會在多個

---

152 First and Second Meetings of Joint US–UK Working Group on Hong Kong, 16 Dec. 1957, 611.46G/12–1657, RG 59, DF 1955–59, Box 2505, NA.

153 Diary Entry, 25 Oct. 1957, Papers of Harold Macmillan, Manuscript Diaries, 1950–66, Mss. Macmillan dep. d.30, Bodleian Library, Oxford.

154 SC(58)8, 27 Jan. 1958, FO 371/132330, AU1051/3/G, PRO.

155 如艾森豪威爾憶述：「我們〔在百慕達〕決心恢復兩國密切諒解，而哈羅德〔即麥美倫〕和我是老戰友了，這點有助實現此事。」勞埃德在華盛頓會議後告訴內閣：「我們如今得以重拾從前與美國的特殊關係，是多得首相與艾森豪威爾總統之間的私人友誼。」Dwight D. Eisenhower, *The White House Years: Waging Peace, 1956–1961* (New York, 1965), 124; CC(57)76, 28 Oct. 1957, CAB 128/31, PRO. 關於百慕達和華盛頓會議如何影響英美關係和英國世界強國地位，邁克爾‧多克里爾（Michael Dockrill）有更為精審的論述，見 Michael Dockrill, 'Restoring the "Special Relationship": The Bermuda and Washington Conferences, 1957', in Dick Richardson and Glyn Stone (eds.), *Decisions and Diplomacy: Essays in Twentieth Century International History* (London, 1995), 205–23。

範疇支持美國的外交政策」。[156] 但一如慣常,艾森豪威爾也明白,如果要爭取英國在中國代表權這個重要問題上支持美國,就必須付出額外代價 —— 顯示美國對香港的前途感興趣,不過這只是小代價。他在整個五十年代所念茲在茲的,就是這個關鍵的英國因素,而不是因為香港本身有多重要。

小結

在冷戰時期,英國人深明在中國的陰影籠罩下,香港的政治情況十分脆弱。在五十年代的大部分時間,他們都估計中國不大可能單單去攻打香港,也大致認為除了敵對宣傳外,北京不想在香港挑起麻煩。然而,在中美兩國為了韓國、中南半島和台灣互相對抗的時期,英國人擔心如果中美衝突擴大,中共就會攻打香港,以防止它被美國用作對付大陸的行動基地。如果倫敦支持華盛頓,北京可能也會向香港報復。由於共產黨對香港的威脅是政治多於軍事性質,所以對英國來說,羈勒住美國政策的好戰傾向很重要。因此,在 1950 年 7 月,工黨政府嘗試令杜魯門政府明白,把韓戰局部化至關緊重;在 1953 年初,保守黨政府也表示擔心艾森豪威爾「放縱」蔣介石對香港的影響。

156　除了中國代表權,還有幾件事是艾森豪威爾政府希望鼓勵麥美倫政府做的:重新考慮根據桑德斯白皮書大幅削減英國常規部隊一事,保持英國在波斯灣的地位,以及不要妨礙歐洲整合的進展。John Baylis, 'Exchanging Nuclear Secrets: Laying the Foundations of the Anglo–American Nuclear Relationship', *Diplomatic History*, 25/1 (Winter 2001), 41–3.

　　英國人還靠以懷柔手段對待中國來處理香港的脆弱政治情況。不過，儘管英國在 1950 年承認中華人民共和國，但中共以香港為要脅的把柄，分化英美同盟。香港發生的事件為北京提供方便的靶子，用來離間這兩個盟友：例如，利用 1952 年的暴動來對付它眼中的杜魯門—邱吉爾團結，以及利用 1956 年的暴動對抗所謂的英美「兩個中國」陰謀。然而，英國的和解意願沒有因為中共對香港的宣傳攻擊而稍減，仍致力避免英中關係出現進一步的困難，並消除任何可被中國用來干預香港的藉口。英國的其他基本政策目標（如維持在大陸的經濟利益、分化中蘇同盟）似乎無法實現後，香港的穩定就成為英國官員在日常外交操作中更迫切的關注。有鑒於香港的脆弱情況，英國政府多半選擇與中國妥協，而非對抗。在 1952 年邱吉爾以英美關係為重時，在 1956 年英國外交部認為英中關係惡劣時，情況就是這樣。

　　就對華政策而言，香港完全不是美國政府的主要關注，美國關心的是國內政治，以及在全球與蘇聯爭雄。不過，美國決策者不時會注重香港，這並非由於香港本身的價值，而是為了加強英美在亞洲合作這一目標。艾森豪威爾明白到，要令英國在冷戰中繼續充當它的副手，就須付出代價。艾森豪威爾本人是軍事將領，在戰時曾與邱吉爾有合作經驗，很清楚香港的脆弱情況。他知道香港對英國很重要，看待這個「殖民地」時，眼光比一些反殖民的美國公眾更寬容。因此，在 1954 和 1955 年時，艾森豪威爾為了換取邱吉爾支持中南半島的「聯合行動」和保衛金門和馬祖，願意提出美國可能為香港承擔義務。艾森豪威爾希望憑自己與邱吉爾的私交厚誼，可以獲得英國合作，但在這兩件事上他都沒能如願。在 1957 年，艾森豪威爾再次嘗試利用他與麥美倫的長期友誼，而在蘇彝士運河危機慘敗後，麥美倫渴望修

補英美關係，並令兩國有關中國和其他全球問題的政策趨於一致。這次艾森豪威爾成功了。杜魯門和艾森豪威爾不同，他與艾德禮私交不深，也不大有興趣在香港防衛問題上與英國討價還價。反之，馬歇爾將軍和參謀長聯席會議出於他們的官僚角色和時勢使然，必須從韓國戰況轉折的背景來看香港。1951 年初，英國為了香港而傾向於安撫北京，肯定令他們大為憤怒，因為當時韓國形勢岌岌可危，必須以更強硬的措施對付中國。

　　英國以外交手段「保衛」香港的策略，究竟有多成功？由於英美兩國在經濟和軍事上實力懸殊，英國在英美同盟中無疑是小老弟。1950 年工黨政府在兩航事件中屈服於美國壓力，而 1957 年在中國代表權問題上，保守黨政府不得不追隨華府的路線。但在另一些事情上，美國必須接受英國人會與它分道揚鑣，例如他們在 1950 年承認中華人民共和國，在 1954 年拒絕保衛法屬印度支那，在 1955 年不肯協防國民黨控制的外島。為什麼倫敦在某些領域與華府合作，在其他方面卻不予配合？原因不一而足。英國人在兩航事件和中國代表權問題上妥協，除了其他原因，還因為他們認為這樣做不致危及香港安全。但是，如果他們在中南半島和台灣海峽支持美國對抗中國，情況就不一樣。可以説，英國對美國並非完全沒有影響力。雖然英國政府一般無法改變美國的政策，但常常能頂住華府壓力，堅持自己的決定，有時候還能否決美國的建議。英國人與美國政府進行外交磋商時指出香港的脆弱情況，藉此證明他們採取不同的態度對待中國是有理由的。結果，「香港因素」以兩種頗不同的方式影響美國的政策過程。往好的方面説，這令艾森豪威爾了解到，若想爭取英國在諸如中南半島和台灣問題上支持美國，就須令邱吉爾為脆弱的香港感到安心。

往壞的方面說，馬歇爾不滿英國因香港而諸多忌憚，要求美國在韓國單方面行動，不管英國是否合作。英國在兩方面都展現出「弱者的力量」。

第四章

局限經濟戰爭：
香港與對華出口管制

香港的脆弱不只在軍事和政治方面。英國亟欲引起美國對保衛香港的興趣，同時盡量減少美國對華政策對於香港的政治影響，美國則渴望令香港參與對中國的經濟圍堵。香港毗連中國大陸，加上它傳統的貿易模式，被視為會令對華出口管制無效的重大漏洞。在經濟方面，香港受到美國的壓力，不得不限制與中國大陸的轉口貿易，而這減低了它對北京的價值。除了經濟和政治影響，在香港推行管制措施也有實際的行政困難。最重要的是，在香港實行出口管制的問題，引起英美政府之間和兩國政府內部意見分歧和互相牴牾，在韓戰時期尤其如此。本章集中探討因香港在對華出口管制中的作用所引發的各種緊張關係，並檢視它們對英美關係的影響。

首先須在這裏提供一些數據資料，令大家能了解中國貿易對於香港有多重要。香港傳統上是中國與世界其他地方通商的轉口港。在三十年代初，香港出口到中國大陸的貨物（主要是香港進口並經處理後再出口的貨物[1]），佔其總出口貨物總值超過一半。到了四十年代

1　在 1959 年前，在香港貿易統計數字中，沒有把再出口貨物從出口貨物中區分出來。但是，在五十年代，香港製造業仍處於萌芽階段，所以在香港出口貨物中，很大比例其實是再出口貨物。例如，晚至 1956 年，本地製造的產品在香港總出口貨品中只佔 24%。*ADR 1956–57, 4.*

末，中國在香港轉口貿易總值中的份額不再佔最大宗，但仍十分可觀。在 1949 年，香港輸往中國大陸的貨品佔其出口總值的 25.2%（港幣五億八千五百萬），翌年升至 39.3%（港幣十四億六千萬），這是中國在韓戰初期囤積原材料之故。在西方和聯合國對中國實行禁運後，這個數字在 1952 年下降至 18.3%（港幣五億二千萬元），直到 1953 年韓戰結束才恢復。然而，中國的對外貿易愈來愈倒向蘇聯集團，在 1956 年，由香港出口中國的貨品減少至只佔總值的 4.2%（港幣一億三千六百萬）。另一方面，香港從中國進口的貨品保持相對穩定，在 1949 至 1957 年間佔其進口總值約 20% 至 22%。[2] 不過，在 1954 年前，中國一直是香港出口貨物（如紡織纖維、化合物和工業產品）的主要市場，唯一例外是 1952 年它排第二位。在這個時期，中國仍是香港的主要供應來源，這些供應品大多是糧食和原材料。[3] 因此，雖然對華轉口貿易失去其傳統上的顯著地位，但仍是香港經濟不可或缺的部分。

除了對中國的出口 / 再出口，香港也是重要的轉運中心，貨物經由此地轉運到大陸去。不同於再出口貨品，轉運貨品是指經香港運往中國，而沒有在此地經過加工和清關的貨物。[4] 轉運貨品可能會在香

2　Edward Szczepanik, *The Economic Growth of Hong Kong* (London, 1958), 158.

3　*Hong Kong Statistics 1947–1967*, 97–100.

4　Ronald Hsia, *The Entrepôt Trade of Hong Kong With Special Reference to Taiwan and the Chinese Mainland* (Taipei, 1984), 3; Yun-wing Sun, *The China–Hong Kong Connection: The Key to China's Open-Door Policy* (Cambridge, 1991), 15. 須指出的是，在美國和英國文件中，「再出口貨物」、「轉運貨物」和「出口貨物」等詞有時候是通用，而不大區分當中的技術細節。由於本章主要是討論貿易問題的外交層面，我不會特別嚴格區分所指的貨物是「再出口貨物」還是「轉運貨物」。只有在討論對轉運貨物的管制時（有別於對出口貨物的管制），才會加以清楚說明。在這情況下，「轉運貨物」專指途經香港以船運往中國的貨物，而不是從香港出口到中國的貨物。

港卸下和暫時儲存，之後改以不同的運輸方式繼續運送，至於過境貨物，則只是途經香港。香港是自由港，為方便貨物轉運會提供貨倉、燃料補給和其他港口服務。此外，如太古與怡和等大型英資航運企業，以及其他在香港註冊、規模較小的華資航運公司，積極參與對華沿海貿易。這些遠洋輪船、內河汽輪和小帆船經香港把貨物運進和運出中國及其他目的地。香港的轉運貨物和過境貿易的確切數目無從稽考，因為官方的貿易統計數字沒有加以記錄。但是，如香港政府在年報中自豪地說，香港是「世界上最繁忙的港口之一」。[5]

　　在五十年代，英國也視中國為潛在的巨大市場，但中國貿易對於英國本國經濟的重要性，遠不如它對香港經濟繁榮那麼舉足輕重。在1950年，英國出口中國的貨物約值三百六十萬英鎊（佔其出口總值的0.16%），1954年為六百八十萬英鎊（佔0.21%），遠低於香港出口中國的數額——這兩年的數字分別是九千一百萬英鎊和二千四百四十萬英鎊。[6] 不過，英國和中國直接貿易的數字，並不包括英國經由香港與大陸進行的間接貿易。在1950年，英國出口香港的貨物總共達到二千八百萬英鎊（1.29%），四年後輕微跌至二千四百萬英鎊（0.86%）。[7] 這些貨物中有很大比例是再出口到中國，而非供香港本地消費。由於出口到香港的英國貨物，是供再出口到中國和亞洲其他地方，所以任何限制香港轉口貿易的措施，都會間接影響英國的整體貿易差額。

5　　*HKAR 1955*, 160.

6　　*HKAR 1950*, 35; *HKAR 1954*, diagram facing 91.

7　　Clayton, *Imperialism Revisited*, 142–3.

緩慢的起步

在 1949 年初，杜魯門政府考慮針對落入共產黨手中的華北建立一套出口管制制度。3 月 3 日，杜魯門總統批准關於美國對華貿易的國家安全委員會政策文件（《國家安全委員會第 41 號文件》）。《國家安全委員會第 41 號文件》不贊成對中國進行全面經濟戰爭，而主張禁止向中國出口「有直接軍事用途的物品」，但容許中國既與日本也和西方恢復「正常經濟關係」。美國准許向中國出口非戰略物資，希望能藉此阻止中共完全依賴蘇聯。此外，發展中日貿易有助加快日本經濟復甦，減少美國的經濟負擔，至少在東南亞另外覓得原材料供應源和市場之前是如此。[8] 在這件事上，杜魯門和艾奇遜最關注的不是恢復美中貿易，而是日本的重建，以及在全世界與蘇聯爭雄。[9]

除了這些長期目標，在 1949 年初，還有一個迫在眉睫的問題令杜魯門政府擔心，那就是阻止戰略物資經香港輸往北韓和中國，以免輾轉流入蘇聯。美國駐港總領事館在 3 月初向華盛頓報告，有美國貨品從香港轉運到北韓，如石油、卡車和鋼管。[10] 之後在 7 月，它也察覺有鎢絲、實驗室設備和「數量可觀」的銅從香港運往華北。[11] 因此，杜魯門政府希望手頭能有制度，阻止中國和北韓囤積戰略物資和將之轉運到蘇聯，同時向中共顯示，日後如有需要，西方有能力向他們實

8　Note by Souers, NSC 41, 28 Feb. 1949, *FRUS, 1949*, 9, 826–34; Souers to NSC, 3 Mar. 1949, ibid., 834.

9　Michael Schaller, *Altered States: The United States and Japan Since the Occupation* (New York, 1997), 20.

10　HK to State, 11 Mar. 1949, RG 84, HKC 1946–9, Box 11, NA.

11　State to HK, 12 July 1949, ibid.

行進一步經濟制裁。[12] 香港因與大陸近在咫尺，還由於它的傳統貿易模式，在美國所考慮的因素中佔顯著位置。如《國家安全委員會第 41 號文件》明白地指出：「要有效地實施美國的管制，英國的合作至關重要，尤其是在香港這個轉口中心。」[13]

　　早在《國家安全委員會第 41 號文件》通過前，國務院已開始試探英國人對於實行對華出口管制的反應。遠東司司長白德華在 2 月初與英國駐華盛頓大使館參贊格拉韋斯討論時，提出戰略物資經中國轉運到蘇聯的問題。格拉韋斯認為，美國人最關心的是「香港的特殊位置」。白德華說，在亞洲諸多轉運港中，香港「確實是須馬上注意的一個」。他解釋美國不會「把香港單獨挑出來批評或給予特殊對待」，但「眾所周知這個港口很有效率」，之所以把它「提出來，是為舉例說明」。[14] 美國人在 3 月另一次與英國大使館官員的討論中建議，把 R 程序出口許可證制度擴大到中國[15]——禁止 1A 類貨物出口，監察 1B 清單貨品的流向。美國國際貿易政策處副處長埃德溫・馬丁（Edwin Martin）特別提到「香港問題，它在歷史上是中國的轉口港」。他說，除了管制從英國出口的貨物，也應該在香港設立類似的管制，以阻止貨物轉運到中國。格拉韋斯回答：「只要附近還有其他轉運點，光堵塞香港的漏洞無補於事。」他還問美國在此事上會如何處理日本、菲

12　Memo. of Conversation, 7 Apr. 1949, *FRUS, 1949*, 9, 841–2.

13　Note by Souers, NSC 41, 28 Feb. 1949, ibid., 826–34.

14　Washington to FO, 12 Feb. 1949, FO 371/75853, F2602/1121/10, PRO.

15　R 程序是法律手段，它要求所有出口到 R 類國家（所有歐洲國家和蘇聯）的貨物，都須獲美國商務部批准發出的出口許可證。它把戰略貨物分為兩類：1A——直接與蘇聯集團作戰能力有關的物資（武器彈藥以外的設備和供應品）；1B——較沒有那麼關鍵但仍有重要戰略價值的物品（如鋼鐵、火車頭、機械工具）。

律賓和台灣。[16]

英國人擔心任何試圖限制對華出口的舉措，都會危及他們在中國大陸的龐大經濟利益。在 1948 年底，工黨政府決定要「留一隻腳在〔中國〕門內」。雖然英國在中國的貿易因內戰而「陷於停擺」，但外交部覺得，「在充分確定我們在中國僅餘的地位無法維持前就將之放棄，並非明智之舉」。它還認為中國共產黨人「若想提高中國的生活水準，就需要許多來自俄國以外地方的基本商品」，因此「應竭力維持與中國的貿易」。[17] 此外，美國主張以貿易為手段影響中共的政治路線，英國持有異議。可是，英國雖對向中國施以經濟壓力疑慮甚多，卻也同意或有必要限制石油之類的某些戰略物資，但「只應用作最後手段」。[18] 事實上，英國已實行出口許可證制度，1A 類和供應短缺的貨品，如要輸往美國、英國殖民地、英聯邦國家或歐洲經濟合作組織國家以外的目的地，全都需要許可證。蘇聯和東歐國家不會獲發出口許可證，但供應中國的貨品，除了軍火彈藥外，其他不受限制。對倫敦來説，把出口管制擴大至中國並非大問題：須要做的，不過是把中國加到不予發出許可證的目的地清單上。[19]

大體而言，對於美國建議的出口管制，英國面臨的主要困難是在香港。一方面，在香港這個自由港對轉運貨品實施新的管制，有行政上的困難。若要有效實行這種管制，所有經過香港的貨物都要檢查，這需要大量人手。而即使有額外人手，仍然難以阻截所有走私，因為

---

16 Memo. of Conversation, 22 Mar. 1949, RG 84, HKC 1946–9, Box 11, NA.

17 CP(48)299, 9 Dec. 1948, CAB 129/31; CM(49)18, 18 Mar. 1949, CAB 128/15, PRO.

18 Memo. by British Embassy to State, 5 Apr. 1949, *FRUS, 1949*, 9, 837–41.

19 FO to Washington, 25 June 1949, FO 371/75855, F9995, PRO; Douglas to Acheson, 24 June 1949, *FRUS, 1949*, 9, 861–3.

這種以物易物式貿易，大多是由小型的中國船來進行。第二，僅在香港實行管制被認為不大可能奏效，因為這只會令貨物流到遠東的其他轉運港。此外，英國人擔心限制香港的轉口貿易會重創它的經濟。最後，英國與美國合作還有觸怒中共的政治風險，共產黨人可能會向香港報復。而美國為了向他們施壓，意圖大肆宣傳這些管制措施，令英國人更感憂慮。[20]

經過 2 月和 3 月的初步討論，杜魯門政府繼續向英國人施壓。國務院在 4 月底發給英國駐華盛頓大使館的備忘錄中說，共產黨沿長江急速推進，需要「立即行動」。[21] 然而，英國外交部不認為出口到中國的戰略物資，會對蘇聯有實質幫助。更重要的是，那時候倫敦還沒有達成有關對華出口管制的部長級決定。貿易管制屬於好幾個部門的職責範圍，必須與外交部、貿易委員會和殖民地部、交通部和香港政府商量，而跨部門的協商會引致延誤。[22]

工黨政府在一個多月後才向杜魯門政府提出它的「初步意見」。英國大使館在 5 月發出的備忘錄說，管制從英國直接出口到中國的戰略貨物，不會有「重大行政困難」。但是，實行許可證管制香港的再出口貨品，卻會造成「十分棘手的實際行政問題」。此外，除非把遠東其他潛在的轉運地點也納入，否則光把管制擴大到英國及其殖民地，只會「把香港和新加坡的貿易轉移到更樂意配合的鄰近地點」。白德華接到備忘錄後說，英國人的立場與他們之前的對話相比，「似

20　SAC(49)9, 19 July 1949, CAB 134/669; HK to CO, 28 June 1949, FO 371/75855, F9657/1121/10; HK to CO, 2 Nov. 1949, FO 371/75857, F15501/1121/10, PRO.

21　Memo. by State to British Embassy, 21 Apr. 1949, *FRUS, 1949*, 9, 844–5.

22　FO to Washington, 4 May 1949, ibid.; Dening to Owen, 6 May 1949, ibid.; FO to Washington, 27 May 1949, FO 371/75854, F7615/1121/10, PRO.

乎沒有多大進展」。他們唯一同意的是：有需要在倫敦舉行聯合技術
討論，以協調彼此的政策。[23]

　　不同部門的代表在 6 月舉行了一連串技術討論後，英國人知道美
國人打算管制武器和軍用品、1A 類戰略物資，以及對中國經濟特別
重要的貨物，如石油和 1B 清單上的某些物品。杜魯門政府的構想是
美國、英國、香港和新加坡首先實行管制，之後靠協商漸次擴大至其
他西歐國家、日本和菲律賓等。[24]

　　在華盛頓清楚表明它的建議，以及白廳內部的討論基本完成後，
英國大臣就作出決定。在 7 月 22 日，內閣的中國和東南亞委員會支
持貝文提出對中國實行出口管制的建議。英國大使館馬上把決定告知
美國國務院，之後又寫入 8 月 1 日發出的備忘錄中。根據這個決定，
英國目前不會把對 1A 類貨物的出口管制，擴大到香港和新加坡的轉
運貨品，直至比利時、法國、荷蘭和日本「明確保證」會在其本國和
殖民地採取類似措施。此外，由於涉及「極大的政治和行政困難」，
英國或香港不會管制 1B 清單上的物品，但密切監察它們流入中國的
情況。最後，英國政府與主要石油公司合作，確保供應中國的石油不
超出「短期正常民用」所需的數量。[25]

　　國務院接到英國對美國建議的答覆後很「失望」。艾奇遜指示法

23　Memo. by British Embassy to State, 31 May 1949, *FRUS, 1949*, 9, 847–9; Memo. of
　　Conversation, 3 June 1949, ibid., 849–51; Washington to FO, 31 May 1949, FO 371/75854,
　　F8094/1121/10, PRO.

24　FO to Washington, 25 June 1949, FO 371/75855, F9995, PRO; Douglas to Acheson, 24 June
　　1949, *FRUS, 1949*, 9, 861–3.

25　SAC(49)9, 19 July 1949, CAB 134/669; SAC(49)6th Meeting, 22 July 1949, ibid., PRO; Aide-
　　memoire from British Embassy to State, 1 Aug. 1949, enclosed in Acheson to Douglas, 11
　　Aug. 1949, *FRUS, 1949*, 9, 870.

蘭克斯向英國政府「最高層」重提此事，並將之聯繫到「在遠東的美
英合作這個廣泛問題的大局」。在英國回覆兩天後，美國駐英大使館
參贊尤利烏斯‧霍姆斯（Julius Holmes）在 8 月 3 日向英方發出備忘
錄。美國認為，僅僅管制 1A 類物資無法「對中共產生影響力」，因
為他們現時不大依賴這些物品。而光是管制輸往中國的石油，也不
會有任何「象徵性的價值」，因為管制石油不是靠政府政策，而是靠
與石油公司達成的非正式協議。另一方面，選取一些 1B 類物資納入
1A 清單十分重要。該備忘錄說：「國務院難以理解有什麼巨大『政治
和行政困難』，重要性竟超過美英戮力同心採取策略，以最大限度地
保障兩國共同的重大長遠利益。」接到美國的備忘錄後，英國外交部
國務大臣赫克特‧麥克尼爾（Hector McNeil）說，擴大 1A 清單的建
議，需要重新進行跨部門協商，還需要部長級決定。[26]

　　眼見共產黨即將在大陸贏得政權，英美兩國加強協調彼此在中國
問題上的政策。鄧寧在 9 月 9 日的華盛頓會談中告訴白德華，英國政
府接到美國的備忘錄後，已重新考慮它在貿易管制的立場，但最終不
擬改變之前的決定。鄧寧說，英國和香港已在該年稍早時候禁止運送
軍事設備和武器到中國，而且現時實行的石油管制尤其重要。白德華
表示，希望英國與美國聯手敦促法國、比利時和荷蘭實行戰略物資管
制，並以香港和新加坡來「以身作則」。[27] 在華盛頓，儘管英美在承認
中國和保衛香港問題上加深了諒解，但在出口管制問題上卻不見重大

26　Acheson to Douglas, 29 July 1949, ibid., 867–8; Aide-memoire from American Embassy to
　　FO, 3 Aug. 1949, FO 371/75857, F11632/1121/10; McNeil to Strang, 5 Aug. 1949, ibid., PRO.

27　Memo. of Conversation, 9 Sept. 1949, *FRUS, 1949*, 9, 871–5; Conversation between Dening
　　and Butterworth, 9 Sept. 1949, FO 371/75815, F14194/1023/10G, PRO.

突破，令英國或美國更趨近對方希望的立場。

　　不過，最終令兩國在這個政策範疇達成正式協議的推動力，是與歐洲有關的事件。蘇聯在 8 月成功試爆原子彈，促使美國國會在 10 月初通過《共同防禦援助法》。美國承諾提供軍事援助，令其盟友更樂意順從華府的壓力，實行戰略貿易管制。[28] 中華人民共和國在 10 月成立後，英美兩國終於達成協議。英國政府同意對出口中國和北韓的 1A 類貨品實施許可證管制，並在香港實行類似的管制，前提是法國、比利時、荷蘭和日本也採取類似的措施，另外還會與主要石油公司達成非正式協議，管制向中國出售的石油，而 1B 類物資的流通則會受密切觀察。[29] 這不表示英國立場有任何重大改變。不過，杜魯門政府知道再談判下去，也不大可能帶來更有成果的結局，而且現在對華貿易仍處於低水平，此刻實行管制，會比中國內戰結束後貿易恢復時來得容易。[30]

　　把戰略物資出口管制擴大至中國是個緩慢過程。在 10 月，經過一連串密集協商和向英國大使館施加巨大壓力後，杜魯門政府終於獲得工黨政府的同意。但要再等八個月和北韓南侵後，英國和香港才真正實施出口管制。

28　Helen Leigh-Phippard, *Congress and US Military Aid to Britain: Interdependence and Dependence, 1949–56* (New York, 1995), 118–19.

29　State to HK, 11 Oct. 1949, RG 84, HKC 1946–9, Box 11, NA.

30　Forsberg, *America and the Japanese Miracle*, 91.

延宕與猶豫

華盛頓和倫敦在 10 月達成協議後，兩國討論的重點就在於何時接觸法國、比利時和荷蘭政府，以獲取他們合作實行出口管制。結果這成為曠日持久和困難的過程。杜魯門政府對於遲遲沒有進展感到失望，片面採取措施收緊美國對中國大陸和鄰近地區的出口。[31] 英美在 1950 年 4 月接觸法國、比利時和荷蘭，這三國原則上同意應建立對華出口管制，這三國現在是總部設於巴黎的統籌委員會（巴黎統籌委員會，簡稱巴統）的創會成員國，這個委員會在 1949 至 1950 年冬天成立，以統籌對蘇聯和東歐的戰略出口。但在這些國家實行進一步行動前，北韓就在 6 月 25 日入侵南韓。四天後，美國駐倫敦大使館接觸英國政府，要求它不要等其他政府同意，馬上對中國和北韓實行戰略物資管制。[32]

在 7 月 4 日，英國內閣開會審議外交部國務大臣楊格（Kenneth Younger）提交的備忘錄，該備忘錄提出這個行動方案的建議。備忘錄清楚指出，在此刻這一問題的重要性是「心理上多於實際上」，因為英國已經停止向中國和北韓輸出戰略物資，只是仍有「少量從香港再出口的貨物」。貝文人在倫敦診所（London Clinic），沒有出席會議，眾大臣覺得，「拒絕與美國政府合作會造成的政治和心理害處」，必須「平衡兼顧在此緊要關頭似乎會冒犯共產中國所帶來的害處」。

31　1949 年 12 月，商務部把 1A 和 1B 類物資加入「管制商品清單」（美國供應短缺的物資），藉此加強管制出口到中國的貨物。到了翌年 3 月，R 程序擴大至中國和鄰近地區，從而把對華出口管制變得與對蘇聯的一致。

32　FO Minute by Scott, 29 June 1950, FO 371/83365, FC1121/31; Aide-memoire from American Embassy, 29 June 1950, ibid., FC1121/38, PRO.

他們認為，美國在過去幾天回應北韓攻擊所採取的行動，「增加了香港的潛在威脅」，而且現在「並非適當時候」英國採取「可能疏遠中國共產黨政府的姿態」，而卻「得不到任何實際好處」。內閣最後決定馬上停止出口戰略物資到北韓，但從英國或香港停止向中國輸出貨品的行動，則應延後實施。[33]

貝文看到內閣會議記錄後，對於可能造成的後果，尤其對英美關係的影響，「感到不安」，遂向艾德禮提出此事。[34] 貝文在呈交首相的備忘錄中說，推遲對中國實行戰略物資管制的決定，會令英國被美國政府「指摘失信」，美國政府很清楚英國內閣在 1949 年 7 月決定阻止向中國輸出戰略物資。他說，「在中國產生不良影響的可能性」似乎「微不足道」，由於歐洲的蘇聯集團已不獲發出口許可證，所以實行管制不算「公然歧視中國」。此外，目前流入中國的戰略貨物「比重少得可以忽略」，管制不會對香港造成太大經濟衝擊。然而，貝文強調：「如果我們拒絕實行美國建議的管制，其心理影響」所「造成的怨恨，相較於這些管制的實際效果，是得不償失」。[35] 在危機時刻，貝文肯定比其他內閣大臣更渴望顯示英美精誠團結。

然而，英國政府內部的意見分歧令美國政府感到困惑。早在 7 月 1 日，美國駐倫敦大使館就向華府報告英國大使館參贊湯姆林森（F. S. Tomlinson）的看法，他指出，由於法國、比利時和荷蘭「反應良

33　不過，內閣要求殖民地部做一些安排，令香港和新加坡政府可以「動用一般權力」管制戰略物資出口，無論它們運往任何目的地，包括中國。但「使用那些權力」對付中國，可能增加香港安全所受的風險，所以應當暫緩實施。CP(50)157, 3 July 1950, CAB 129/41; CM(50)42, 4 July 1950, CAB 128/18, PRO.

34　CM(50)44, 10 July 1950, CAB 128/18, PRO.

35　Minute by Bevin to Attlee, 6 July 1950, FO 371/83366, FC1121/60/G, PRO.

好」，所以已做好安排「要求香港和新加坡馬上實行管制」，而且類似的管制「已在英國實行」。[36] 但是，在貝文對於 7 月 4 日的內閣決定表示疑慮後，外交部指示英國駐巴統代表，在不日舉行的會議上討論實行對華出口管制時，他們應當「只說倫敦仍在考慮此事，除此以外什麼都別說」。[37] 巴統會議在 7 月 10 日舉行。對於英國代表聲稱英國在此階段不能實施對華出口管制，美國國務院「感到震驚」，美國又對英國沒有訓令香港實行管制「大感不安」。艾奇遜要求駐美大使法蘭克斯澄清英國立場為何「前後不一」，如果英國在巴統會議的聲明才是正確，就「以最嚴厲的措辭和在最高級別」向倫敦提出交涉。[38]

由於貝文反對延遲對中國實行戰略物資管制，內閣在巴統舉行會議的同一天重新審議這個問題。艾德禮重申貝文的觀點：英國不向中國實行戰略物資管制，會被美國視為「背信棄義」，而實行管制不會「公然歧視中國」。內閣在這次會議推翻之前的決定，同意馬上採取措施，阻止戰略物資從英國運到中國。[39] 不過，在香港實行管制的問題仍懸而未決。湯姆林森後來記載，儘管會上「沒有特別提到香港和新加坡」，但是「內閣打算推翻之前關於從香港、新加坡以及英國出口戰略物資的決定」。他強調：「當然，香港尤其是此事的根源。」問題是有些大臣，例如財政大臣克里浦斯爵士（Sir Stafford Cripps），

36　London to State, 1 July 1950, *FRUS, 1950*, 6, 642. 美國大使館在呈遞外交部的備忘錄中指出，英國向香港和新加坡發出實行貿易管制的「訓令」，「令美國政府感到極為欣慰」。Enclosed in London to State, 8 July 1950, ibid., 643–4.

37　FO to Paris, 8 July 1950, FO 371/83365, FC1121/39, PRO.

38　Bruce to Acheson, 10 July 1950, *FRUS, 1950*, 6, 645–6; Acheson to Douglas, 12 July 1950, ibid., 646–7.

39　CM(50)44, 10 July 1950, CAB 128/18, PRO.

仍然擔心「地方上可能有不利的反應,特別是關於在香港的行動」。[40]
有關香港的最後決定要直至 7 月 14 日才達成。楊格在內閣防衛委員
會會議上指出,即將舉行的巴統會議很可能提出香港實行戰略管制的
問題。如果英國代表無法宣佈香港已如英國本土那樣實施管制,就會
「十分難堪」。防衛委員會總結說,雖然內閣之前認為在香港實施戰略
管制「可能增加共產黨在香港製造麻煩的風險,或會刺激中國政府攻
擊香港」,但現在的看法是,「拒絕實行這些管制會帶來的困難,已經
超過這些須考慮的因素」。[41]

　　7 月 17 日,內閣確定英國和香港將開始實行許可證制度,管制出
口到中國的戰略物資。[42] 在同日舉行的巴統會議上,各國同意對華禁
運國際清單 I 上的貨品,國際清單 II 上的貨品則實行數量管制。[43] 但
香港只會監察國際清單 II,以行政行動阻止異常的貨運。英國政府也
決定徵用香港所有石油儲備,以防止它們運往中國。但是,為了「避
免令人覺得這是英國與美國合作的片面行動」,英國人獲得華府支
持,把石油產品加入國際清單 I,以令其他巴統國家也對中國實行石
油禁運。[44]

　　從 1950 年 8 月起,由於北韓南侵,香港對大量戰略物資實施管

40　FO Minute by Shattock, 13 July 1950, FO 371/83366, FC1121/61, PRO.

41　DO(50)14, 14 July 1950, CAB 131/8, PRO.

42　CM(50)46, 17 July 1950, CAB 128/18, PRO.

43　Bruce to Acheson, 17 July 1950, *FRUS, 1950*, 6, 650. 在 1949 至 1950 年冬天,巴統開始制定
　　三個國際清單。國際清單 I 包括會直接助長蘇聯集團軍事實力的禁運貨物。國際清單 II 涵蓋
　　如果大量供應,會有助增強敵人戰爭潛力的貨物,必須在數量上加以管制。國際清單 III 是
　　受監察的物品,如有需要會加以管制。

44　Memo. of Conversation, 18 July 1950, ibid., 651–4; Web to Sawyer, 4 Aug. 1950, ibid., 657–9.

制，包括石油產品、機器和化學品。[45] 在倫敦尤其是貝文眼中，這是顯示英國作為美國主要盟友價值的良機。

對香港事實上的禁運與美國官僚政治

1950 年 11 月在中國大舉介入韓戰後不久，美國就加強對中國的經濟戰，並要求盟友合作。商務部在 12 月 3 日宣佈，所有運往中國大陸、香港和澳門的美國貨物，都須獲得有效許可證，香港和澳門由於「是可能的重要轉運地點」而被納入。[46] 雖然中國不會獲發出口許可證，但運貨到香港的申請，會以個案方式個別考慮。不過，有鑒於中國介入韓戰後的國際和國內形勢，美國不得不暫時向香港實施事實上的禁運。這裏涉及的不只是美國對香港的出口政策，還關乎更廣大的問題 —— 香港在實行對華出口管制所發揮的作用。

美國的宣佈即使沒有立即在香港引起恐慌，也帶來非常不明朗的情況。香港的工業和再出口業對美國原材料依賴很深，如馬口鐵、

45　在 8 月 11 日，香港政府根據 1915 年第 32 號法例《進出口條例》頒佈禁令。根據這項禁令，除非獲得許可證，否則戰略貨品一律不准向任何地方出口，而按照行政安排，中國和蘇聯集團不會獲發許可證。公佈的禁令包括所有在國際清單 I 上的貨品，但不提及國際清單號碼，以免「巴統」的運作曝光。FO Minute by Ramsbotham, 11 Aug. 1950, FO 371/83367, FC1121/88; FO to Washington, 21 Dec. 1950, FO 371/83370, FC1121/165, PRO.

46　State to HK, 3 Dec. 1950, RG 84, HKC 1943–55, Box 14, NA. 此外，杜魯門政府還管制美國司法管轄權範圍內中國的一切美元資產，並禁止所有在美國註冊的船舶停泊中國港口。

黑鋼板，還有尤其重要的原棉。[47] 官員和商界擔心必要的原材料會斷絕，要求美國政府更清晰説明出口證程序。美國駐港領事館答應會向華府索取更多資料，所以本地人的反應在這初期階段尚算溫和。[48] 到了這個月中旬，總督葛量洪向殖民地部報告，公眾日益擔心「這種不合理的管制」。葛量洪説，如美國再不運來新的供應品，香港很快就會面臨「極其嚴重的失業問題」，在這個有大量難民又缺乏社會福利制度的地方，失業問題會被中國共產黨利用。[49] 英國政府也「深切憂慮」美國單方面行動會「嚴重影響」香港的「安全和穩定」。外交部訓令英國駐華盛頓大使館「盡早」向美國政府交涉，要求「立即放寬這種事實上的禁運」。[50]

然而，在英國大使館提出交涉之前，就於 12 月 21 日接到國務院的備忘錄，説美國的出口證制度可能「會為遠東友好地區尤其是香港的經濟生活造成一些不便」；但是，由於當地目前沒有像美國那樣對中國實行管制，美國政府「別無選擇，只得慎重地對香港實行出口許可證制度」。為了方便美國發出許可證，美國建議英國政府提供資料，説明香港對美國進口貨品的需求，而這些貨品只可供本地使用和轉運到友方目的地，另外還要制定程序，保證源自美國的貨物不會轉

47　在 1950 年，美國是香港第二大進口貨物來源地（僅次於中國），總值約六億五千五百萬港元。香港尤其依賴美國原棉供應其新興的紡織業所需。*Hong Kong Statistics 1947–1967*, 97; Edward K.Y. Chen, 'The Economic Setting', in David G. Lethbridge (ed.), *The Business Environment in Hong Kong*, 2nd edn. (Hong Kong, 1993), 25.

48　HK to State, 4 Dec. 1950, RG 84, HKC, 1943–55, Box 14; HK to State, 14 Dec. 1950, ibid., NA.

49　HK to CO, 16 Dec. 1950, FO 371/83371, FC1121/183, PRO. 在 1950 年下半年，有愈來愈多人受僱於已登記的工廠，但全港人口中仍有約五十萬人失業和就業不足，當中大多數是難民。Tsang, *Democracy Shelved*, 142.

50　FO to Washington, 21 Dec. 1950, FO 371/83370, FC1121/157, PRO.

運到中國，以令美國政府放心。格拉韋斯與美國助理國務卿莫成德討論備忘錄時，覺得美國「在嘗試阻止共產中國獲得美國物資的政策的限制內，盡量給予協助」。[51] 大約一星期後，英國大使館官員與國務院和商務部代表舉行另一次會議。在國務院中國科掌管經濟事務的羅伯特・巴尼特（Robert Barnett）說，重要的是「制定出口自動許可證的政策，取消每個申請逐項審批的做法」。同時，商務部為英國預備一份通知，說明它需要哪些關於香港對美國貨物需求的資料，這或有助港府提供這方面的相關文件。[52]

　　如格拉韋斯向外交部遠東司的約翰・沙托克（John Shattock）報告，國務院其實是反對向香港實行禁運，但「輿論鼎沸，難以違拗」。[53] 事實上，因為中國在韓國的軍事攻勢，以及美國人覺得英國有姑息中共的傾向，美國國會和民眾群情洶湧。[54] 然而，格拉韋斯說：「美國總領事（馬康衛［McConaughy］）和遠東局是我們的堅定盟友」，而且「已經悉心戮力……減輕這些措施將對香港經濟造成的影響」。由於這些原因，英國和香港政府應盡量合作，向美國政府提供統計資料，以令美國對香港的出口許可證制度，可以建立在有計劃而非臨時性的基礎上。[55]

　　然而，到了 1951 年初，美國對於香港的出口許可證政策沒有放

51　State to HK, 23 Dec. 1950, RG 84, HKC, 1943–55, Box 14, NA; Washington to FO, 21 Dec. 1950, FO 371/83371, FC1121/174, PRO.

52　Memo. of Conversation, 27 Dec. 1950, RG 84, HKC 1943–55, Box 14, NA; Washington to FO, 28 Dec. 1950, FO 371/83371, FC1121/175, PRO.

53　Graves to Shattock, 30 Dec. 1950, FO 371/92272, FC1121/6, PRO.

54　有關美國國內輿論，見 Daily Opinion Summary, Department of State, 7 Dec. 1950, TP, PSF, Subject File, Box 163, HSTL。

55　Graves to Shattock, 30 Dec. 1950, FO 371/92272, FC1121/6, PRO.

寬跡象。事實上，為了令美國放行供應品，港府在 1950 年 12 月實施
一項計劃，向本地進口商發出特別的必需供應品證書，供它們交給美
國供應商，證明進口貨品只會在本地使用，不會再出口到中國。[56] 美
國駐港領事館及加拿大和日本政府都支持必需供應品證書制度，但杜
魯門政府過了一個多月才表達它的官方看法。同時，本地進口商即使
有必需供應品證書支持，有時候也不獲發許可證。[57] 港府工商業管理
處長趕忙前往華府，代表坐困愁城的本地工業協商取得原材料的方
法。[58] 美國商務部直至 1951 年 1 月中旬才宣佈對香港實行臨時出口證
政策，為美國向香港出口貨物定下嚴格的標準和手續。[59]

　　為了說服美國政府放寬對香港的出口許可管制，英國人竭力構思
在香港推行更完善的進口證書和最終用戶核實制度。他們徵詢美國國
務院的意見，與商務部相比，國務院較同情香港的處境。大體來說，
英美對於三個技術問題意見分歧。這些問題基本上也反映在實施對華
出口管制的問題上，兩國對於香港的作用有不同期望。首先，國務院
堅持，以美國原材料製成的貨物不得出口到中國。但英國人認為，這
等於香港要禁止大量商品出口，而這些商品含有的美國原材料數量可
能非常少，而且毫無戰略價值。換言之，香港須對中國全面禁運美國
貨物，這「超出」英國政府現行政策，而且要求港府比倫敦實行更多
出口管制措施是不應該的。不過，英國人明白，現行的必需供應品證

56　Clinton to Hunt, 13 Dec. 1950, RG 84, HKC 1943–55, Box 14, NA.

57　HK to CO, 9 Jan. 1951, FO 371/92272, FC1121/15A; HK to CO, 11 Jan. 1951, FO 371/92273,
　　FC1121/25, PRO; HK to State, 12 Jan. 1951, RG 84, HKC 1943–55, Box 14, NA.

58　HK to State, 12 Jan. 1951, RG 84, HKC 1943–55, Box 14, NA; Washington to FO, 29 Jan. 1951,
　　FO 371/92274, FC1121/53, PRO.

59　State to HK, 17 Jan. 1951, RG 84, HKC 1943–55, Box 14, NA.

書計劃只能防止把美國原材料再出口，而無法阻止以那些原材料製成的產品出口，所以還是同意應擴大這個計劃，以防止完全或主要由美國原料製成的貨物出口到中國。第二是替代問題。商務部擔心，如果向香港供應某些美國原料，香港就得以將從美國以外的地方輸入同一種原料，將之再出口到中國。英國人在此問題上態度很堅定，對於並非來自美國的貨品，極力反對給予保證。他們認為這樣做相當於「把香港出口政策的控制權實際上交給美國」。最後的問題關乎美國運到香港的非戰略物品。雖然列入美國「管制商品清單」（positive list）[60]的貨品會被逐項考慮，但港府希望，在「非管制商品清單」（non-positive list）上的貨品全部不受管制，而自動獲得出口許可。不過，由於美國堅持不讓，英國人同意，「非管制商品清單」上的貨品出口到香港，應對其許可證設定某個限額。[61]

　　經過與華府廣泛商討和白廳內部再深入討論後，英國大使館在 2 月 1 日向美國國務院呈遞備忘錄，以之為基礎商討放寬美國禁運。殖民地當局認為沒有出口管制可以「在實踐時做到完全滴水不漏」，但它會採取一切措施防止美國出口貨物運往中國，「無論是以它們的原來模樣，還是以它們為唯一和主要原料在香港製造的貨品」。備忘錄要求為美國出口到香港的貨物制定自動的出口許可證政策。「管制商品清單」上的貨品則會逐項管制，等待有更令人滿意的安排，根據建

60　自 1945 年 9 月起，杜魯門政府就對一些國內供應短缺的物品實施限制，把它們放入「管制商品清單」。在 1947 至 1948 年冷戰加劇和 1950 年巴統成立後，美國繼續以「管制商品清單」（它比「國際清單」更廣泛）為依據，對運往共產集團的原料發出許可證。

61　Washington to FO, 22 Jan. 1951, FO 371/92274, FC1121/41; FO to Washington, 30 Jan. 1951, ibid., FC1121/59; HK to CO, 30 Jan. 1951, FO 371/92275, FC1121/61; Washington to FO, 2 Feb. 1951, ibid., FC1121/68, PRO.

議,「非管制商品清單」上的貨品會自動獲得出口許可,數量最多相當於 1949 年香港總進口量的 75%。[62]

　　然而,過了將近一個月,英國政府仍沒有獲得華府的同意。英國駐華盛頓大使館在 2 月底向倫敦報告葛量洪的看法,葛量洪指出,若要避免依賴美國原料的香港工業大量倒閉,最遲在 3 月初就須從美國港口運出那些貨物。英國大使館估計,即使能夠在原則上達成有利的決定,也無法令「貨物及早付運」。[63] 外交部對於這個判斷「深感憂慮」,擔心美國繼續禁運,不但會「極其嚴重地影響」香港的經濟生存,還會影響內部安全,因為如果禁運造成嚴重失業,就會為中共提供「幾乎無法抗拒的誘惑,按捺不住要去混水摸魚」。英國大使館奉命「馬上接觸」國務院,要求美國盡早放寬禁運。[64]

　　3 月 5 日,英國參贊與魯斯克及其顧問會面。他們指出:「無論一般人覺得香港有多繁榮,但它無險可守,而且人口龍蛇混雜,比一般社會更難經受嚴重的社會和民眾騷亂。」美國官員回答說:「其實國務院全體都深知這些因素,並且寄予同情。」但商務部反對英國的建議,部分原因是「我們〔英國人〕所做的保證,有理論上和無可避免的漏洞」,另一部分原因是替代問題仍沒解決。魯斯克斷言:「這是須由高層處理的嚴重問題。」其後魯斯克接到英國另一次交涉,他再次說,「美國政府內部正在緊急研究香港問題」,但是「意見分歧很大,

---

62　英國人估計,75% 相當於 1949 年進口貨物中,供本地使用和轉運到中國以外地方的數量。Washington to FO, 2 Feb. 1950, FO 371/92275, FC1121/68, PRO.

63　HK to CO, 16 Feb. 1951, FO 371/92276, FC1121/107; Washington to FO, 20 Feb. 1951, ibid., FC1121/111, PRO.

64　FO to Washington, 1 Mar. 1951, FO 371/92276, FC1121/111, PRO.

如果沒有內閣級別的正式書信交流，可能無法解決這個問題」。[65]

　　大體而言，對於美國向香港實施出口許可證制度，杜魯門政府內部有很大分歧：國務院主張實行較寬鬆的政策，而商務部和國防部則希望更嚴格管制這些出口貨物。他們的分歧主要在於英國建議中的三個方面：香港政府的保證是否可以接受、替代問題，以及向「非管制商品清單」的貨物自動發出出口許可證。[66] 但是，在更深的層面，這種分歧反映這兩個部門的官僚角色有不同關注和當務之急 —— 這些分歧因朝鮮半島戰況變化而加劇。國務院的主要關注，是在韓戰期間維持盟友精誠團結。因此，它要求放寬對香港實行的許可證政策，其出發點是要獲得英國在韓國提供更大支持。國務院鼓勵英國人提出更積極的辦法，以解決香港的管制措施問題，以此為理據抗衡其他部門提出更嚴苛和咄咄逼人的建議。另一方面，負責實行出口管制（除了武器彈藥）的商務部極力阻止美國貨物經香港輾轉流入中國。在此刻美國士兵在韓國被殺戮之際，國防部也要確保中國軍力不會因為從香港獲得源自美國的貨物而增強。結果，香港成為不同部門爭取各自官僚利益的戰場。

　　艾奇遜無法調和他們在工作層面的分歧，遂求助於商務部和國防部的最高層。艾奇遜在 3 月 22 日分別寫給查爾斯・索耶（Charles Sawyer）和馬歇爾的信中承認，英國的建議必然會令「少量美國生產的非戰略物資，有可能運到共產中國」。但相比起這種有少量貨物漏

65　Washington to FO, 5 Mar. 1951, FO 371/92276, FC1121/123, PRO; Memo. Of Conversation, 15 Mar. 1951, RG 59, CA 1945–55, Reel 24, NA.

66　Bonbright to Acheson, 19 Feb. 1951, RG 59, CA 1945–55, Reel 23; State to HK, 9 Mar. 1951, RG 84, HKC 1943–55, Box 14, NA.

出的風險，「香港內部保安和安全所面臨的風險遠遠大得多」，如果香港落入中共手中，「不只在亞洲問題上，還會在北約組織內部造成美英關係嚴重分裂」。有鑒於此，艾奇遜接着説：為了「完全杜絕經香港流入共產中國的貿易，就必須強迫對方合作，而這會令美英失和」，並不值得。[67] 索耶在該月稍後給艾奇遜的回覆中闡明商務部的觀點：「最重要的考慮因素」是我們「顯然須要充分擴大對華禁運美國貨物的效果」。他強調：「香港是中國輸入貨物的主要港口，難免會受我們對華實行禁運的政策影響。」[68] 馬歇爾同意索耶的見解，認為應維持現時針對香港的嚴格出口許可證政策，這位國防部長在 4 月初致函艾奇遜説：「英國人關於美國貿易限制對香港影響的説法，是言之過甚。」另一方面，愈來愈多來自美國以外地方的貨物經香港輸入中國，「為共產中國提供愈來愈大的軍事援助，從而直接威脅美國的安全利益和在韓國作戰的聯合國軍」。[69] 因此，這兩名部長對艾奇遜的呼籲不為所動。國家安全委員會在 4 月初審議一份有關整體美國出口管制，尤其關於香港和澳門的政策文件，它決定略去有關美國向香港出口的部分，以待再深入研究。[70]

67　Acheson to Sawyer/Marshall, 22 Mar. 1951, *FRUS, 1951*, 7, pt. 2, 1936–7.

68　Sawyer to Acheson, 30 Mar. 1951, RG 59, CA 1945–55, Reel 28, NA.

69　Marshall to Acheson, 9 Apr. 1951, 446G.119/4–951, RG 59, DF 1950–54, Box 1983, NA.

70　Lay to NSC, 4 Apr. 1951, *FRUS, 1951*, 7, pt. 2, 1944–6; Memo. by Linder to Acheson, 9 Apr. 1951, ibid., 1950–1.

要求對華實施額外經濟制裁的國際和國內壓力

在工黨政府呼籲放寬美國對香港的禁運之際，杜魯門政府鑒於韓國局勢惡化，要求對中國實施進一步經濟制裁。在 1951 年 2 月 1 日，美國說服了盟國和其他友邦投票支持譴責中國侵略的聯合國決議案。聯合國大會通過此侵略者議案後，成立調停委員會和額外措施委員會。前者負責安排與中共協商；後者是在集體措施委員會下成立的臨時委員會，主要工作是向聯合國大會建議，可以採取哪些額外政治和經濟制裁對付中國。

在譴責中國侵略的決議案通過前，英國遠東（官方）委員會已在 1 月中旬設立跨部門的對華經濟制裁工作小組，研究美國可能提出的行動方案，如以海軍封鎖中國和對華全面經濟禁運。首先，英國人認為以海軍封鎖中國沿岸，會「〔把〕香港置於很不利的局面」，因為所有經過香港的貨物，都須獲得證書以證明是供本地使用，或再出口到中國以外的目的地。另外，對中國實行全面禁運無助結束韓國戰事，卻會影響香港與中國大陸的大部分合法貿易。有關戰略物資的管制，人們覺得現有政策有所不足。截至 1951 年 2 月，英國政府和港府都對國際清單 I 和 II 上林林總總的戰略物資實行禁運或限制。[71] 但是，數量管制清單（國際清單 II）上的某些戰略物資，以及其他可直

71　雖然英國和香港都禁運國際清單 I 的貨物，但英國的清單（即所謂的三國清單，是 1950 年 9 月英國、美國和法國舉行三國會談，同意擴大國際清單 I 和 II 的結果）要長於香港的清單（制定三國清單前的清單）。此外，倫敦對國際清單 II 的貨品實行數量管制，港府則只監察它們的流向。

接用於軍事的物品（韓國清單）[72]，仍可能被運到中國。因此，把現有的戰略物資禁運擴大，以涵蓋國際清單 II 和韓國清單上的所有貨物，相信會「對中國的戰爭潛力有顯著影響，而不致完全癱瘓〔與中國的〕商務關係」，也不會令英國和香港之間的商貿停擺。工作小組在其 2 月 3 日的報告中建議，如果要採取額外經濟措施對付中國，就禁運所有戰略物資。[73]

正當調停委員會研究各種和平途徑之際，美國國務院也在爭取英國支持對中國的政治和經濟制裁。在 2 月 21 日，東北亞科的亞歷克西斯‧約翰遜（U. Alexis Johnson）和中國科的巴尼特與英國參贊傑拉爾德‧米德（Gerald Meade）舉行部門工作會議，兩人表明美國認為「部分禁運」已是「不可再少的最低限度」，並希望聯合國大會通過決議，建議馬上禁運石油、原子能物質、武器彈藥、戰爭工具，以及可用於生產上述物質的物品。英國人認為全面禁運不會奏效，約翰遜和巴尼特不以為然，但他們了解到在現有情況下，全面禁運在聯合國大會可能不會獲得支持。米德贊同美國的建議，但沒有給予正式承諾。[74] 新上任的英國外交大臣莫禮遜（Herbert Morrison）之後在 3 月檢討事務會談時覺得，「我們的拖延戰術至今都很成功」，但英國政府「現在是時候」向美方闡明它在制裁中國問題上的官方立場。他在寫給內閣的備忘錄草稿中建議對華禁運戰略物資，但不實行政治制裁。

72　韓國清單包括國際清單 I 和 II 上所無的貨物，但英國在 1950 年 9 月單方面把這些貨物加以管制，以此為緊急措施，阻止北韓從中國獲得可立即用於其軍事行動的貨物。

73　據估計，約有一百種物品（如有色金屬、化學品和機器）須納入這次戰略物資禁運，這些物品目前受到數量管制。FE(O)(WP)(51)3, 22 Jan. 1951, CAB 134/292; FE(O)(WP)(51)7, 5 Feb. 1951, ibid.; FO Minute by Rumbold, 20 Mar. 1951, FO 371/92277, FC1121/139, PRO.

74　Memo. of Conversation, 21 Feb. 1951, FRUS, 1951, 7, pt. 2, 1923–8.

「在調停委員會失敗前」，額外措施委員會不應向聯合國大會提交報告，而且該報告的建議應只限於特定貨物的禁運。[75]

英國人覺得「在調停委員會失敗前」，額外措施委員會不應向聯合國大會提交報告，美國國務院認為這種看法違背 2 月 1 日的聯合國決議案，該決議案「只授權額外措施委員會在調停委員會取得令人滿意的進展時，可延遲提交報告」。[76] 然而，與中共開展和平談判毫無進展。到了 4 月底，共軍在韓國開展另一次大攻勢，在艾奇遜眼中，這使得「迄今為止英法兩國在額外措施委員會中，用於抗拒我方提出選擇性禁運建議的理據，大部分已不再有效」，並且顯示亟需加強「現有管制的效果，其辦法是勸說其他國家實行管制和堵塞漏洞」。[77] 除了因為韓國局勢變化，杜魯門政府也受國內政治因素所逼，要在這緊要關頭對中國實行額外的經濟制裁。4 月 11 日，杜魯門解除麥克阿瑟在韓聯合國軍統帥的職務。麥克阿瑟以英雄姿態返回華盛頓後，在 4 月 19 日出席國會會議，開始抨擊政府，這種撻伐在 5、6 月達到頂峰。國會聽證會和美國民眾對麥克阿瑟的同情，令杜魯門政府要是向中共示弱，在政治上就很不智。[78] 英國人也明白華盛頓受到強大國內壓力，要在聯合國有所作為。[79] 諷刺的是，美國國會聽證會和英國議會內反對派的批評，也令艾德禮政府處於尷尬處境，無法再拖延實行額外經濟措施。

5 月 3 至 4 日，麥克阿瑟在參議院武裝部隊和外交關係委員會上

75　FE(O)(51)15, 27 Mar. 1951, CAB 134/291; FE(O)(51)4th Meeting, 30 Mar. 1951, ibid., PRO.

76　Memo. of Conversation, 11 Apr. 1951, *FRUS, 1951*, 7, pt. 2, 1952–3.

77　State to US Mission at UN, 26 Apr. 1951, ibid., 1974–5.

78　William Stueck, *The Korean War: An International History* (Princeton, 1995), 190.

79　Memo. of Conversation, 20 Apr. 1951, FRUS, 1951, 7, pt. 2, 1968–70.

作證。這位將軍除了直接抨擊杜魯門和艾奇遜，還批評英國一方面對
聯合國的作戰只提供「象徵式」的貢獻，另一方面又與中國貿易。[80]
麥克阿瑟引述美國駐港領事館的報告，讀出一張「非常扼要的清單」，
列出在 1951 年 2 月 19 日至 3 月 4 日間，從香港出口到中國的「戰略
物資」，如化學品、鋼筋、機器和石油產品。委員會主席問，這些總
值二億一千萬港元（四千萬美元）的物資，是否「對共軍大有幫助」，
麥克阿瑟答道：「這點毫無疑問，尤其是石油、汽油之類的物資，對
於軍隊和武裝部隊調動至關重要。」[81]

　　麥克阿瑟的證詞在美國國內大獲同情和支持。事實上，美國輿
論一直批評英國與中國通商，認為美國大兵在韓國與中共軍隊廝殺
之際，香港商人卻只顧賺錢。[82] 在麥克阿瑟揭露內情後，美國民眾對
英國和香港群情憤激。之前大力批評麥克阿瑟的《紐約時報》（*New
York Times*）此時也支持他，呼籲立即停止向中國運送戰略物資。這
份報紙特別提到香港，寫道：「這並非黨派之爭的場域，而是關係到
聯合國的完整和判斷力的問題…… 沒有神智清晰的人會認為向侵略
者提供武器是應對侵略之道。」共和黨議員與麥克阿瑟一同抨擊民
主黨政府和英國工黨政府。康涅狄格州的詹姆斯・帕特森（James T.
Patterson）指摘英國人「與敵通商」，「我國不攻擊中國東北的中國

80　麥克阿瑟或許認為他被革職，是英國人向杜魯門和艾奇遜施加影響力的結果。有關麥克
　　阿瑟被革職背後的「英國因素」，彼得・洛有精審的評述，見 Peter Lowe, 'An Ally and
　　a Recalcitrant General: Great Britain, Douglas MacArthur and the Korean War, 1950–1',
　　English Historical Review, 105/416 (July 1990), 624–53。

81　US Congress, Senate, Committee on Armed Services and Committee on Foreign Relations,
　　Military Situation in the Far East, 82nd Congress, 1st Session, 1951 (DC, 1951), Part 1, 51–2,
　　121–2.

82　FO Minute by Franklin, 15 Jan. 1951, FO 371/92274, FC1121/37, PRO.

紅軍，而且繼續封鎖台灣的現行政策，顯然是英國人的主意」。俄亥俄州的克拉倫斯．布朗（Clarence Brown）是參議員塔虎脫（Robert Taft）的親密同僚，他促請參議院武裝部隊和外交事務委員會調查這種「恥辱的情況」。布朗引述麥克阿瑟指有戰略物資從香港運往中國時說：「麥克阿瑟將軍的資料來源是美國駐香港領事——艾奇遜先生所領導的國務院的一員。」他接着說，英國政府任憑本國軍隊和聯合國部隊「出賣給紅色中國」已經「夠可悲了」，「〔但〕美國國務院竟然『通同一氣』，那簡直是匪夷所思。國會必須阻止這種背叛」。[83] 所有這些都反映有些美國國會議員和公眾不滿美國在韓戰期間太受英國擺佈，並認為英國的政策受到香港和對華貿易主宰。

如果說，麥克阿瑟的證詞煽起了美國民眾對英國和香港的不滿，那麼它在香港就激發一片抗議和否認之聲。港督葛量洪在呈交殖民地部的報告中說：「麥克阿瑟的聲明至少是大為歪曲事實，而關於石油產品的部分，則完全不符真相。」[84] 麥克阿瑟在聽證會所引述的報告，其實是美國駐港領事館呈交國務院的一份機密公文附件。此附件（附於所謂《戰略物資簡報》[Strategic Materials Bulletin]）載有港府每兩週一次向美國領事館提供的資料，供其監察流入中國的貨物。它臚列了大量相信美國會感興趣的「戰略物資」，這些物資種類廣泛，但不一定有嚴格意義上的重要戰略價值。換言之，香港政府的「戰略物資」清單不等於（事實上長於）實行禁運的國際戰略物資清單和數量管制清單。麥克阿瑟在參議院聽證會上斷章取義地引述這些「戰略

83　*The South China Morning Post*, 8 May 1951, in RG 84, HKC 1943–55, Box 14, NA.

84　HK to CO, 6 May 1951, FO 371/92278, FC1121/164, PRO.

物資」，不提它們輸往中國的數目其實非常少，在石油產品方面則完全沒有（除了石蠟）。[85] 然而，麥克阿瑟的批評引發英國方面的強烈反應。為了抗衡麥克阿瑟的指摘，法蘭克斯要求美方提供日本出口到中國貨物的數字，英國人相信日本對華出口數量，是由麥克阿瑟領導的佔領政府所批准。[86]

　　英國在反駁麥克阿瑟的攻擊時，在美國駐港領事館和國務院找到願意聆聽他們聲音的人。美國總領事馬康衛發出公開聲明，大意是説「他只能假設麥克阿瑟將軍得到錯誤的消息，或者犯了錯誤」，才會宣稱香港向中國出口石油產品。[87] 然而，要做的事還有許多。美國駐倫敦大使沃爾特・吉福德（Walter S. Gifford）與英國外相莫禮遜的談話時説：「撤換麥克阿瑟將軍很有幫助，但可能引發摩擦的源頭仍然存在，例如關於香港，這是棘手和令人難堪的問題。」莫禮遜回答説，美國公眾明顯認為有重要戰略戰爭物資經香港輾轉流入中國，這種看法是「誇大不實」。吉福德同意，但表示希望英國人明白，「如果我們〔英國人〕能展現對抗中國的決心，在美國會有多人幫助」。他接着説，「就美國國內輿論而言，時機是至關重要」，因為「美國此時有一股非常強烈的反英情緒浪潮，而激起這股浪潮的原因，是他們正聽到有關香港的報告，以及他們認為我們〔英國人〕在經濟制裁方面態度不合作。」[88]

　　除了美國的壓力，還有英國議會內保守黨的反對。5 月 3 日，艾

85　全文見 HK to State, 29 Mar. 1951, RG 84, Hong Kong Consulate General, Records Re Hong Kong Trade with Communist Controlled Areas, 1950–4, 1950–1, Box 1, NA。

86　Washington to FO, 7 May 1951, FO 371/92278, FC1121/165, PRO.

87　Memo. of Conversation, 7 May 1951, RG 59, CA 1945–55, Reel 24, NA.

88　Morrison to Franks, 4 May 1951, FO 371/92063, F1022/17G, PRO.

德禮被議員問到一連串關於英國和香港出口戰略物資到中國的問題，他獲通報的資料有點不足，回答得並不徹底，有時候還互相矛盾。四天後，貿易委員會主席哈特利・蕭克羅斯（Hartley Shawcross）給出更為完整的敍述。蕭克羅斯説，英國增加出口到香港的貨物，以供再出口到中國的説法不符事實。事實上，在 1951 年第一季，香港向中國出口的總值下跌，而且當中沒有石油產品，或其他有重要直接戰略或軍事價值的物品。不過，經香港輸往中國的馬來亞橡膠數量卻大增，這時期總共達到四萬六千五百噸。因此，在 4 月份已採取措施，把出口中國的橡膠限制在每月約二千五百噸。邱吉爾以反對黨領袖身份問政府，是否能向下議院保證橡膠只供民用，蕭克羅斯回答難以保證。邱吉爾繼而建議全面停止向中國出口橡膠，這樣才能「取得令我們的偉大盟友滿意的解決方法」。

在 5 月 10 日，邱吉爾長篇闊論，大談出口到中國的貨物。他説，「橡膠無可置疑是戰略物資，而在關於這個已獲承認的事實上」，美國的「不滿有其道理」。邱吉爾説，如果禁運橡膠，我們會「十分同情在香港的子民同胞」，但「向共產黨人的威脅和勒索低頭，會使我們與美國之間出現裂縫，這才是我們可能對他們造成的最大傷害」。他再次要求完全停止向中國出口橡膠，並「就整體對華貿易問題與美國達成協議，令美國感到他們的大業就是我們的大業」。邱吉爾無疑很重視與美國維持密切關係。蕭克羅斯回應時宣佈，鑒於 1951年第一季出口到中國的橡膠數量「高得不尋常」，該年不會再向中國出口橡膠。他也花了很多時間談「香港—中國貿易這個非常特殊的問題」。這位貿易委員會主席提到麥克阿瑟在聯合聽證會上錯誤引述的文件，他説「很難找到〔比這件文件〕更好的證據，顯示我們由衷希

望與美國當局密切合作實施這些管制，並向他們提供全面的資料，使他們了解正在進行的工作」。[89]

　　由於受到杜魯門政府的強大壓力，還因為麥克阿瑟所揭露的情況引起的尷尬，以及保守黨的批評，艾德禮內閣在 5 月 7 日同意時機已經成熟，額外措施委員會應向聯合國大會提交選擇性禁運的決議。[90] 在過去幾個月貝文抱病期間，內閣的工黨左翼閣員展現強勢作風，這種情況事實上在 5 月初已受遏止：勞工大臣貝凡（Aneurin Bevan）辭職，以抗議英國重整軍備計劃的規模及其對國民保健計劃的影響；楊格在外交部的顯赫地位，被接替貝文的莫禮遜所抑制。[91] 在 5 月 10日，莫禮遜告知艾奇遜，英國決定支持選擇性禁運，強調兩國「迄今為止的意見分歧」，「並不在於建議的內容，而是時機」。但他也趁此機會大力提醒艾奇遜，任何有關政治制裁或全面經濟禁運的建議，都會置香港於險境。莫禮遜說，「走到極端地步，切斷香港與大陸之間的普通消費品和糧食貿易，對韓國的戰事是無補於事」，反而會引發「失業、飢餓和騷動的嚴重內部問題」，還可能「失去一個有言論自由、奉行西方理念的重要樞紐」。[92] 美國代表在重要盟友的支持下，向額外措施委員會提交決議案草稿，並得它准許提交聯合國大會。5 月 18 日，聯合國大會通過向中國和北韓禁運戰略物資的決議案。[93]

89　見 3, 7, and 10 May 1951, *Hansard*, Fifth Series, Session 1950–1, Vol. 487, column 1427–32, 1589–1600, 2157–219。

90　CM(51)34, 7 May 1951, CAB 128/19, PRO.

91　MacDonald, *Britain and the Korean War*, 49; Stueck, *The Korean War*, 189.

92　Minute by British Embassy in Washington, 11 May 1951, TP, PSF, Subject File, Box 159, HSTL.

93　見 Stueck, *The Korean War*, 189–91。

根據聯合國決議案，哪些物品列為禁運戰略物資，是要由成員國決定。經過 6 月份的進一步討論，英國政府為實行這項聯合國決議案提供具體內容：所有軍火、對於打仗至關重要的貨物（國際清單 I）、有重要軍事和戰略價值的貨物（國際清單 II）、其他或有助增強中國軍事和戰略實力的貨物（韓國清單）、石油產品，另外，英國和香港還會以出口許可證管制和禁運橡膠。[94] 香港政府頒佈幾項法令，把管制擴大到兩百多項戰略物品，包括橡膠和藥物，並懲罰試圖違反禁運的人。[95] 英國外交部要求英國領事館把這項決定通知美國國務院，並清楚說明這些進出口管制措施，是根據「聯合國決議案我國應負的責任所做的寬鬆解釋」，並且是「在現有情況下，我們已盡力而為」。據英國官員說，美國人表示他們「沒想到會做得這麼多和這麼快」。[96]雖然英國心不甘情不願，但結果成為美國經濟圍堵中國的所有盟友中最密切者。

麥克阿瑟聽證會後出現的困難

麥克阿瑟被免除聯合國軍指揮權和聯合國實行戰略物資禁運，並沒有全部消除英美關係中有關香港的困難。相反，麥克阿瑟聽證會造成的結果之一，是香港當局停止向美國領事館提供經濟資料。在這之

94　FE(O)(51)6, 6 June 1951, CAB 134/291; FE(O)(51)5, 23 May 1951, ibid., PRO.

95　ADR 1951–52, 2；盧受采、盧冬青：《香港經濟史》（香港，2002），第 198–9 頁。

96　FO to Washington, 14 June 1951, FO 371/92281, FC1121/228; Washington to FO, 16 June 1951, ibid., FC1121/245, PRO.

前，美國領事館獲提供貿易統計數字、香港政府彙編的出口中國戰略
物品清單副本（清單是附錄在兩週出版一次的《戰略物資簡報》，但
簡報本身沒有提供給領事館），以及經香港往來中國的船舶貨單。[97] 然
而，這些文件落入麥克阿瑟手上並用於政治目的，令港督和殖民地部
十分憤怒。麥克阿瑟披露這種資料後不久，港府就停止向美國領事館
提供經濟資料。英國人希望在恢復供應前先獲華盛頓保證，在未得他
們同意前不得公開任何機密資料，尤其是船舶貨單。如果美國政府日
後認為必須向國會披露，也不能說明這些資料是來自英國官方。[98]

　　參議院出口管制與政策小組委員會僱員肯尼思‧漢森（Kenneth
Hansen）準備在 6、7 月到香港，以調查盟邦與中國貿易的問題時，
這個問題再度浮現，這個小組委員會是由民主黨馬里蘭州參議員赫伯
特‧奧康納（Herbert O'Connor）主持。漢森在香港調查期間，英國
人以他只是參議院的僱員為由，不肯向他提供未公佈的機密資料，包
括《經濟簡報》（Economic Bulletin，其前身是《戰略物資簡報》）。
同時，英國外交部指示駐華盛頓大使館向國務院表示，它「對於參議
院採取這種不太光明正大的做法，派僱員調查友邦事務，感到驚訝和
憂慮」。[99]

　　美國駐港領事館和國務院都不歡迎漢森來訪。對美國領事官員來
說，漢森前來調查，暗示他們「就這個問題所做的詳盡報告，不獲視
為可靠證據」。有關漢森的任務，似乎沒有人與國務院充分商量。魯

97　HK to CO, 2 Feb. 1951, FO 371/92275, FC1121/76, PRO.

98　HK to State, 26 May 1951, TP, DSR, Topical File, Box 11; State to London, 17 July 1951, ibid.,
　　HSTL.

99　HK to CO, 4 May 1951, FO 371/92281, FC1121/235; FO to Washington, 4 June 1951, ibid.,
　　PRO.

斯克對於「參議院採取這種極不依常規的行動」感到驚訝，艾奇遜則
表示「震驚和關注」。[100] 奧康納的參議院小組委員會要求國務院把美
國領事館傳來的機密經濟資料交給他們，以方便調查，這令美國官
員處於兩難境地，「一方面，英國人十分顧慮這些報告的使用；另一
方面，與國會委員會合作會有其好處」。[101] 肯定的是，國會在制定美
國貿易管制政策方面愈來愈強勢。在 5 月，參眾兩院通過基姆修正案
（Kem Amendment），杜魯門雖不大情願，還是在翌月將之簽署成為
法律，據它規定，對於向共產集團出口戰略物資的友邦，美國會強制
停止援助。四個月後，基姆修正案由限制較少的巴特爾法案（Battle
Act）取代，它在 1952 年初生效，規定美國向盟邦的援助，須視乎它
們是否遵從美國的禁運政策而定。[102]

　　結果，漢森到香港調查的成果，比英國人所預期的更為有利。漢
森批評過境貿易欠缺管制，但對香港的出口許可證管制大致感到滿
意，也同情香港因美國禁運受到損害。[103] 參議員奧康納也察覺香港為
實施聯合國禁運而在經濟上有所犧牲，展現「優良的合作精神」。[104]
此外，到了 1951 年底，港府獲得國務院保證會妥善使用機密經濟資
料。事實上，英國人和美國人都亟欲解決彼此在這問題的爭端。葛
量洪認為：「最理想的做法，是讓美國當局從我方獲得可靠的統計數

100　HK to CO, 4 May 1951, ibid.; Washington to FO, 5 June 1951, FO 371/92281, FC1121/236, PRO.

101　Perkins to Merchant, 20 July 1951, RG 59, CA 1945–55, Reel 24, NA.

102　見 Jerome Alan Cohen, Robert F. Dernberger, and John R. Garson, *China Trade Prospects and U.S. Policy* (New York, 1971), 10–23。

103　HK to CO, 1 Aug. 1951, FO 371/92284, FC1121/313, PRO.

104　Paskin to Ringwalt, 10 Oct. 1951, FO 371/92286, FC1121/334, PRO.

字,而非任由他們接觸不適當的消息來源,自行整理出或許不準確的
數字;而且恢復供應資料,將有助維持與美國總領事館的密切工作關
係。」對馬康衛來說,這項協議「消除對香港政府不滿的一大原因,
並且應能大大加強彼此的合作」。[105]

　　就在港府停止向美國領事館提供經濟資料之際,美國國務院有鑒
於華府的主流民情,不再要求放寬對香港的美國出口許可證政策。[106]
在整個 1951 年,運往香港的美國貨物,尤其是原棉,繼續被華府繁
瑣的官僚機關阻撓或延遲。雖然香港的紡織業者找到其他原棉供應
來源,如巴基斯坦,但卻要付出更高價錢,削弱了紡織產品的競爭
力。[107] 白廳的官員覺得,為滿足美國在對華進出口管制方面的要求,
英國已做了許多工作,但美國政府沒有以同樣合作的態度放寬對香港
的禁運來回報。他們的分歧仍然大多圍繞在保證問題。美國國防部堅
持香港要採取措施,防止美國貨物和來自其他地方的同類物品(無論
是否經過加工製造)轉運到中國大陸。但是,英國政府不願意在 2 月
的備忘錄所保證事項以外再做其他保證。英國不肯進一步妥協背後的
原因,是他們覺得美國「歧視」香港而偏袒日本,對此忿忿不平。[108]
在他們看來,杜魯門政府並不那麼熱心限制中日貿易並非新鮮事。在
1951 年,白廳接到有點誇大的報告,顯示美國准許向日本出口棉花,

105　HK to CO, 17 Aug. 1951, FO 371/92284, FC1121/314, PRO; HK to State, 7 Dec. 1951, RG 84,
　　 HKC 1943–55, Box 15, NA.

106　Memo. from Barnett to Allison, 24 Jan. 1952, RG 59, CA, 1945–55, Reel 28, NA.

107　HK to State, 1 Oct. 1951, RG 84, HKC, 1943–55, Box 14, NA; *ADR 1951–2*, 4.

108　HK to CO, 28 Aug. 1951, FO 371/92285, FC1121/321, PRO; Sedgwick to Hunt, 27 Dec. 1951,
　　 RG 84, HKC 1943–55, Box 14, NA; HK to State, 24 Jan. 1952, TP, DSR, Topical File, Box 12,
　　 HSTL.

而日本則以棉紡織品換取中國原材料。[109] 英國人或許誇大了中日貿易的水平，但他們對於美國向香港實施嚴格的出口證政策，肯定是滿肚子委屈。

　　美國直至 1952 年初才放寬對香港的出口許可證政策。那時候，因麥克阿瑟而煽起的情緒已經冷靜下來。英國政府提出無數次抗議，實施出口許可證制度涉及繁瑣的行政工作，美國商人也抱怨失去香港市場，凡此種種都令美國非檢討現有政策不可。經過將近一年的討論，國家安全委員會終於在 2 月 6 日通過美國對香港和澳門出口許可證政策的聲明（《國家安全委員會第 122/1 號文件》）。為保證阻止蘇聯集團獲得戰略和重要商品的目標不受妨礙，美國准許香港獲得美國出口貨物的條件，是只供滿足「本地短期使用的最低基本需求」，以及為了「互惠互利而把美國商品轉運或轉售到非蘇聯集團地區」。對於港府向中國禁運的戰略物資獲准輸往香港，非戰略物資則會自動獲發許可證。不過，如果有大量美國貨或來自其他來源地的同一物品被轉運到蘇聯集團，或用作原材料生產貨物向該集團出口，美國就不會再向香港發出這些貨物的出口許可證。[110]

109　有關英美兩國對於中日貿易估計的差異，見 FO to New York, 18 May 1951, FO 371/92278, FC1121/160, PRO; State to HK, 11 Oct. 1951, RG 84, HKC 1943–55, Box 14; McConaughy to Clinton, 17 Oct. 1951, ibid., NA.

110　Memo. for NSC, 31 Jan. 1952, TP, PSF, National Security Council Files, Box 216, HSTL; Note by Acting Executive Secretary to NSC, NSC 122/1, 6 Feb. 1952, RG 273, NSC Policy Paper File, Box 16; Minutes of 112th NSC Meeting, 6 Feb. 1952, RG 273, NSC Meeting, Box 4, NA.

管制從事對華貿易的英國船舶

在 1951 年秋天，美國及其盟友愈來愈關注韓戰停火談判遲遲沒有進展。在 9 月，艾奇遜與莫禮遜會面，商討一旦停火談判失敗可以採取什麼行動方案。到了 11 月底，北大西洋理事會在羅馬開會，艾奇遜和布雷德利將軍趁此機會與新英國外相艾登商量，根據「更嚴厲制裁措施」的聲明可以採取哪些具體行動方案，例如海軍封鎖或轟炸中國東北。[111]

像前屆工黨政府一樣，保守黨政府在考慮應採取哪些額外經濟措施對付中國時，反對全面經濟禁運和海軍封鎖，主要是因為它們對香港的影響。反之，他們認為應該把現有的禁運政策做得更有效和滴水不漏。香港的轉運成為會令現有對華出口管制失效的主要漏洞。英國自 1951 年 11 月起已實施轉運管制，但它的殖民地卻沒有實行。香港政府尤其不願意干預過境貨物，因為船舶繞道不經香港就能輕易避開管制。除了管制香港的轉運貨物和過境貿易，英國政府也考慮禁止在英國和香港註冊的船舶運載戰略物資到中國。運輸部原則上反對任何對船舶的管制。殖民地部和港府也覺得，最適合實施管制的地方不是在船上，而是在源頭。不過，由於美國對轉運的不滿，外交部贊成建立航程許可證管制制度。在 12 月經過連串商討後，英國有關對華額外經濟措施的工作小組建議，不應管制過境貿易，但政府願意實行航程許可證，禁止在英國和香港註冊的船舶運載戰略物資到中國，前提

---

111 詳見 Foot, *The Wrong War*, 151–4。

是其他國家也同意採取類似的管制。[112]

　　1952 年初邱吉爾訪問華盛頓時，從事對華貿易的英國船舶問題成為最高層關注的事。在 1 月 5 日，杜魯門與邱吉爾在遊艇「威廉斯堡號」（*Williamsburg*）共進晚餐，杜魯門向邱吉爾提出「一件一直令他甚為困擾的事情」。杜魯門指出，在 1950 年 11 月至 1951 年 12 月，有多達一百六十七艘英國船由包括香港在內的不同港口進入中國大陸，每月運送了約三十五萬噸貨物。在所有與中國貿易的非共產國家船舶中，這些英國船佔一半多一點，它們全部加起來相當於整條西伯利亞鐵路運輸的總貨運量。據杜魯門説：「這助長了中國在韓國的軍事實力，並間接為敵人提供物資，使他們能繼續戰爭。」邱吉爾和艾登都對這些數字表示「驚訝」，説自己才剛上任九個星期，所以毫不知情。杜魯門要求艾奇遜預備一份關於此事的備忘錄交予艾登。在翌日晚上，邱吉爾説，杜魯門前一天所講的話令他「深感不安」，並「緊急」要求取得杜魯門答應的備忘錄。邱吉爾繼續説，如果有證據顯示英國船真的將這麼多貨物運到中國，包括戰略物資，就要「馬上制止」這種情況。艾奇遜在 1 月 8 日向艾登發送關於此事的備忘錄，備忘錄是由海軍部的海軍作戰部長（Chief of Naval Operations，又譯海軍軍令部長）所寫。[113]

　　事實上，若非有海軍部這隻「隱藏之手」，英國通過香港與中國

112　FE(O)(51)31(Revised), 11 Dec. 1951, CAB 134/291; FE(O)(51)11th Meeting, 11 Dec. 1951, ibid.; FO Minute by Scott, 17 Dec. 1951, FO 371/92287, FC1121/365/G; FO Minute by Johnston, 21 Dec. 1951, ibid., PRO.

113　Memo. of Dinner Meeting, Jan. 8, 1952, RG 59, CF 1949–63, Box 15; Memo. Of Dinner Conversation, 14 Jan. 1952, ibid., NA; Memo. for Eden by Acheson, 8 Jan. 1952, TP, DSR, Topical File, Box 12, HSTL.

進行的航運貿易或許不會受杜魯門注意。如雷德福上將在回憶錄中憶述，把這件事通知最高層關注的人，是他在太平洋司令部的參謀。他們的情報指出，英籍輪船頻繁駛入中共的港口，惟不清楚所載運的究竟是什麼貨物。英國政府和港府宣稱，它們的船根本沒有載貨到這些港口，只是從中國運出正常的原材料。雷德福認為，「我們的英國盟友在與我們的共同敵人貿易一事上，沒有坦誠相見」，而「我們的國務院在大力幫助和教唆他們」。海軍部「計劃」預備一份備忘錄，內容是關於從事對華貿易的英國船舶，再把備忘錄交給白宮的海軍侍從參謀，希望他可以令總統趁邱吉爾即將訪問華盛頓的時機，向邱吉爾提出此事，迫使倫敦停止這種海上貿易。這就促成杜魯門和邱吉爾在「威廉斯堡號」的一番對話。[114]

　　艾奇遜對於海軍部介入這種外交事務感到不悅。[115] 事實上，這是在韓戰期間國務院和國防部扞格不入的另一例子。情報顯示英國和香港繼續與中國的航運貿易，肯定令海軍作戰部長威廉‧費克特勒（William Fechteler）上將很不高興。這使美國海軍和國防部主張實行海軍封鎖，視之為阻止這種海運貿易的最佳手段之一。美國海軍將領認為香港就算「沒有那種貨物運輸，經濟仍能維持下去」。但是，若要使海軍封鎖奏效，就必須包括旅順、大連和香港，國務院擔心會觸發與蘇聯的世界大戰，或者令中國向香港報復。此外，艾奇遜知道香港當局已實行「非常嚴格的管制」，而且「當地所能做的事情有某些

114　Jurika (ed.), *From Pearl Harbor to Vietnam*, 276–7.

115　據雷德福說，杜魯門提到英國船舶問題後，邱吉爾反應「頗為激烈」，艾奇遜必須「平息事態」。後來「海軍部被告知不要插手這種外交交涉」。艾奇遜還「訓斥他（沃爾特‧比德爾‧史密斯［Walter Bedell Smith］）參與這種『陰謀』，而他事實上毫不知情」。同上註。

限制」。[116] 國務院和國防部對此事的不同態度，也反映他們對於盟友在美國決策中的作用有不同看法。一方面，艾奇遜相信必須諮詢盟友的意見，尤其是英國人，並考慮他們的反應。另一方面，馬歇爾將軍和費克特勒上將覺得應當把美國安全利益放第一位，美國盟友應唯美國馬首是瞻。[117] 因此，海軍部插手此事時，國務院擔心這種不顧英美關係大局的行動，會危及它爭取英國在航運管制方面合作的努力。國務院還指摘海軍提出的英國對華航運貿易數字，是「誇大其辭和統計操縱」。它聲稱，海軍的備忘錄也沒有顯示自 1951 年 6 月實施出口管制後貿易量的變化，以及戰略物資在總體貿易中所佔的比例。[118] 尤其令國務院難堪的是，5 月份的美英聯合情報研究顯示，中國從海路進口貨物的真正數量，並不如呈交艾登的備忘錄所說那麼多。由於無法提出充足證據顯示英國和香港船舶運送戰略物資到中國的情況，嚴重到須要馬上採取行動，艾奇遜在 9 月底建議杜魯門暫時不與倫敦討論此事。[119]

　　下一次從事對華貿易的英國船舶問題再被提起，是艾森豪威爾政府執政時期。杜勒斯在 1953 年 2 月訪問倫敦時告訴艾登，英國國旗在遠東水域被濫用。他指出，有些英國船在賣給波蘭企業後仍然懸掛英國旗；一些在香港註冊、由中共擁有的船也是如此。對英國人來說，這牽涉到整個船舶註冊制度的問題。中共自己的船數量不足，又

---

116 *Military Situation in the Far East*, Part 2, 1515, 1540; Part 3, 1754.

117 Foot, *The Wrong War*, 154–6, 158–60, 171.

118 Memo. for Acheson, 6 Jan. 1952, RG 59, INR 1945–60, Box 12, NA; Culbert to Moline, 25 Jan. 1952, TP, DSR, Topical File, Box 12, HSTL.

119 Memo. for Acheson from Truman, 18 Sept. 1952, TP, PSF, Subject File, Box 159; Memo. for Truman from Acheson, 25 Sept. 1952, ibid., HSTL.

擔心受國民黨干擾，所以一直利用在香港註冊的英商和華商船舶從香
港運貨到大陸，並載運貨物往來各個中國港口。這些船有的是真正的
英資公司擁有，另一些則是由中共的代理人包租，或由北京控制的公
司擁有。[120] 雖然這些船舶是代表共產黨利益集團運作，但仍然是在香
港註冊的英籍船。按照英國政策，是不會撤銷船舶的註冊，以令它們
繼續受英國法律管轄。對倫敦來說，沒有證據顯示英籍船通過香港運
送戰略物資到中國大陸。除此以外，美國人也投訴香港為運送戰略物
資到中國的外籍船舶提供貨倉服務。保守黨政府承認，雖然英國和香
港對中國採取全面出口管制措施，但繼續為中共利益集團提供船運和
倉儲服務，會被視為英國做法中的「異常情況」，受美國批評是在所
難免。[121]

　　結果，保守黨政府決定對航運實行管制，以顯示英美親密無間。
事實上，杜勒斯在 2 月於倫敦指出英國航運問題之前，曾向艾登提到
香港防衛能力問題。杜勒斯對香港的興趣和其他跡象，令英國參謀長
委員會認為美國可能願意協防香港。外交部助理次官斯科特估計：「新
政府對香港的關注，是不見於前任政府的。」因此，「在考慮〔對英
國航運的〕新限制時」，「我們要記着，美國新政府對香港所展現的明
顯興趣，應當加以鼓勵」。[122] 此外，邱吉爾和艾登都覺得必須在航運

120　據估計，在 1952 年於香港註冊或管理的船，有一百六十艘超過一百噸，有三十七艘活躍
　　於對華貿易，它們的噸位合共九萬五千噸。其中十八艘曾為中共企業包租或擁有。Scott to
　　Makins, 26 Feb. 1953, FO 371/105248A, FC1121/18; COS(53)27, 24 Feb. 1953, DEFE 11/434,
　　PRO.

121　FE(O)(53)2nd Meeting, 10 Feb. 1953, CAB 134/898; Scott to Coulson, 26 Feb. 1953, FO
　　371/105871, M349/71/G, PRO.

122　FE(O)(53)2nd Meeting, 10 Feb. 1953, CAB 134/898, PRO.

管制上有所讓步，以避免美國為結束韓戰而提出其他更激烈的措施，如海軍封鎖。艾登告訴內閣：「美國政府會迫切希望得到盟友保證，他們就算不能更直接為韓戰出力，至少會合作實施更多有效的對華經濟制裁。」[123] 華府尤其盼望倫敦帶頭建立多邊戰略物資管制，而英國同樣想顯示自己是美國的寶貴盟友。外交部呈交艾登的一份簡報指出，「白廳的其他部門傾向於主張，我們採取的措施，應只限於所有相關西歐國家都會同意以多邊行動實行的那些」，但是「美國人期望我們做的不止這樣，而且如果我們想在西歐各國間保持崇高的道德聲望，就必須準備以身作則」。[124]

在 3 月 3 日，內閣決定在英國和香港實行航程許可證制度，禁止英籍大船（超過五百噸）載運戰略物資到中國。此外，英國會與美國聯手，勸說其他海洋國家採取類似措施。但它決定不阻止非英籍船舶使用香港的倉庫和其他服務，唯補充燃料例外。[125] 結果，為了英美團結，英國再走前一步，令出口管制制度更加滴水不漏。

香港出口管制的效果

1953 年 3 月斯大林撒手人寰，7 月韓戰休戰協定簽署，其後緊張的國際形勢趨於緩和，艾森豪威爾的國家安全委員會讚賞港府執行進出口管制的努力。在 11 月檢討美國經濟防禦政策的聲明（《國家安全

---

123 CC(53)15, 26 Feb. 1953, CAB 128/26 Part 1, PRO.

124 FO Minute by Crawford, 2 Mar. 1953, FO 371/105874, M349/112/G, PRO.

125 C(53)80, 28 Feb. 1953, CAB 129/59; CC(53)16, 3 Mar. 1953, CAB 128/26, Part I, PRO.

委員會第 152/2 號文件》）時，助理商務部長塞繆爾‧安德森（Samuel
W. Anderson）告訴國家安全委員會：「香港政府現在執行有關與共產
中國貿易的必要管制時，其行動方式已大為有效。」援外事務管理署
（Foreign Operations Administration）署長哈羅德‧史塔生（Harold
Stassen）同意這個看法。因此，有人建議進一步放寬現有美國對香港
的出口許可證政策（《國家安全委員會第 122/1 號文件》），以令香
港可以與外部世界發展合法貿易。但是，國防部長和參謀長聯席會議
認為香港和澳門的「地理情況特殊，加上傳統上是為中國服務的轉口
港」，這令特殊和嚴格的美國出口許可證政策「不可或缺，以避免破
壞現有美國完全禁止與共產中國通商的政策」。艾森豪威爾相信自由
貿易，反對「盲目遵循一套死板的規則和方法來處理與共產中國貿易
的問題」。反之，他認為，應從「淨收益」的標準着眼，以此決定戰
略物資管制應當維持還是放鬆。[126]

　　由於香港的出口管制措施更為有效，雖然五角大樓反對，但美國
政府內部的主流看法，是以較彈性的方式執行美國對香港的出口許可
證制度。國家安全委員會在 11 月 5 日把《國家安全委員會第 152/2 號
文件》修訂為《國家安全委員會第 152/3 號文件》，它也取代關於香
港的《國家安全委員會第 122/1 號文件》。它說：「香港和澳門是友
邦的殖民地，應從這個角度看待它們的經濟需要。」因此，在實行戰
略物資管制時，美國「對待香港的方式，應與一般的合作國家一視同
仁，雖然或許須要予以特別注意，以免禁止與共產中國交易的經濟防

126　Memo. of 169th meeting, 6 Nov. 1953, EPAWF 1953–61, NSC Series, Box 4; Memo. for NSC, 4
　　Nov. 1953, WHO, SANSAR 1952–61, NSC Series, Policy Papers Subseries, Box 5, DDEL.

禦管制受破壞」。[127] 在 1953 年 8 月至 1954 年 4 月間，如關於《國家安全委員會第 152/3 號文件》的進度報告所指出：「對於運往香港貨物的許可證制度，業已大為放寬。」[128]

　　據美國政府估計，巴統的出口管制和聯合國的禁運，大致有效減慢了中國工業化的速度，並令中國須以較昂貴和較低效率的方式獲取必要物資。[129] 結果，香港出口到大陸的貨物從 1951 年下半年銳減，到 1956 年只佔其總貿易額稍多於 4%。不過，中共建立計劃經濟以創造革命社會主義國家的政策，也是導致中國與香港和西方貿易下降的原因。雖然中國共產黨人曾説，他們願意和所有國家做生意，包括資本主義國家，但他們最終的目標是把對外貿易置於國家控制之下，並重新把中國經濟向蘇聯集團靠攏。[130] 因此，與蘇聯和東歐的貿易，雖然在 1950 年在中國對外貿易總額中的比重，只佔 32.4%，但到 1952 年大增至 72%，此後直至五十年代末都大約保持在同一水平。[131] 中國

---

127 Note by Executive Secretary to NSC, NSC 152/3, 6 Nov. 1953, RG 273, NSC Policy Paper Series, Box 222, NA.

128 Memo. for Lay, 30 Aug. 1954, WHO, SANSAR 1952–61, NSC Series, Policy Papers Sub-Series, Box 5, DDEL.

129 HK to State, 18 Apr. 1955, RG 263, The Murphy Collection on International Communism, 1917–58, China, Box 33, NA; Memo. for Secretary of Navy for Office of Naval Intelligence, 13 Oct. 1955, Strategic Plans Division Records, OP–30S/OP–60S Subject & Serial Files (Series XVI) 1955, Box 326, NHC. 事實上，如張曙光所説，西方對中國經濟制裁的效果是間接和長期的，而非立竿見影，而且它們既有經濟也有政治目的。長遠來説，禁運確實把北京推向莫斯科的懷抱，增加中國對蘇聯的期望，並引致怨恨和分歧，最終造成中蘇同盟瓦解。見 Zhang, *Economic Cold War*。

130 沈覺人主編：《當代中國對外貿易》，上冊（北京：1992），第 7–16 頁。儘管中國經濟在五十年代投向蘇聯陣營，但毛澤東和其他中國領導人繼續要求西方解除對華禁運。和聯合國的中國席次問題一樣，毛澤東視之為利用美國陣營內部「矛盾」的「外交攻勢」。見《毛澤東外交文選》，第 263–74 頁，第 286–8 頁。

131 沈覺人主編：《當代中國對外貿易》，第 19 頁。

進口貨物時也故意不從香港輸入，但繼續向這個殖民地穩定地供應糧食，以保障其經濟福祉並賺取外匯。[132] 由 1952 年 4 月的莫斯科經濟會議和一年後在北京舉行的另一次會議開始，中共嘗試從東柏林這個途徑購買西方資本貨物，那些具規模的香港英資公司和華商因此喪失中介地位。[133] 到了五十年代末，香港製造業開始起飛，對中國轉口貿易的依賴愈益減低。

要求取消「中國差別」的壓力

自從 1953 年 7 月韓戰結束起，保守黨政府就一直要求放寬對華出口管制，比起對付歐洲蘇聯集團的管制，對華出口管制的限制更多，這就是所謂的「中國差別」。[134] 巴統在 1954 年 8 月同意「逐步和溫和地放寬」與歐洲蘇聯集團的貿易後，[135] 從三張國際清單上解除管制的物品，加進專門針對中國的禁運清單，令「中國差別」進一步擴大。英國人認為，如果禁運物品可以經由蘇聯和東歐的港口轉運到中

---

132 Collar to Allen, 26 Nov. 1953, FO 371/105266, FC1151/145, PRO; HK to State, 13 Jan. 1956, 746G.00(w)/1–1356, RG 59, DF, 1955–9, Box 3267, NA.

133 見 Shao, *China, Britain and Businessmen*, 148–52。

134 1952 年 9 月，巴統轄下成立中國委員會，負責協調對中國的戰略物資管制。全體成員國都同意對中國禁運國際清單 I、II、III 上的所有物品。對於歐洲蘇聯集團只禁運國際清單 I 的貨物，中國禁運清單卻包括三張國際清單上的所有貨品，再加上英國建議的一些額外物品，這就造成在貨物數目和對待嚴寬上的差異，即所謂「中國差別」。

135 見 Robert Mark Spaulding, Jr., ' "A Gradual and Moderate Relaxation": Eisenhower and the Revision of American Export Control Policy, 1953–55', *Diplomatic History*, 17/2 (Spring 1993), 223–49。

國大陸，那麼以不同方式對待中國和蘇聯並無戰略上的道理。[136] 1955 年 12 月，時任首相的艾登揚言將單方面行動，放寬「中國差別」。及至翌年 5 月，保守黨政府宣佈會更廣泛利用針對戰略價值較低貨品的例外程序。[137]

　　到了 1957 年，麥美倫領導的新保守黨政府覺得，無論是戰略上還是經濟上的原因，維持「中國差別」已不再合理。在 3 月的百慕達會議上，外交大臣勞埃德（Selwyn Lloyd）告訴美國人，「在議院內解釋為何要維持『中國差別』變得極其困難」，而且「英國人眼中的主要敵人是俄國人，而非中國人」。他繼續說，「中國差別」的存在，「令整個貿易管制制度的聲譽受損」，「增加整個制度瓦解的可能性」。至於對英國殖民地的影響，勞埃德說他的政府「預料自由行事的馬來亞或香港，不大可能願意在仍維持『中國差別』的管制制度下運作」。杜勒斯回答說，美國國內「對中國的感受是出於情緒而非理性」，而且美國公眾「會本能地拒斥任何向中國退讓的建議」。在考慮放寬「中國差別」時，美國政府先要「測試國會反應的激烈程度」，然後才能提出較具體的立場。杜勒斯說，要是「美國對共產中國的經濟政策出現這種變化，英國對該國的政治態度，也應隨之有所改變」。他暗示，如果在聯合國中國代表權的政策上，倫敦可以「較為靠近」美國，那麼在貿易管制問題方面，華府就「較容易」滿足英國的要求。杜勒斯解釋，雖然英國一直支持緩議，但「給人的感覺只是勉為其

136　FO to Washington, 2 Dec. 1955, PREM 11/2135; FO to Washington, 24 May 1957, PREM 11/2529, PRO.

137　Qing, 'The Eisenhower Administration and Changes in Western Export Policy Against China', 131–2.

難」，所以，如果「日後能更心甘情願地接受，將對他有幫助」。[138]

　　香港確實不支持維持對華貿易限制。但官場和商界都覺得，即使廢除「中國差別」，香港與中國大陸之間的轉口貿易也無法迅速恢復。[139] 然而，人們深切感受到，香港為實行聯合國對華禁運而陷入嚴重經濟困境，而在同一時間，香港在歐洲的貿易競爭對手，卻得益於東西方貿易的放寬。如葛量洪不只一次慨嘆，「香港為了忠實地履行聯合國限制對華出口的責任，付出了沉重代價」。匯豐這家最重要銀行的主席也有同感：「當然，香港仍然因禁運持續而深受傷害，而得知其他人由於對蘇聯集團的貿易限制放寬而得益，更是令人氣憤難平。」人們擔心，如果現有限制持續再久一點，失去的貿易就一去不復返。[140]

　　現有的對華出口管制「嚴重影響」香港利益，倫敦眾大臣對此再清楚不過。香港十分依賴對華貿易，它「因禁運所受的打擊，比幾乎任何其他自由世界國家都來得大」。[141] 艾登在 1956 年初舉行的高峰會上告訴艾森豪威爾，英國的對華貿易「不是太重要」，但「對英國殖民地來說，這方面的貿易就重要得多」。香港的情況尤其如此，「當地人口因難民湧入而大增，而這個殖民地的整體生活及它維持這個龐大

138　Memo. of Conversation, 22 Mar. 1957, RG 59, CF 1949–63, Box 127, NA; Record of Meeting, 22 Mar. 1957, FO 371/127239, F1071/15G, PRO.

139　*Financial Times*, 11 Sept. 1957; Edward Szczepanik and Ng Kwok Leung, 'The Embargo Problem', in *The Hongkong Exporter and Far Eastern Importer 1956–57*, 31–55.

140　*The Times*, 3 and 14 Mar. 1955; 17 Mar. 1956. 有些經濟史家認為，不應誇大西方和聯合國禁運對香港經濟的影響；它們只是把貿易量減到四十年代末、「韓戰景氣」前的狀態。此外，雖然實行禁運，但香港與中國之間的走私活動仍然盛行。Schenk, *Hong Kong as an International Financial Centre*, 39–42.

141　CM(56)36, 10 May 1956, PREM 11/2135; FO Brief for Washington Talks Jan.–Feb. 1956, FO 371/121939, M3426/7, PRO.

人口溫飽的能力，都須仰賴對外貿易」。[142]

　　儘管艾登這樣說，但中國市場對英國的重要性，似乎正變得比對香港還要大。自 1955 年起，英國直接出口到中國的貨物，已超出香港向中國出口的數量，不過英國從中國大陸進口的貨物數量，仍遠低於香港進口中國貨的數量。英國製造業者和商人渴望爭奪潛力龐大的中國市場，務求在這場競賽中不會落後於歐洲的競爭對手。從 1953 年韓戰停火協議簽署至 1957 年初這段時期，英國議員在議會問了超過兩百條關於放寬對華禁運的問題。[143] 另一方面，香港經濟雖受對華禁運影響，白廳卻普遍相信香港商人已找到新市場，主要是在東南亞，而且這個殖民地「很富庶」。[144] 因此，英國人大力要求取消「中國差別」，除了為香港的利益，顯然也為宗主國的利益。麥美倫政府在 1957 年與美國政府展開政策討論和外交協商時，香港不是它最關心的問題。這並非說香港完全不是須考慮的因素，只是恢復香港對中國的轉口貿易，不如國會意見和英國製造業的壓力那麼重要。

　　杜勒斯在百慕達暗示兩國可以做交易，可能令英國受到鼓勵，認為自己着手廢除「中國差別」，也不會觸發美國的激烈反應。[145] 在 5 月，中國委員會在巴黎開會，商議放寬「中國差別」。討論陷入僵局，麥美倫政府在該月底宣佈英國單方面廢除「中國差別」，其他巴

142　Memo. of Conversation, 31 Jan. 1956, *FRUS, 1955–57*, 10, 308–12.

143　FO Brief for Bermuda Conference, March 1957, FO 371/129331, ZP28/65/G, PRO. See, e.g., 15 Feb. 1956, *Hansard*, 5th Series, Session 1955–6, Vol. 548, column 2348; 14 May 1956, Session 1955–6, Vol. 552, column 1631–2; 21 Mar. 1957, Session 1956–7, Vol. 567, column 527–30.

144　Draft Minute to Prime Minister, enclosed in FO Minute by Dalton, 28 Feb. 1957, FO 371/127360, FC1152/1; DC(57)1, 3 Jan. 1957, CAB 131/17, PRO.

145　Foot, *The Practice of Power*, 62.

黎團體成員馬上紛紛效法。在英國宣佈這個決定後，艾森豪威爾幾次盡最後努力試圖說服麥美倫三思。不過，麥美倫覺得艾森豪威爾措辭很「溫和⋯⋯其性質是呼籲多於責難」。英國政府公開宣佈廢除「中國差別」後，美國國務院表示失望，但沒有很激烈的反應。艾森豪威爾在 6 月底致函這位英國首相說：「雖然美國這邊有些不利的言論，既出現在政壇也見於社論，但我注意到它〔廢除『中國差別』〕沒有引起本來可能出現的公憤，令我鬆一口氣。」[146]

　　艾森豪威爾在 1957 年默許英國廢除「中國差別」，期望倫敦投桃報李，在更重要的聯合國中國代表權問題上與華盛頓和衷共濟。

小結

　　美國認為香港可以在經濟圍堵中國方面起到重要作用，尤其是韓戰爆發之後。英國人卻覺得在香港實行出口管制，會帶來巨大的行政、經濟和政治困難。考慮到香港的自由港地位，殖民地政府尤其不願意管制轉運和過境貿易，擔心限制香港與中國的貿易，會導致嚴重失業和社會動盪，而在一個遍地難民又缺乏恰當社會保障的地方，這會被共產黨利用。如果中國覺得香港在經濟上再無用處，就會以此為干預的藉口。事實上，禁運戰略物資並非英國人的主要憂慮，他們擔心的是全面經濟禁運會危害香港與大陸之間的合法貿易。由於巴統和聯合國對中國禁運，迫使香港發展製造業，事後看來，這未嘗不是塞

---

146 Macmillan, *Riding the Storm*, 317–18.

翁失馬，焉知非福。就算沒有韓戰，由於中國經濟靠向蘇聯集團，香港對中國的轉口貿易大概仍會下跌。但是，香港從轉口港轉型為工業中心，是漫長而痛苦的過程，當時的官員或商人沒有人視之為理所當然。另外，大家要知道，香港之所以能夠轉型，是有賴英國人成功局限經濟戰的範圍。

在 1950 年 6 月前，工黨政府一直頂住美國要求香港實行出口管制的壓力。在與華盛頓廣泛商討和美國政府提出外交交涉後，雙方才於 1949 年 9 月達成協議。不過，管制措施要再過八個月後才真正實施。等到 1950 年夏天韓戰爆發，英國人對於實行對華戰略物資管制的態度就變得較為合作。來自杜魯門政府的巨大壓力無疑是重要原因，但英國人也自視為美國諸盟友中最親密和最有價值者，貝文、邱吉爾和斯科特尤其這樣看。因此，在 1950 年 7 月，拖着病軀的貝文敦促艾德禮推翻較早前內閣的決定，馬上實行對華出口管制。在翌年 5 月，身為反對黨領袖的邱吉爾為了英美團結，大力主張進一步限制戰略物資出口到中國。在 1953 年，對英美關係有清晰了解的斯科特，贊成加強管制從事對華貿易的英國船舶。英國帶頭實行對華戰略物資管制，希望藉此顯示它與美國親密無間，並在此過程中約束美國更為挑釁性的建議，同時尋找機會證明自己與中國的合法貿易是合理的。

然而，有些英國官員慨嘆，他們在實行對華出口管制方面的合作得不到回報，美國政府在以許可證限制原材料輸出香港的事情上，沒有展現同樣的合作態度。殖民地部和港府尤其認為美國偏袒日本，「歧視」香港，對此忿忿不平。在出口管制的問題，殖民地部與外交部之間有潛在的衝突，因為前者以香港利益為先，後者則較着重英美

關係。韓戰期間，倫敦常常因為要顧慮韓國形勢和美國國內政治這些大局，而把香港的利益擱一旁。結果，香港被迫充當「身不由己的冷戰戰士」。

對美國來說，韓戰提供了對中國強化經濟戰爭的刺激。韓國戰事峰迴路轉和美國國內政治，令對付中國的額外經濟措施顯得更為重要。然而，儘管香港已竭力實施出口管制，但美國國會和公眾仍然很不滿盟友與敵人貿易。在 1951 年，麥克阿瑟在參議院聽證會指控香港向中國大陸出口戰略物資，引起公眾憤激。不過，英國仍然得到國務院和美國駐港領事館給予重要的支持。國務院帶頭要求放寬香港的出口許可證制度，美國領事館則挺身協助反駁麥克阿瑟對於香港和中國之間貿易量的批評。憑藉美國領事館鉅細無遺的經濟報告，國務院得以更準確掌握香港的管制措施，因而較體諒其經濟困境。

但是，國務院之所以同情和支持香港，還有另一個重要原因。國務院鼓勵英國人在實行戰略物資管制方面更加合作，之後在內部討論中提到英國合作，藉此大為加強本身理據的分量，以抗衡國防部和商務部更為激烈的建議，例如海軍封鎖和全面經濟禁運。在整個韓戰期間，在對華實行額外報復措施的問題上，國務院和國防部的目標一直是圓鑿方枘，這主要因為它們對於英國在美國決策過程中的角色有不同看法：艾奇遜認為要充分考慮英國的反應，以維持聯合國同盟的團結；馬歇爾和布雷德利兩位將軍則覺得，在美國士兵命喪朝鮮半島之際，應優先考慮美國的國家安全利益。因此，國務院和國防部在香港實行出口管制問題上意見相左，也反映他們對於韓戰該如何打有更大分歧。

1953 年斯大林去世和韓戰結束後，國際緊張局勢趨緩，英國和

其他西歐國家開始要求放寬東西方貿易。到了五十年代中期，香港與大陸的轉口貿易銳減。香港官員和商界及英國都認為，就算廢除「中國差別」，這種貿易都無法迅速復興。但他們全都覺得，已不再能以戰略和經濟理由來證明現時嚴格的對華限制合理。促使麥美倫政府在 1957 年大力主張廢除中國差異背後的原因，既由於香港的經濟利益，也因為英國製造業界的要求。在白廳某些官員眼中，香港是富裕的殖民地。

_____ 第五章 _____

約束香港的「海外美僑」：
情報、秘密行動和宣傳

　　冷戰的特點是「美國全球化」和「全球美國化」。[1] 為了在全球圍堵共產主義，美國在世界各地建立大量外交機構、軍事設施，並派駐文化代表團。美國人在 1949 至 1950 年關閉所有在中國大陸的大使館和領事館後，把活動遷至香港（和台灣），這個城市遂成為蒐集情報、公開宣傳和秘密行動的重要樞紐。這裏逐漸聚集了人數不成比例的領事、新聞官、軍事人員和秘密行動專家，他們與短期停留的志願人員、傳教士和商人，構成冷戰時期在香港的「海外美僑」。學界眾所周知，美國人利用香港從事公開和秘密的行動（中共和國民黨其實也是如此）。但是，較少人探討的是，美國和英國官員在這方面的合作程度有多深。

　　香港有這個「海外美僑」存在，可説損害到殖民地政府的權威。英國人估計，在整個五十年代香港所受的最大威脅，是北京煽動內部騷亂，而非外來攻擊。美國在香港的公開和秘密行動，令英國人更憂慮共產黨可能策動顛覆，因為美國這些行動會成為北京插手香港事務

1　這兩個説法是借自入江昭（Akira Iriye）的 *The Cambridge History of American Foreign Relations*, Vol. 3: *The Globalizing of America, 1913–1945* (Cambridge, 1993)，不過此書主要談兩次大戰間的歲月。

的藉口。因此，從內部保安的觀點看，就必須約束「海外美僑」，而
且不可容許美國在香港建立「非正式帝國」。本章會檢視英美在香港
的戰略用途方面的合作或衝突，以及它對於香港內部安全的影響。

美國情報體系和英國人之間的聯繫

在蒐集情報、秘密行動和公開宣傳方面，英美在香港的合作很複
雜，牽涉的美國機構不止一個，而是好幾個，它們又各自與相應的英
國機構保持聯繫。如理查德‧奧爾德里奇（Richard Aldrich）所説，
「西方情報體系」的説法是會誤導人的，因為情報合作通常「發生在
狹隘的功能環境，結果出現許多英、美和英聯邦的情報蒐集員、信號
情報蒐集者、分析員、國內保安官員和秘密行動專家群體，這些群體
大致上各自獨立而又並行不悖」。[2] 一般來説，美國駐香港領事館與殖
民地當局在所有共同關注的事情上打交道。嚴格來説，中情局香港站
是領事館的一部分，但它在秘密蒐集情報方面是獨立運作，並與英國
秘密情報局（Secret Intelligence Service，又稱軍情六處［MI6］）和
安全局（軍情五處［MI5］）的代表聯繫。在宣傳和資訊政策方面，
香港美新處既與港府公共關係處保持溝通，又與新加坡的地區新聞處
（Regional Information Office）香港代表聯繫。英美「情報體系」之
間有這樣的多重聯繫，表示某一範疇的機構之間的合作或許很密切，

---

2   Richard Aldrich, 'British intelligence and the Anglo-American "Special Relationship"
     during the Cold War', *Review of International Studies*, 24/3 (1998), 336.

但在其他功能領域卻不一定也是如此。

　　不過，英美之間不一定會互相聯繫，令兩國在香港的關係更加複雜，美國人有時候不與東道主政府商量就採取片面行動。此外，香港政府對於美國在港活動的反應不一，視乎這些活動的性質是秘密還是公開。然而，英美在香港合作的程度，並非由港府一方決定。有時候，起決定作用的是英國政府的態度和政策，不管香港可能有不同看法。同樣，前線的美國官員不一定與本國政府有同一政治目標。他們一方面須確切執行華府的冷戰政策，另一方面又明白香港風雨飄搖的境況而寄予同情，這兩者令他們左右為難。

情報蒐集的密切合作

　　英美在亞洲的情報合作並非一帆風順。在第二次世界大戰期間，英國情報部門與美國情報部門（其人員是從競爭激烈的商界招攬）競爭，他們的分歧集中在大英帝國領土和中國的未來。在戰後初期，兩國的情報體系不覺得迫切需要在遠東合作。[3] 但冷戰加劇後，美英情報部門對於有關中國的情報需求孔急。不過，在四十年代末至五十年代初，關於中國的情報仍然不足，品質也不可靠。1950 年 12 月，美國國務院和國防部共同防禦協助計劃東南亞聯合調查團發表報告，該報告指出，關於中國和中南半島形勢發展的情報「不足」，判讀「錯

3　Aldrich, '"The Value of Residual Empire"', 229–32; Maochun Yu, *OSS in China: Prelude to Cold War* (New Haven, 1996), 271.

誤」，而情報人員方面，「除了少數令人敬佩的例外」，全都「不勝任
他們的職務」，結果「情況已近乎瀆職」。[4] 那時候，中情局在亞洲的
資源不多，必須依賴如國民政府等友邦的情報部門。[5] 國務院在 1952
年承認，由於「駐遠東機構的外交人員已經不勝負荷」，加上華盛頓
加諸他們的「預算限制」，所以改善情報蒐集工作的嘗試遇上「諸多
問題」。[6] 另一方面，在五十年代初，英國聯合情報委員會知道「現時
有關共產中國的資料非常有限」。[7] 美英在情報方面各有這些不足和缺
陷，令兩國在遠東的合作和協調益發重要。兩國相信集中專門知識和
資源，彼此都能得益。

在香港，英美在蒐集情報方面的合作一般都很密切。如前所述，
香港緊鄰大陸，此地有擁有第一手觀察的大陸難民，加上難以在極權
國家佈建情報人員，所以香港成為美國的重要監聽站。訪問抵達香港
的大陸難民和其他國家公民，可以獲得情報。港府訊問大部分大陸難
民，他們主要來自廣東省。美國駐港總領事館除非得到英國人特別安
排，否則不獲准訪問中國國民；領事館建議組織聯合訊問小組，卻一
直被英方拒絕。美國人唯一可以訪問的華人，是偶爾出現的一些「毛
遂自薦」人士，他們主動前往領事館提供資料。[8] 美國領事館的主要
訪問對象是獲准離開大陸的西方人，例如傳教士、旅行者和記者，另

4　Final Report of the Joint MDAP Survey Mission to Southeast Asia, 6 Dec. 1950, *FRUS, 1950*, 6, 164–73.

5　Aid, 'US Humint and Comint in the Korean War', 23.

6　Carroll to Heck, 9 Dec., 1952, RG 59, DAD 1947–55, Box 8, NA.

7　JIC(51)9th Meeting, 24 Jan., 1951, CAB 159/9, PRO.

8　中情局香港站（準確來說不同於美國駐港領事館）或許曾秘密訪問大陸難民，但缺乏關於此事的直接證據。

外又與英國人交換訊問報告的副本。[9] 大部分離開大陸的中國人都是因為不喜歡共產黨統治，但這點沒有妨礙北京利用難民問題。[10] 英國人認為允許美國人大規模訪問大陸難民沒有什麼好處。此外，美國總領事認為，大陸難民擔心共產黨會向他們在大陸的親人報復，所以對於「向美國人提供資料疑慮甚深」。[11] 因此，與英國人達成交換資料的安排，仍然有利於華府，此外，美國領事館為了獲得它想要的資料，事實上向英國訊問人員提供指引要求。[12] 如五十年代在美國領事館擔任訊問官的何志立（John Holdridge）憶述，領事館「與英國人有良好的工作安排」，而且「大量交換」查問所得的結果。[13]

在從公開的來源蒐集情報方面，美國人和英國人也密切合作。在 1950 年，英國人建議國務院利用美國駐東南亞的外交機構，組織一個監察當地華文和本土語文報刊的網絡。國務院卻認為這種工作應集中在香港進行，以監察中國大陸的報刊。[14] 但是，因為國務院的建議涉及擴大美國駐港領事館，港府從一開始就懷有疑慮，英國人和美國人之間的討論延宕了一段時間。然而，英美在 1950 年中期就資訊政策的合作達成協議（本章後文會述及），根據協議的精神最終制定了安排，促成香港的廣泛監察工作。美國領事館內設立報刊監察

9　Carroll to Heck, 9 Dec. 1952, RG 59, DAD 1947–55, Box 8; Zwolanek to Carroll, 21 Jan. 1954, ibid., NA; Paul Kreisberg Oral History Interview, 8 Apr. 1989, FAOHP, GU, 10–12.

10　北京不時批評港府對木屋區的大陸難民不聞不問，並容許美國協助親蔣介石的難民從事「秘密」活動。見 Canton to FO, 22 Jan., 1952, FO 371/99376, FC1823/4; Peking to FO, 22 Aug. 1952, FO 371/99374, FC1822/65, PRO; Grantham, *Via Ports*, 158–9。

11　HK to State, 13 Dec. 1951, *FRUS, 1951*, 7, pt. 2, 1869–71.

12　Carroll to Heck, 9 Dec. 1952, RG 59, DAD 1947–55, Box 8, NA.

13　John H. Holdridge Oral History Interview, 20 July 1995, FAOHP, GU, 35.

14　Nordbeck to Hummel, Oct. 1950, RG 59, DAD 1947–55, Box 8, NA.

組，每天把香港中文報章摘譯成英文發表，又出版《中國大陸報刊研究》(*Survey of China Mainland Press*) 和《當今背景》系列 (*Current Background Series*)。之後領事館以監察成果來換取英國地區新聞處香港分處的翻譯服務，[15] 該處負責反共宣傳工作。翻譯大陸報刊消息是有用於宣傳行動的重要情報來源，所以英美兩國的新聞官員都因雙方頻繁交換材料而得益。[16]

如果説，在以公開方式蒐集情報方面，英國人和美國人保持良好的工作關係，那麼在以秘密方式蒐集情報方面，他們有時候就扞格不合。香港政府不樂見美國官員在香港使用秘密情報員。例如，在 1951年初，香港警察多次突擊掃蕩國共兩黨的組織，意外發現一名之前不為英方所知的美國領事館華人線人，故將他扣留「嚴加審問」。國務院説，這顯示「英國人很顧忌我們在香港的幾種活動，並十分關注他們認為我們可能會做或想做的事情」。[17] 儘管發生此事件和其他爭執，但美國領事館一般都與港府很友好，至少美國總領事和港督之間私交不錯。[18]

但是，在港中情局代表與英國情報人員之間的關係就沒有那麼密

15　美國的翻譯工作做得比英國更廣泛。Zwolanek to Pope, 14 Jan., 1954, RG 59, DAD 1947–55, Box 8; Harris to Cook, 26 Aug. 1952, RG 59, CA 1945–55, Reel 29, NA.

16　State to Diplomatic Missions, 27 July 1950, in FO 1110/305, PR30/82/G; Minutes by Smith, 21 Dec. 1957, enclosed in Cox to Wright, 4 Jan. 1958, FO 953/1752, P1061/78, PRO.

17　HK to State, 15 Feb. 1951, 746G.00/2-1551, RG 59, DF 1950-4, Box 3597; Strong to Clubb, 1 Mar. 1951, 746G.00/3-151, ibid., NA.

18　McConaughy to Johnson, 15 Oct. 1952, RG 59, CA 1945–55, Reel 24; Drumright to McConaughy, 19 June 1956, RG 59, CA, 1954-6, Miscellaneous File 1956, Box 15, NA.

切。[19] 美國情報官員懷疑英國人手上擁有「關於中共〔在港〕活動的情報，不止他們願意傳來的那麼少」。中情局代表要求英方人員提供這種情報，得到的答覆通常是「只有獲得總督批准才可提供——之後就不了了之」。[20] 約瑟夫・史密斯（Joseph B. Smith）在五十年代中期於新加坡擔任中情局的秘密行動專家，據他憶述：「我們〔中情局〕香港站的拉索跨越台灣海峽，真的令他們〔英國人〕如芒在背」，因為「香港是靠中共容忍才能夠存在」。英國人堅持情報交換須在新加坡進行，而新加坡是英國駐東南亞高級專員公署所在地。這種做法因而「令我們〔中情局〕的香港站與他們〔英國秘密情報局〕在那個敏感地點的前線人員保持距離」。[21] 新加坡既是東南亞高級專員公署所在地，也是蘇彝士運河以東地區英國守軍的區域總部，又是聯合情報委員會（遠東）的大本營，英國人視之為涵蓋全東南亞的政治、防衛和情報政策的中心。[22] 英國人認為，新加坡是英美情報部門之間聯絡的最理想地點，而美國人也應在那裏建立類似的區域組織。但美國駐港領事館在 1950 年初計劃擴張，令東南亞高級專員麥唐納（Malcolm MacDonald）擔心華盛頓會以香港為總部成立一個「統管全東南亞的美國組織」。他憂慮「這樣的組織會傾向於與香港政府聯繫，而非我的組織，但有些問題港府卻未必知曉全部事實和後果，而研究這些東

19　關於英美兩國在港情報機構的已公開檔案資料十分少。簡略的記述，見羅亞：《政治部回憶錄》，第 51–2 頁；Tom Bower, *The Perfect English Spy: Sir Dick White and the Secret War 1935–90* (London, 1995), 179；Stephen Dorril, *M16: Fifty Years of Special Operations* (London, 2000), 711。

20　Higgs to Drumright, 12 Oct. 1956, RG 59, INR 1945–1960, Lot 58D 776, Box 12, NA.

21　Joseph B. Smith, *Portrait of a Cold Warrior: Second Thoughts of a Top CIA Agent* (New York, 1976), 148.

22　Clyde Sanger, *Malcolm MacDonald: Bringing an End to Empire* (Liverpool, 1995), 342.

西是本公署的工作」。[23]

　　事實上，美國駐港總領事館，包括美國新聞處、武官和他們的支
援人員，以及諸如農業部和財政部等美國機構的代表，自 1949 年起
規模和人數大增。該年 10 月，領事館有兩名領事和六名副領事；在
1950 年 2 月，兩者分別上升至四人和十三人；到了 6 月，再有五名副
領事加入，使美國員工（不計本地人）總數增至六十七人。[24] 1950 年 2
月，美方考慮把領事館人員擴充至「一百人或上的規模」，葛量洪擔
心這樣會令「香港被指摘為擔當美『帝國主義』的基地」。但「更危
險」的是，容許編制這麼龐大的美國人員派駐香港，若北京提出要在
這個地方擁有「廣泛代表權」的類似要求，港府將難以拒絕。葛量洪
向殖民地部表達他的憂慮時強調，他「完全明白英美團結十分重要」，
但堅持應告知美國人，「他們駐香港領事人員數目應保持在合理範圍
內，才符合我們的共同利益」。[25] 外交部和殖民地部都同意，並決定把
他們的憂慮告知美國政府。[26]

　　英國駐華盛頓大使館參贊格拉韋斯在 3 月和遠東事務副助理國務
卿莫成德討論時，要求美國把駐港領事人員編制「保持在不要太大
的範圍」。莫成德答道，他「充分了解這個立場」，並建議只會增加
「三、四個官員」。[27] 美國人知道，若要獲准在香港活動，就必須安撫
東道主政府。他們並非不知道美國駐港領事館的規模所引起尷尬。就

23　Singapore to FO, 4 Mar. 1950, FO 371/83557, FC1908/2, PRO.

24　HK to CO, 5 June 1950, FO 371/83557, FC1908/8/G; Trench to Anderson, 29 June 1950, ibid., PRO.

25　IIK to CO, 20 Feb. 1950, FO 371/83557, FC1908/1, PRO.

26　Singapore to FO, 4 Mar. 1950, FO 371/83557, FC1908/2; Shattock to Graves, 22 Mar. 1950, ibid., PRO.

27　Graves to Shattock, 1 Apr. 1950, FO 371/83557, FC1908/4, PRO.

在美國領事館擴大其新聞監察單位之際，親共的《文匯報》「幾乎同時」刊登一篇關於香港「帝國主義間諜活動」的文章，「大概並非偶然」。[28] 在 6 月，國務院向英國駐華盛頓大使館提供有關美國駐港領事館規模的詳細數字，並以資金不足為由，低調處理擬擴大的編制。

然而，在五十年代，美國領事館的規模繼續成為英國人抱怨的來源。到了 1951 年 9 月，領事館內的美國人員達到九十六人，包括五名領事和至少二十四名副領事。殖民地部認為，「在一個美國僑民只有稍多於一千人的地方，顯然不需要九十六名官員來照顧」，而且「這些官員如果真的物有所值，他們一定是在做其他工作，即與中國有關的工作」。[29] 艾奇遜在 6 月的麥克阿瑟聽證會作證時引起的尷尬，英國人仍然記憶猶新。艾奇遜說：「香港落入中共手中，會極為不利聯合國和我國在遠東的利益。它是個重要的觀察地點……〔而且〕可以從這個地點做大量針對中國的重要工作。」英國外交部讚賞「艾奇遜發言的調子大體上很有助益」，但擔心他所說的話「會被視為公開證據，佐證香港正被利用來從事針對中國的間諜活動」。英國駐華盛頓大使館向助理國務卿魯斯克提出這個問題。艾奇遜其後通過魯斯克回應，他「絕對無意暗示美國人利用香港從事顛覆活動」，並「對他引起的尷尬表示遺憾」。[30] 這顯示英國人對美國在港人員編制愈來愈龐大感到憂慮，這些人可能是來從事對付中國的秘密活動，或者北京會這樣想。

28　HK to State, 24 May 1950, RG 59, Department of States Central Files, China Internal Affairs, 1950–4, Reel 25, NA.

29　Hall to Trench, 27 Sept. 1951, FO 371/92385, FC1905/9, PRO.

30　FO Minute by Paton, 4 June 1951, FO 371/92211, FC1019/25; FO Minute by Lloyd, 4 June 1951, ibid.; Washington to FO, 5 June 1951, FO 371/92211, FC1019/26, PRO.

英國對美國秘密行動的戒心

　　對香港的英美關係造成最大問題的，是美國秘密情報部門的秘密行動，倫敦與華盛頓對於總體對華政策意見分歧時，情況尤其如此。中情局在 1949 年底要求港府讓它在香港設立無線電站。雖然艾奇遜致力捨棄國民政府並「等待塵埃落定」，但中情局正從事秘密行動，協助在中國大陸的反共游擊隊，而通訊是個大問題。[31] 中情局希望在香港設立無線電傳送站，以便與在中國的特工保持聯繫。不過，港督葛量洪考慮到「香港的微妙情況」，拒絕中情局的要求。格拉韋斯在 12 月底與莫成德商談時指出，由於「英國政府本身沒有在香港設立向中國大陸廣播宣傳的無線電站，為避免給中共任何藉口來增進他們的利益」，港督不同意美國設立無線電站的要求是「可以理解」的。[32] 事實上，英國人對待共產黨和美國人在香港的活動，必須採取不偏不倚的立場。除了對於香港的政治影響，中情局設立無線電站的建議也不符合工黨政府的政治目標。白廳得到「很可靠資料，顯示美國人正在派情報員進入中國執行顛覆活動」，在香港設立中情局無線電站，目的是「協助他們與在中國的情報人員保持聯繫」。[33] 在 1949 年，艾德禮政府希望與中共和解。它肯定認為，容許美國利用風雨飄搖的香港去顛覆一個它想與之建立關係的政權，只會有害無益。

　　由於英國對於挑釁中國十分顧忌，美國情報部門有時候選擇採取

31　詳見 Prados, *President's Secret Wars*, 65–7; Leary, *Perilous Missions*, 88–91。

32　Memo. of Conversation, 28 Dec. 1949, RG 59, INR 1945–60, Box 2, NA.

33　CO Minute by Paskin, 15 Dec. 1949, CO 537/4805, 54145, PRO.

單方面行動。在韓戰期間，中情局的政策協調處[34]認為香港是便利的地點，可以在這裏從事秘密行動，以協助作戰，不過這些行動最終都不怎麼成功。一個例子是在 1951 年 1 月至 2 月，他們試圖阻止共產黨包租的挪威貨輪（「海后號」[Hoi Houw]）從印度經香港運送醫療物資到中國。[35]杜魯門政府擔心這些醫療物資會間接壯大中國軍力，危害韓國的聯合國軍。莫成德在 2 月初與英國大使館官員會面，傳達美國國防部的看法，國防部認為，藥物運到中國「會嚴重不利於在韓聯合國部隊的軍事形勢」，因此，阻止它們落入中國手中「是必需的軍事措施，而不僅是針對共產中國的經濟戰措施的新變化和擴大」。為此，莫成德建議英國政府「緊急考慮任何可能的措施」，例如在這艘船停靠香港水域時採取行政拖延，把醫療物資列入香港的禁運清單，拒絕向該船補給燃料等。格拉韋斯回答説，除了「這艘船可能途經英國的遠東水域」，「這件事幾乎完全與英國無涉」。他説，美國的建議或會遭受「一些人反對」，因為香港是「自由港」，「通常不會干涉供水作業」，而且「把藥物列入禁運清單並無前例」。[36]事實上，英國人不想香港捲入「海后號」事件，希望這艘挪威貨輪繞道而行，不要進入香港的港口。如葛量洪向殖民地部慨嘆：「這事件是很清楚的例子，顯示美國人在需要香港『合作』以促進他們自己的利益時，可

34　在 1952 年合併前，中情局內有政策協調處和特別行動處兩個各自獨立的部門。合併之前，秘密行動主要是政策協調處的工作，特別行動處則負責蒐集情報。但為簡化起見，對於中情局和政策協調處之間的差別，這裏不加以區分。有關政策協調處和特別行動處之間的制度差異和文化隔閡的討論，見 Peter Grose, *Gentleman Spy: The Life of Allen Dulles* (Amherst, Mass., 1996), 320–5。

35　William B. Breuer, *Shadow Warriors: The Covert War in Korea* (New York, 1996), 127–9; Prados, *President's Secret Wars*, 69–70.

36　Memo. of Conversation, 3 Feb. 1951, RG 59, CA 1945–55, Reel 24, NA.

以很橫蠻無理……」[37] 簡言之，英國人不願協助杜魯門政府阻撓醫療物資運往中國。

　　既然英國人不願合作，美國人只好單方面秘密行動。中情局指示日本站站長和其他遠東站不惜代價阻止這批物資運送，並批准一百萬美元作為此行動的經費，行動代號是「聖帶」（Stole）。中情局香港站站長高克斯（Alfred Cox）也「準備就緒，如果那艘挪威貨輪停靠該地，就在英國當局眼皮底下將之破壞」。[38] 高克斯是二次大戰時期戰略情報局的老兵，是個實幹之人。他相信這艘船很快會靠近香港，所以「蒐集了大量炸藥，準備炸掉這艘貨輪，即使它是在英國這個友邦的港口」。[39] 結果，這艘挪威貨輪繞道而行不經香港。中情局不費吹灰之力找到熱心的蔣介石來完成任務。高克斯和其他中情局特工乘搭一小隊國民黨炮艦，在台灣北方攔下這艘挪威船，把行動裝成是海盜劫掠。[40] 英國人似乎並非完全不知道整件事背後隱藏着美國看不見的手。美國大使館堅稱對於這次攔截事件「事前毫不知情」，但淡水的英國領事館向香港政治顧問說，美國軍方「與此事件或許……並非那麼毫不相干」。[41] 港府是否得悉高克斯制定應變計劃，打算在香港的港口「破壞」這艘貨輪，則無從稽考。但這種秘密行動肯定會引發英國人激烈反應。

　　另有一個例子顯示香港被用作單方面秘密行動的基地，就是在

37　HK to CO, 13 Feb. 1951, FO 371/92275, FC1121/98; Washington to FO, 5 Feb. 1951, FC1121/73; S.O.(I) HK to C.S.O.(I) F.E.S, 6 Feb. 1951, FC1121/94, PRO.

38　Prados, *President's Secret Wars*, 70.

39　Breuer, *Shadow Warriors*, 128.

40　Ibid.

41　Tamsui to HK, 24 Feb. 1951, FO 371/92276, FC1121/125, PRO.

1951 至 1953 年間，杜魯門政府對所謂中國第三勢力運動的支持。在
1949 年共產黨取得中國江山後，大量反共和反蔣的第三勢力中國人流
亡香港。[42] 這些第三勢力人士背景各異，有原本是華南地區的軍閥，
有前國民政府軍人，還有蔣介石的政敵和自由派知識份子。有些第三
勢力領袖聲稱，大陸上仍有數十萬計反共游擊隊在等待他們振臂一呼
和美國支持。

　　美國和聯合國在韓國的軍事形勢急轉直下後，杜魯門政府希望秘
密支持大陸上的第三勢力游擊隊，以把北京的注意力從韓國轉移，間
接有助美國作戰。據 1951 年 1 月的一份國家情報評估所說，大陸上
有多達七十萬人「可以動用來進行積極的抵抗行動，其形式可由土匪
襲擾到有組織的游擊戰不等」。據估計，藉着向活躍的反共武裝部隊
提供「有效的通訊設備、軍事器材和後勤支援」，「可以消耗共軍實
力，減少他們在其他地方行動的能力」。[43] 國務院認為，「美國對大陸
上任何反抗運動的發展給予同情和秘密支援，似乎是明智之舉」，因
為這樣做既是「對北平政權的潛在威脅」，又是「向在台國民政府施
壓的自然影響力，可以迫使它採取較有效的政策」。[44] 在 5 月，國家
安全委員會通過有關美國韓戰策略的修訂聲明（《國家安全委員會第

42　據香港政府說，香港第三勢力華人的確切數目「純屬臆測」。在 1953 年，估計有約五千名第
　　三勢力死忠份子，另有約一萬五千名信念堅定程度不一的追隨者。HK to FO, 5 Aug. 1953,
　　CO 1023/101, HKP74/2/02, PRO.

43　NIE-10, 17 Jan. 1951, FRUS, 1951, 7, pt. 2, 1510–14. 後來的一個特別情報判斷估計，游擊隊人
　　數有六十萬之譜。Special Intelligence Estimate, SE-5, 22 May 1951, ibid., 1673–82. 在中國方
　　面，毛澤東在 1950 年中期估計，有多達四萬名「土匪」，周恩來後來把數目減半。無論如何，
　　中國在 1950 年發動了無數次清剿「土匪」和反共游擊隊的行動。Prados, *Presidents' Secret
　　Wars*, 66–7。

44　Memo. by Merchant to McWilliams, 9 Feb. 1951, *FRUS, 1951*, 7, pt.2, 1574–8.

48/5 號文件》），當中提出的一個行動方案，是「在中國國內外扶植和支持反共華人」。[45]

　　從五十年代末起，杜魯門政府開始更為注意在香港的第三勢力華人，目的之一是要獲得關於在中國大陸的游擊隊的準確資訊。[46] 第三勢力人士本身也試圖爭取美國支持他們的工作。在 1951 年初，美國駐港總領事馬康衞在報告中説，名叫許崇智的前國民黨將領「繼續鍥而不捨地與總領事館拉關係」，尋求財政援助。[47] 在美國，中華民國前代總統李宗仁及其盟友甘家馨，與國務院中國科科長柯樂博（Edmund Clubb）會面，討論他們在港第三勢力支持者面臨的困難。他們宣稱曾接到中國的游擊隊提出要求，希望從香港派軍官到大陸領導反抗運動，但因缺乏武器和資金，只得予以拒絕。雪上加霜的是，他們説香港的第三勢力現在「無法組織起來」，而且「若得不到美國支持，就沒有理由去組織」，因為那樣做會令他們成為「中國共產黨、國民黨和香港政府針對的目標」。[48] 不只英國人憂慮香港會被用來從事反共活動，中共和國民黨同樣有理由擔心第三勢力會取代他們的統治。李宗仁在寫給杜魯門的私人信中聲稱，蔣介石甚至設立「假的第三勢力組織」，由許崇智領導，以滲透和阻撓香港第三勢力運動。[49] 在李宗仁看來，真正的香港第三勢力似乎迫切需要美國支持。

　　在此情況下，一個名叫哈德曼（Hartman）的美國人開始接觸在

45　引自 Garver, *The Sino-American Alliance*, 95。

46　Memo. by Strong to Clubb, 12 Dec. 1950, *FRUS, 1950*, 6, 598–9。

47　HK to State, 17 Feb. 1951, 746G.00(w)/2–1651, RG 59, DF 1950–4, Box 3598, NA.

48　Memo. of Conversation, 26 Jan. 1951, RG 59, CA 1945–55, Reel 22, NA.

49　HK to State, 19 Mar. 1951, 746G.00/3–1951, RG 59, DF 1950–4, Box 3597; Li to Acheson, 14 May 1951, 746G.00/5–1451, ibid., NA.

港第三勢力人士，這個美國人代表「美國政府內的一個機構」。哈德曼與前國民黨將領張發奎傾談過幾次後，同意向張的香港第三勢力團體提供「可觀的資金」，並答應在菲律賓撥出「行動基地」供自由派領袖使用。[50] 哈德曼究竟是代表國務院還是中情局無從稽考，因為中情局人員通常都有外交人員身份掩護。清楚的是，美國支持第三勢力是秘密行動，不能讓華府表面上的盟友蔣介石知道。就算是國務院，都無法完全掌握其他機構的活動。[51] 然而，現有的證據顯示，美國從兩個途徑支持第三勢力運動。

　　儘管國務院起初對香港第三勢力感興趣，但慢慢認為它只是個薄弱、分裂和一盤散沙的運動。中國科副科長柏金斯（George Perkins）在 1951 年中說：「沒有跡象顯示〔香港的〕任何個別領袖有足夠本事，或者手下有數量充足的華人，能夠組織有效的第三勢力運動。」親蔣的美國駐台北代辦藍欽（Karl Rankin）同意：「香港所謂的第三勢力似乎既無組織，也無計劃或金錢，除了我們有些人可能給予他們的資助。」[52] 但是，令國務院對於支持第三勢力運動熱情減退的，是它對於國民政府的憂慮。遠東局在 1951 年清楚表明：「公開支持任何『第三勢力』團體，都會……牴觸現有與中國國民政府的外交關係，也有

50　Li to Acheson, 14 May 1951, 746G.00/5-1451, RG 59, DF 1950-4, Box 3597; HK to State, 30 Mar. 1951, 746G.00/3-3051, ibid., NA; Yang Tianshi, 'The Third Force in Hong Kong and North America During the 1950s', in Roger B. Jeans (ed.), *Roads Not Taken: The Struggle of Opposition Parties in Twentieth-Century China* (Boulder, Colo., 1992), 270-1；周淑真：《1949 飄搖港島》（北京，1996），第 303 頁。

51　一份國務院執行秘書處的備忘錄說：「國務院……不清楚其他政府機關所提供的援助多寡，甚至現時是否有這種支援存在都不清楚。」Kitchen to Johnson, 7 Aug. 1953, RG 59, CF 1950-4, Reel 4, NA.

52　Perkins to Merchant, 1 Aug. 1951, *FRUS, 1951*, 7, pt. 2, 1764-8; Rankin to Rusk, 13 Aug. 1951, ibid., 1778-85.

違旨在鞏固該政權的美國政府政策。」換句話說，國務院看不出另闢蹊徑尋找其他政治勢力取代蔣介石有何好處，反而，第三勢力團體中的人才，在反共宣傳方面應能「大派用場」，[53] 可以借助他們的語言技能和對中國的知識來製作宣傳材料。駐港美新處羅致了一部分這些合資格的華人，參與製作它的新聞節目，[54] 並向其他第三勢力團體提供財政支持。謝澄平曾在國民政府擔任部長，他領導的青年黨每月獲得一萬美元，令它可以出版《自由陣線》半月刊，開辦自由出版社，並僱用其他知識份子寫作。在美國人幫助下，張發奎的團體出版《中國之聲》週刊，而陳濯生主持的友聯出版社也出版許多反共書籍。[55]

國務院專注於利用第三勢力人士從事反共宣傳，中情局則秘密招攬他們到中國大陸策動反抗運動。政策協調處處長魏斯納（Frank Wisner）及其遠東分部主管史迪威（Richard Stilwell）根據來自香港和其他地方的情報，相信大陸上有多達五十萬游擊隊員在等待美國支持他們推翻共產政權。中情局的第三勢力計劃專注於訓練華人情報員，在塞班島這個太平洋島嶼上，該局花了二千八百萬美元蓋了一個訓練設施，情報員在那裏受訓後會空投到中國東北的遼寧和吉林，進行各種準軍事行動。由 1951 年起，中情局以到關島的遠東開發公司工作為名義，招攬香港第三勢力的華人。在 1952 至 1953 年間，中情局所屬的民航公司空投了二百一十二名華裔情報員到中國大陸，中情

53　Allison to Barrett, 7 Dec. 1951, RG 59, CA 1945–55, Reel 22; Perkins to Finks, 24 July 1952, ibid., Reel 27, NA.

54　Clubb to Rusk, 15 Jan. 1951, RG 59, CA 1945–55, Reel 24; HK to State, 26 Mar. 1953, RG 84, USIS HK 1951–5, Box 3, NA.

55　Yang, 'The Third Force in Hong Kong', 271; Taipei to State, 12 Jan. 1952, 746G.00/1–1252, RG 59, DF 1950–4, Box 3598, NA;周淑真：《1949 飄搖港島》，第 305–6、309 頁。

局也花了一億五千二百萬美金向中國游擊隊提供武器彈藥。但是，大多數空投到中國的華裔情報員，下場不是被殺就是被俘；此外，雖然之前的估計很樂觀，能夠挑戰北京的大規模游擊隊活動卻杳無蹤跡。簡言之，第三勢力計劃徹底失敗。[56]

英國人嚴密監視香港第三勢力的活動。對於美國人秘密資助一些反共團體，他們並非一無所知。香港警方政治部知道第三勢力人士與在港美國組織有聯繫，提供據說是有關中國大陸游擊隊活動的資料，藉此「換取財政支持」。不過，有些反共團體向政治部承認，他們「大肆吹噓自己過去的歷史」，並且「向在香港的美國組織提供虛假資料，以獲得財政協助」。[57] 如一名作者所說：「和德國的戰後難民營一樣，香港也有不少冷戰生意人，為了錢會捏造一些聽起來言之鑿鑿的情報。」[58] 因此，來自香港的錯誤情報，是導致中情局第三勢力計劃失敗的部分原因。

英國人顯然不樂於見到美國在香港培植第三勢力團體，尤其因為美國人是暗中做這件事。殖民地部慨嘆：「我們不喜歡它〔美國〕的秘密活動，例如它經常向第三勢力份子購買假『情報』，這些人靠炮製情報獲取美國人的好處為生。」[59] 英國人甚為忌憚反共份子可能利用香港對抗中國。雖然缺乏確鑿證據，但政治部相信有些反共集團派

56　雪上加霜的是，在 1952 年 11 月，一架民航公司飛機到大陸接回中國情報員時遭擊落，機師唐尼（John T. Downey）和費克圖（Richard G. Fecteau）被中國俘虜。見 Thomas, *The Very Best Men*, 51–3; Breuer, *Shadow Warriors*, 215–18。

57　HK to CO, 7 Feb. 1952, CO 1023/101, HKP74/2/02, PRO.

58　Thomas, *The Very Best Men*, 52. 高立夫是五十年代初美國駐港領事館的政治處處長，他憶述，中情局「有錢向人買情報。我們沒有。〔因此〕你用錢買來的東西，較不可能是真的。」Ralph Clough Oral History Interview, 16 Apr. 1990, FAOHP, GU, 59.

59　Hall to Oakeshott, 22 Feb. 1952, FO 371/99379, FC1906/1/G, PRO.

出「兩、三人的小組」進入邊境地區,「與當地土匪部隊一起從事反共活動」。[60] 結果,活躍的第三勢力領袖受到港府嚴密監視,如果他們的活動被視為威脅香港的穩定,就會受審問和遞解出境。[61] 外交部認為,第三勢力這個選擇若要成功,就必須在中國大陸境內興起。因此,在大陸境外向第三勢力運動提供任何支援,都是徒勞無功。[62]

在韓戰期間,政策協調處／中情局覺得可以利用香港成為對付中國的行動基地,因為即使就政治而言這個地方不盡理想,但卻有地利之便。在魏斯納領導下,史迪威及其副手費茲傑羅(Desmond FitzGerald)躍躍欲試,很想在亞洲這個冷戰主要戰場打一場秘密戰爭。[63] 他們對於秘密行動的浪漫憧憬,更為審慎的國務院和美國駐港領事館不一定贊同。然而,美軍和聯合國軍在韓國戰況失利,杜魯門政府急於以一切手段削弱中國,考慮到英國因為香港而投鼠忌器,美國必須暗中和片面地計劃和執行他們的行動。

在五十年代的餘下時間,美國情報部門沒有停止利用香港的地利從事對付中國的秘密行動。1955 年 4 月,亞非會議預定在印尼萬隆召開,周恩來預定坐印度航空包機(「克什米爾公主號」)前往印尼,中情局前線特工提議在這架飛機停留香港時,在機上放置炸彈。不過,艾森豪威爾在國家安全委員會會議上表明,他「會批准任何必要

60　HK to CO, 7 Feb. 1952, CO 1023/101, HKP74/2/02, PRO.

61　Rankin to Rusk, 13 Aug. 1951, FRUS, 1951, 7, pt. 2, 1778–85; HK to State, 6 Dec. 1951, 746G.00/12–651, RG 59, DF 1950–4, Box 3597, NA;周淑真:《1949 飄搖港島》(北京, 1996),第 308–9 頁。

62　FO Minute, 10 July 1951, FO 371/92223, FC10125/1/G, PRO.

63　Thomas, *The Very Best Men*, 43–59; John Ranelagh, *The Agency: The Rise and Decline of the CIA* (New York, 1986), 223.

方法，但不包括刺殺敵國代表團」。[64] 最後出手炸掉飛機的是在香港的國民黨特工，主要目標周恩來卻逃過一劫。此事沒有引起倫敦和華府之間的外交爭執，因為香港政治部找不到美國參與的證據。[65] 簡言之，除了韓戰期間一段短時間外，美國主要是利用香港來蒐集情報，而非從事針對中國的秘密行動。[66] 英國人不會容許「美國冷戰戰士」把香港變成顛覆基地。

公開和秘密的宣傳手段

在宣傳和資訊政策方面，[67] 美國駐港官員也需要英國人合作。製作用於「白色」宣傳的反共文宣，是香港美新處的重要工作，而「白色」宣傳是美國對華心理戰的「公開」層面。[68] 美國新聞官員主要與

64　Scott Lucas, *Freedom's War: The US Crusade against the Soviet Union 1945–56* (Manchester, 1999), 223; Memo. of 244th NSC Meeting, 8 Apr. 1955, EPAWF 1953–61, NSC Series, Box 6, DDEL.

65　見 Tsang, 'Target Zhou Enlai'。

66　Paul Kreisberg Oral History Interview, 8 Apr. 1989, FAOUP, GU, 22; Thomas, *The Very Best Man*, 194.

67　在冷戰期間，「宣傳」（propaganda）、「資訊政策」（information policy）和「消息發佈」（publicity）之間的分野極為模糊。由於「心理戰」和「宣傳」含有貶義，當時的官員和學者往往以「資訊政策」來代替。簡單來說，「心理戰」是利用各種武器去影響敵人心理，例如「宣傳」、「秘密行動」和「顛覆」。「宣傳」可分為「白色」（「公開」）、「灰色」和「黑色」（「秘密」）宣傳，視乎發佈手段（是否說明來源）和宣傳材料類型（它們的性質是正面〔描繪英國或美國的形象〕、防守性〔回應共產黨的攻擊〕或進攻性〔攻擊共產主義〕）。「資訊政策」通常是指政府承認的「白色」或「公開」宣傳。它包括「正面」和「防守性」的材料，很少是「攻擊」和「顛覆」性質的。當然，在純粹「資訊性」的工作（如圖書館或教育交流）和其他懷有清晰冷戰目標的「宣傳」之間，仍可畫下界線加以區分。但是，一如大多數美國和英國的文件，在本章中「宣傳」和「資訊政策」是通用的。

68　Streibert to Smith, 1 Mar. 1954, FRUS, 1952–54, 2, pt. 2, 1761–73.

港府公共關係處聯繫。公共關係處主要負責香港政府的消息發佈工作和其他本地事務（由於可用的資源有限，連「塑造英國形象」的工作都只能居次），[69] 在反共宣傳方面，香港美新處的合作對象是新加坡地區新聞處香港分處。在 1948 年，英國外交部轄下成立資訊研究部（Information Research Department），它是冷戰時期的秘密部門，負責製作反共材料，並在國內外執行秘密心理戰行動。[70] 1949 年在新加坡設立的地區新聞處，是資訊研究部的分支機構，負責策劃、製作和散播在亞洲使用的反共和正面文宣材料。[71] 除了新加坡總部，1949 年還在香港設立分處，「以研究並向外交部提供有關此地區共產黨活動的材料，用於反共宣傳……」[72]

值得注意的是，美英兩國對於宣傳有不同取向。美新處的行動基本上是公開性質，英國人則相信，若想在亞洲有效地進行宣傳和新聞工作，就必須把文宣材料交由本地渠道，以不標明來源的方式散播。外交部資訊政策部（Information Policy Department）[73] 助理大臣克里斯托弗·華納（Christopher Warner）深知亞洲人對西方影響懷有戒

69　*HKAR 1953*, 167–9; Clark to Evans, 5 Jan. 1954, CO 1027/66, INF86/51/01; Evans to Clark, 28 Jan. 1954, ibid., PRO.

70　見 Lyn Smith, 'Covert British Propaganda: The Information Research Department: 1947–77', *Millennium* 9/1 (1980/81), 67–83；W. Scott Lucas and C. J. Morris, 'A Very British Crusade: the Information Research Department and the beginning of the Cold War', in Richard J. Aldrich (ed.), *British Intelligence, Strategy and the Cold War 1945–51* (London, 1992), 85–110；Paul Lashmar and James Oliver, *Britain's Secret Propaganda War 1948–1977* (Phoenix Mill, Stroud, 1998)。

71　Rayner to Murray, 11 Oct. 1049, FO 1110/187, 03146/G, PRO.

72　Minute by Hebblethwaite, 5 June 1956, FO 953/1527, P1061/31/G, PRO.

73　資訊政策部是英國新聞機構中「公開」的部門。不同於主要負責反共或者「負面」宣傳的「秘密」資訊研究部，資訊政策部主要負責「正面」項目，亦即塑造英國的形象。但這兩個部門有密切聯繫，並且互相交換資料。

心，「對任何西方發佈的反共文宣，都會自動不予相信」。新加坡的地
區新聞處處長約翰・雷納（John Rayner）認為，必須「借亞洲人之口
向亞洲人說話，因此是間接的」。[74] 換言之，英國人不會直接發放反共
文宣，而是和本地報章和作者打交道，由他們以不註明來源的方式把
這些材料摻入他們的出版物中。在這方面，地區新聞處負責「把這材
料改編成可為亞洲民眾接受的形式」，並且「尋找散播渠道，發放表
面看來並非源自歐洲的反共文宣」。[75] 在英國人眼中，這不算「秘密」
行動，而是「間接」、「慎重」和「個人」的手法。[76]

在 1950 年，英美兩國為應對蘇聯的宣傳攻勢，加強在整個宣傳
和新聞政策領域的合作。在 5 月中旬的大西洋國家外交部長會議上，
艾奇遜和貝文同意須加強宣傳工作，以抗衡蘇聯集團的政策，並希望
避免彼此的宣傳活動重複。在美國新聞官員眼中，英國人對於宣傳經
驗豐富，技巧也很高超。[77] 英國人對美國宣傳的評價不高，但很佩服
華盛頓有龐大資源，並想加以利用。[78]

外交部長會議後不久，美國公共事務助理國務卿愛德華・巴雷特
（Edward Barrett）與負責英國資訊政策的助理大臣克里斯托弗・華納

74　Note of 1st Meeting between Warner and Barrett, 20 May 1950, FO 953/629, P1013/33/G; Rayner to Murray, 25 Feb. 1950, FO 1110/297, PR23/32/G, PRO.

75　Blackburne to Murray, 1 May 1950, FO 1110/297, PR23/62/G, PRO.

76　FO Minute by Moberly, Dec. 18 1950, FO 953/640, P1013/198/G; Rayner to Murray, 25 Feb. 1950, FO 1110/297, PR23/32/G, PRO. 可以說，英國人的做法屬於「灰色」宣傳的範疇。英國人也從事「公開」宣傳，主要透過英國文化協會和英國廣播公司，但英國新聞機關的「公開」部門在 1945 年後經費被削減，那時正值冷戰「秘密」宣傳行動大行其道之際。見 J. M. Lee, 'British Cultural Diplomacy and the Cold War, 1946–61', *Diplomacy & Statecraft*, 9/1 (March 1998), 112–34。

77　Rayner to Murray, 25 Feb. 1950, FO 1110/297, PR23/32/G; Hoyer-Millar to Warner, 13 Feb. 1950, FO 1110/305, PR30/31/G, PRO.

78　Minute by Warner to Strang, 13 June 1950, FO 953/629, P1013/33/G, PRO.

在倫敦會面，以探討加強英美合作之道。他們涵蓋的議題包括：資訊
政策和意念的協調、交流文宣材料、散播手段，以及在此領域內的合
作。華納講解了英國的「灰色」宣傳手法，即靠本土渠道發放不註明
出處的反共文宣材料；巴雷特則強調美國的工作是「絕對公開」，但
英美在不同的散播技術方面「可以加強交流意念」。巴雷特也嘗試爭
取英國同意，讓美國駐港領事館擴大新聞監察工作，以達到宣傳目
的。[79] 他們一致認為英美政府應「保持完全行動自由」，但同時在總部
和實地維持「密切協商和合作」，並「繼續交流意見」，「以為新聞政
策、規劃和推行活動發展共同路線」。為達到這些目標，兩國會在彼
此的首都派駐聯絡官。[80]

　　在倫敦達成總協議後不久，前線的英美新聞官員就開始「研究在
加強合作之同時，保持完全行動自由的務實方法和手段」。[81] 在 1950
年 7 月，香港美新處公共事務官員和地區新聞處香港代表開了幾次
會，協調彼此的工作，尤其是翻譯出版中文書籍，以及針對香港勞動
工會的宣傳工作。他們擔心彼此的譯書計劃會重複翻譯某些書籍。由
於可用的資金和人力有限，他們覺得必須更緊密協調，以增加翻譯和
發行的書籍及其他宣傳材料數目。他們同意互相提供打算翻譯的主要
書刊清單，另外還討論到「更有效地接觸此殖民地勞動工會的計劃」，
因為共產黨特工「多個月來一直積極在做這項工作，而且他們的活動
最近銳增」。在這方面，地區新聞處的香港代表堅持要用「含蓄隱晦

79　Younger to Diplomatic Missions, 7 July 1950, ibid.; Hoyer-Millar to Warner, 13 Feb. 1950,
　　FO 1110/305, PR30/31/G; Note of 1st Meeting between Warner and Barrett, FO 953/629,
　　P1013/33/G; Note of 3rd Meeting between Warner and Barrett, ibid., PRO.
80　Memo. by Barrett, 6 Oct. 1950, RG 59, INR 1945–60, Lot 58D 776, Box 20, NA.
81　State to Diplomatic Missions, 14 July 1950, RG 84, USIS HK 1951–5, Box 4, NA.

的方法」，因為港府「不願意看到任何太惹人注目的官方活動」。所以，地區新聞處散佈的材料不會註明出處。另一方面，美國公共事務官員說，香港美新處開始「通過某些行內機構的友好人士」分發雜誌和傳單，大多沒有註明出版來源。他們同意繼續「發展合作關係」。[82]

限制美新處在香港的新聞工作

儘管高層達成協議，但在五十年代，美國駐港新聞官員繼續受英國人留難。香港美新處與殖民地政府之間的關係很冷淡，有時候並不友好。港府只是默許美新處的活動，沒有真的與美國人通力合作。妨礙英美在香港合作的主要因素，是英國人對於「反中共的宣傳」有所忌憚。[83] 英方一再告誡美國領事館，不要利用香港來「製作或散播會觸怒共產中國的文宣材料，因為這樣會危害這個殖民地的未來安全」。[84] 葛量洪不容許「對北京政府無節制的批評」：美新處「顯然能在香港散播批評蘇聯或共產主義的文宣材料」，但它「批評北京政權時必須『有分寸』，至少在香港發放的文宣材料須如此」。[85] 但是，問題的癥結不單在於宣傳語調上的差異，而是對華政策的分歧。英美兩國對於如何對待中國有不同看法和政策，這種差異也體現在彼此的宣傳和新聞政策上就毫不奇怪。英國駐北京大使館觀察到：「美國對中國的政策依然拙劣，指望它的宣傳不會同樣蹩腳或許是奢求。」[86]

82　HK to State, 22 July 1950, ibid.

83　Memo. of Conversation, 2 Feb. 1951, RG 59, CA 1945–55, Reel 24, NA.

84　Frillman to Steiner, 19 Dec. 1950, RG 84, USIS HK 1951–55, Box 4, NA.

85　HK to State, 6 Feb. 1952, 746G.11/2–652, RG 59, DF 1950–4, Box 3599, NA.

86　Peking to IPD, 28 Feb. 1951, FO 953/1079, PB1066/12, PRO.

　　1951 年 1 月，港府突然決定在香港廣播電台停播「美國之音」的節目，這是英美在中國問題上意見分歧蔓延到美新處行動的例子。港府新聞處長穆磊（Jack Murray）在 1 月 23 日致函香港美新處，他在信中說，原本轉播的「美國之音」粵語節目，將由英國廣播公司海外頻道的國語新聞取代。除了更廣泛採用英國廣播公司中文節目這個技術原因，穆磊強調「我們的廣播機構言論必須『同聲一氣』」。但是，由於 1 月初中共在韓國發動的軍事攻勢，英美對於該如何打這場仗分歧更趨嚴重，這些意見分歧也體現在他們的海外廣播節目之中。穆磊說，英國政策是「為和平而體面地解決事件盡量長期敞開大門」，而美國官方政策似乎「傾向於向北京關上大門（而且或許再度向台北打開大門）」。[87] 英國人認為「美國之音」近期的廣播節目「敵意極深」，所以連香港私人有線電台「麗的呼聲」也警告其新聞部員工，「如果繼續轉播它們，只會招來禍害」。[88]

　　葛量洪向殖民地部解釋其決定時聲稱，港府已經考慮一段時間，想在香港電台使用播放更多英國廣播公司的中文節目，最後決定停播「美國之音」節目而「不特別事先宣佈」，以「令這種改變盡量不惹人注目」。更重要的是，葛量洪強調美國一直「很清楚我們的政策，是不使香港成為針對中央人民政府的宣傳基地」，而美國即使不「完全同意」，也表示「充分理解我們的行動」。然而，「美國之音」近期關於中國的節目，其「路線與英國政府的政策背道而馳」，因此決定在香港電台停播「美國之音」的中文節目。[89]

87　Murray to Frillman, 23 Jan. 1951, FO 953/1079, PB1066/14, PRO.

88　Smith to Rayner, 25 Jan. 1951, ibid.

89　HK to CO, 6 Feb. 1951, ibid.

美國對於香港的決定反應強烈。國務院訓令美國領事館，「就沒有事前獲得警告而受委屈一事，向總督抗議」。香港美新處公共事務官保羅·弗里曼（Paul Frillman）與地區新聞處香港代表萊斯利·史密斯（Leslie Smith）會面時說，雖然他「同意香港當局有權採取這一行動」，但覺得「這件事的處理方式非常不合作」。法蘭克斯大使從華盛頓報告，國務院對沒有事先商討就停播「美國之音」節目感到十分憤怒，「向我們交涉，儘管是非正式性質，但措辭嚴厲」。法蘭克斯說，港府方面這種「禮數不周」尤其令國務院尷尬，因為它正在嘗試說服商務部放寬對香港出口原材料實施的嚴格許可證制度。此外，雖然國務院上下都明白「不在香港公然挑釁中共的好處」，但英國不能指望「美國公眾有這種同情的態度」。由於韓國戰況丕變，美國國內輿論對中國敵意很深。據說，《時代》（Time）雜誌記者得悉港府沒有事先知會美國，正在寫一篇關於此事的「深入報道」。[90] 一如往常，法蘭克斯趕忙提醒倫敦要盯衡英美關係的大局。不過，杜魯門政府和工黨政府都想盡快了結此事，不想再去追究。英國人相信，美國不滿的並非港督停播「美國之音」節目的決定，而在於沒有事先知會。有些國務院官員知道「『美國之音』或許做得太過火」。[91] 在 1951 年 1 月，韓國局勢岌岌可危，美英兩國不想因為香港的爭執，令他們的困難再添一樁。

在這事件後，香港美新處與香港電台之間的關係沒有改善。在

90　Washington to FO, 1 Feb. 1951, ibid.; Rayner to Murray, 3 Mar. 1951, FO 953/1079, PB1066/11; Washington to FO, 31 Jan. 1951, ibid., PB1066/13, PRO.

91　Malcolm to Watson, 13 Mar. 1951, FO 953/1079, PB1066/15; Watson to Malcolm, 21 Mar. 1951, ibid., PRO.

1952 年下半年，香港電台「仍然頗為冷淡」對待香港美新處的錄音
節目。美國人借了約七十張唱片給香港電台，但它只播放五個小時說
明來源的節目。[92] 到了 1953 年中，香港美新處與香港電台和麗的呼聲
「終於一刀兩斷」。之後香港美新處的電台業務完全變成為「美國之音」
製作錄音廣播稿。如國務院項目督察在關於那時期香港美新處活動的
報告中說：「說服香港電台或麗的呼聲⋯⋯轉播『美國之音』節目，
或者播放娛樂唱片以外的任何東西，機會似乎很渺茫，至少在英國政
策根本改變前是如此。」[93]

　　除了「美國之音」的廣播，香港美新處還須遵循殖民地當局定
下的其他限制。港府不容許美新處「秘密」發放宣傳品，在 1953 年
兩度就美新處的行動向美國總領事館「強烈抗議」——一份美新處印
製、沒標示出處的小冊子違反香港出版條例。令英國人不滿的主要原
因，是他們認為「根據雙方協議，美新處的功能是『以公開方式解釋
美國政策和美式生活』」。港府認為不標明出處的文宣材料不算「公
開」，雖然它在過去幾年「默許」不少沒標示出處的美新處出版物。
對於此事，港府政治顧問聲稱，根據華納和巴雷特在倫敦達成的「諒
解」，「公然反共的出版物」不屬於 1950 年「『協議』的範疇」。[94] 從
英國人的觀點看，這小冊子的問題不單純是沒有標明出版者，而是因
為它包含「公然反共」的內容。美國新聞官員覺得：「香港政府認為
不註明出處的文宣屬於違法，此事仍然為本部門帶來一些困難，因為

92　HK to State, 26 Mar. 1953, RG 84, USIS HK 1951–5, Box 3, NA.

93　USIS Inspection Report by Olson to State, 9 June 1953, ibid., Box 1, NA.

94　HK to USIA, 19 Aug. 1953, ibid., Box 3, NA.

某些類型的宣傳不標明出處的話，效果會好得多。」[95] 然而，由於殖民地政府的「嚴格態度」，香港美新處決定把這種不標明出處的小冊子「數目減至最少」。比起《今日世界》雜誌，製作小冊子是香港美新處較次要的業務。美國人明白，不應「冒令英國人施加更多限制的不必要風險」，以免危及其他更重要的新聞和出版工作。[96]

在所有美新處活動之中，港府對於針對香港受眾的宣傳尤其懷有戒心。在 1953 年 5 月，香港警方充公一卡車美新處傳單，這些傳單是準備向本地工人散發，內含美國勞工部長的演說。[97] 對於處理勞動工會內的親北京和親國民黨份子，港府人士同樣強硬對付，這些人的激進行動不時引發衝突。例如，在 1952 年有不少活躍的左派工會領袖和電影工作者，由於與中共有聯繫而遭遞解出境。[98] 顯然，英國人不會歡迎美國插手敏感的勞工領域。結果，香港美新處不得不停止製作和散發以香港工人為主要對象的文宣材料。播放電影成為接觸工人的唯一有效手段。[99] 在教育領域，本地共產黨人積極滲透學校。港府教育司署嚴格控制學校課程，並禁止左、右派學校的政治宣傳。[100] 但是，這種一視同仁的做法也適用於美新處的新聞工作：美國提出協助散發文宣品，以抗衡學校內的左派影響，這種建議往往遭到港府拒

95　HK to State, 26 Mar. 1953, ibid.

96　HK to USIA, 19 Aug. 1953, ibid.

97　HK to USIA, 30 Apr. 1956, RG 263, The Murphy Collection on International Communism, 1917–58, China, Box 34, NA.

98　Tsang, *Democracy Shelved*, 175–6. 關於港府與左派工人的關係，見 Catron, 'China and Hong Kong, 1945–1967'。

99　HK to USIA, 30 Apr. 1956, RG 263, The Murphy Collection on International Communism, 1917–58, China, Box 34; HK to USIA, 14 Mar. 1955, RG 84, USIS HK 1951–55, Box 4, NA.

100　王賡武主編：《香港史新編》，下冊，第 477 頁。

絕。[101]

　　因此可以說，英國人對於美新處在香港活動的態度頂多是默許，在壞的情況則是完全反對。如國務院計劃督察希歐多爾‧奧爾森（Theodore Olson）在 1953 年中評估香港美新處活動時說：「與香港政府的關係成為特殊問題。英國人對美新處的態度就算不是完全敵意，也顯然是不信任。」結果，美新處的活動顯然「一直受到監視」，並且「經常被殖民地官員煩擾和羈勒」。巡查報告繼續說，然而，這是我們身處英國殖民地「不得不容忍的」，因為「我們不能期望能做英國人反對的活動」。更重要的是，如果「為了急於接觸此殖民地兩百萬華人而危害我們在香港的主要功能，即為其他地方的華人製作文宣材料，那就是極為短視之事」。[102] 大多數在香港製作的反共材料，其實都不是供本地使用，而是給東南亞各地美新處用來影響當地華僑。根據 1954 年 1 月香港美新處的國家計劃（Country Plan），首要目標是「減少中共對海外華人的影響」，海外華人被視為比中國大陸和香港華人更重要的目標群體。[103] 1954 年後，美新處減少針對香港本身的活動，轉為專以東南亞和中國大陸的民眾為對象。[104] 簡言之，港府的態度和政策，令美新處很難在香港從事大規模的新聞工作。[105]

101　HK to State, 7 Dec. 1955, RG 84, USIS HK 1951–5, Box 5; HK to State, 24 Aug. 1955, 746G.00/8–2455, RG 59, DF 1955–9, Box 3267, NA.

102　Inspection Report by Olson to State, 9 June 1953, RG 84, USIS HK 1951–5, Box 1, NA.

103　USIA to HK, 2 Nov. 1953, ibid.; USIA to HK, 18 Feb. 1954, ibid., NA.

104　USIS HK to USIA, 10 Aug. 1954, ibid., Box 4; HK to USIA, 14 Mar. 1955, ibid., NA.

105　隆巴爾多說：「香港人口，包括數目愈來愈多的難民和外僑，是各種宣傳媒體的目標。」他忽略英國人對美新處施加掣肘，限制其進行以香港人為對象的活動。Lombardo, 'A Mission of Espionage, Intelligence and Psychological Operations', 68.

東南亞的反共宣傳

在東南亞的反共宣傳方面，英國資訊研究部與美國新聞總署密切合作。這種合作也擴大至實地工作。新加坡地區新聞處及其香港分處的重要工作，是負責策劃和製作適合於反共宣傳、有關東南亞共產黨活動的文宣材料。[106] 英國人後來與美新處交換文宣材料。美國新聞總署「十分讚賞和歡迎」資訊研究部和地區新聞處製作的文宣材料，希望香港美新處能夠「定期收到這些東西」。[107] 地區新聞處香港分處根據萊斯利・史密斯的指示，與香港美新處保持「和睦密切的工作關係」。雙方「密切聯繫並協調彼此的活動」。美新處高級人員與地區新聞處和英國文化協會的英國代表組成「非正式的宣傳委員會」，每月開會「審議供東南亞宣傳之用的新意念」。[108]

在 1954 年 3 月，美國遠東地區公共事務官員在香港舉行有關華僑的會議，討論關於東南亞華僑的資訊政策，包括實施和操作問題。他們一致認為：「從美新處的觀點看，關於學校、學生和教科書的共產黨活動，是最危險的。」香港美新處獲派為東南亞其他美新處「製作」文宣材料的任務，並擔當「華文材料的協調和資訊中心」，這肯定了香港對美國公開宣傳的重要性。[109] 新加坡地區新聞處處長約翰・雷納獲邀參加會議。雷納解釋英國的做法時說，「正面宣傳」是「最

---

106 RIO to Saigon, 17 Nov. 1954, FO 1110/695, PR1086/28/G; Minute by Hebblethwaite, 5 June 1956, FO 953/1527, P1061/31/G, PRO.

107 Carroll to Marshall, 12 Dec. 1955, FO 1110/837, PR10106/176; Rennie to Barker, 27 Dec. 1955, ibid., PRO.

108 Minute by Smith, 21 Dec. 1957, enclosed in Cox to Wright, 4 Jan. 1958, FO 953/1752, P1061/78, PRO.

109 Report on the Public Affairs Officers Meeting on Overseas Chinese held in Hong Kong, 1–3 Mar. 1954, enclosed in USIA dispatch, 12 Mar. 1954, RG 84, USIS HK 1951–5, Box 2, NA.

重要的」，但同意「不減少我們〔英方〕在負面宣傳方面的工作」。
他承認「必需有一定比例的直接宣傳」，但強調「間接宣傳十分重
要」。會議後，雷納覺得美國人「似乎對我方觀點均一概同意，還說
他們現在會盡量採取相同的路線」。[110]

　　應當強調，英美合作無論有多密切，也算不上是聯合行動。兩國
在宣傳手法上的差異，亦不利於任何聯合行動。英國資訊政策部的尼
科爾斯（J. W. Nicholls）認為：「在製作宣傳材料方面合作太多，會
削弱美國和英國產品的優良特點。我們不但在許多領域手法不同，連
語言也有一定差別，試圖結合兩者，只會製作出既缺乏吸引力又無效
果的雜種產品。」美國新聞總署署長西奧多・斯特賴伯特（Theodore
Streibert）所見略同：「在這個範圍英美不宜公開合作，而應保持恆常
和謹慎的協商，討論我們的各種行動及其效果。」[111] 所以，在港美英
新聞官雖然密切協調彼此的活動，卻沒有聯手製作宣傳材料。

救濟大陸難民：人道援助還是宣傳

　　自四十年代末起，數十萬大陸難民從大陸逃到香港，在本地層面
為英美關係提出另一個大難題。從華盛頓的角度看，這些難民以腳投
票這一事實，是「自由世界」應加以利用的冷戰議題。但對香港來
說，利用大陸難民的苦難在政治上是敏感的，而且單獨挑出這批人給

110　Rayner to Rennie, 22 Mar. 1954, FO 1110/709, PR10106/56, PRO.
111　Nicholls to Watson, 20 May 1954, ibid.; Watson to Nicholls, 2 Apr. 1954, ibid.

予特殊對待，在行政上並不可行。

　　最早關注滯港大陸難民苦況的，是一些同情國府的美國志願組織。1952 年 2 月，在國會議員周以德（Walter Judd）領導下，一批顯赫的美國政治家、商人和學者在紐約成立「援助中國知識人士協會」（Aid Refugee Chinese Intellectuals, Inc.，簡稱援知會），其宗旨是協助「受極權壓迫而流亡的中國知識人士，為貧困、病弱或處於險境者提供物質協助，並安排他們定居和重新振作」。雖然援知會強調其目的「是人道救援而無關政治」，但從一開始就承認，它的行動若能成功，一定會帶來「饒富創意的文化和政治副產品」。援知會為流亡香港的知識人士提供諸如醫療和教學設施等臨時救濟，並安排反共知識界領袖遷居東南亞，尤其是台灣，希望藉此贏取「亞洲人民的信任」，最終令「中國大陸回歸自由國家和愛好自由人民的大家庭」。援知會在 6 月於香港成立分會，以開展工作。[112]

　　杜魯門政府最初對於援知會的成立意興索然，也不大關心從共產政權統治的亞洲地區逃出人士的苦難。反之，這個以歐洲為重的政府較關注從鐵幕逃出的人，並在 1952 年推行「脫共者計劃」（Escapee Program），以向歐洲難民提供接待和安置服務。但援知會一再要求華盛頓提供財政支持，國務院漸漸對救濟亞洲的脫共者和難民有了較大興趣。如一項提出將「脫共者計劃」擴大至亞洲的建議所表明：「香港的情況顯然是遠東脫共者問題中最迫切者，而且象徵了人們眼中美

---

112 'Aid Refugee Chinese Intellectuals, Incorporated', Booklet enclosed in Judd to Jessup, 15 May 1952, Philip Jessup Papers, 1943–58 alphabetical, ACA–AID (Personal), Box A50, Manuscript Division, Library of Congress, US. 有關援知會工作的詳細記述，見趙綺娜：〈冷戰與難民援助：美國「援助中國知識人士協會」，1952–1959 年〉，《歐美研究》第二十七卷第二期（1997 年 6 月），第 65–108 頁。

國對於遠東難民和移民問題的忽視，因為在同一時期，為紓緩歐洲和近東類似情況而投入的資源，是前所未有之多。」該建議認為，如果美國選定一些流亡香港的知識份子給予支持，就能「有助達成美國在遠東的政治、心理戰和情報蒐集方面的目標」。[113] 據相信，中國流亡知識份子和領袖可以提供寶貴情報，以了解大陸上的情況，還能借重他們的才能協助美國的宣傳活動。此外，美國支持大陸難民，有助反駁「指摘美國是『西方白人』國家的共產宣傳，這種宣傳說，在美國人眼中，與歐洲人相比，亞洲人只是次等世界公民」。[114] 鑒於這些原因，美國政府在 1953 年初決定以共同安全協助基金資助經濟困頓的援知會，但提供這種支持是有附帶條件的，那就是，援知會的計劃須集中於安置流亡知識份子，並且「香港政府不會反對」。[115]

對香港來說，來自大陸的中國難民並非新現象，不過，他們自四十年代末大舉湧入，令香港人口在五十年代初暴增至二百五十萬，卻是另一種類型的難題。港府的政策是不向來自大陸的難民提供糧食或房屋，以免如港督葛量洪所說，鼓勵窮人為得到「免費食宿」而來。在 1949 年前，大部分中國難民一俟大陸局勢改善就會歸去（或前往其他地方）。[116] 但是，戰後的大陸難民就不同，他們來香港主要是為逃避共產黨統治，如果沒有機會移民海外，就會留在香港。另

113　'Escapee Program Submission FY-1954', Memo enclosed in Martin to McConaughy, 27 Oct. 1952, RG 59, CA 1945–55, Reel 27.

114　McConaughy to Allison, 29 Aug. 1952, ibid.

115　Cox to Morgan, 18 Feb. 1953, WHO NSCP, 1953–61, Psychological Strategy Board Central Files Series, Box 11, DDEL.; McConaughy to Allison, 4 Feb. 1953, RG 59, CA 1945–55, Reel 31.

116　Grantham, *Via Ports*, 153–5.

外，他們數目龐大，已無法單靠私人的慈善和福利組織（本地和國際）為所有人提供福利服務，殖民地當局必須承擔更大責任。

　　儘管問題很嚴重，港府對援知會的工作卻很冷淡。外相艾登或許相信周以德承諾其工作「完全不涉政治」的保證，故此在 1952 年初要求港府向援知會的「人道任務」提供適當支持，[117] 不過，葛量洪仍然對這個美國機構頗猜疑。那時候，殖民地當局正在阻撓北京和本地共產主義者賑濟東頭村木屋區大火的災民，這種打壓在 3 月引發暴動。此時港府禁止來自中國的「慰問團」進入香港，如果容許美國人在香港協助親國府的難民，在政治上會陷入窘境。[118] 事實上，北京一直批評英國人將香港變成反共基地。魯斯克在援知會的成立晚宴上說，「在中國疆域以外的社會，有大量訓練有素和能幹的中國人」十分重要，因為「待自由重返那不幸的土地後，這批人就能為中國人民所用」，不過，葛量洪慨嘆，這只會坐實共產黨說香港是「侵華基地」的指摘。[119] 這位港督知道，若要維持不穩定的政治平衡，對待共產黨人和美國人的救濟工作就必須一視同仁。

　　然而，殖民地部的英國官員馬上提醒葛量洪，如果港府不肯與這位知名國會議員的組織合作，可能會「大大得罪美國國內有影響力的圈子」。[120] 事實上，港府並非完全反對美國協助大陸難民，這至少有助減輕為這麼多人提供福利服務的負擔。但它反對公開承認美國政府參與其中，擔心會為北京的宣傳機器提供彈藥。港府堅持（美國人也

117　Judd to Eden, 11 Jan. 1952, RG 59, CA 1945–55, Reel 27; Eden to Judd, 22 Jan. 1952, ibid.

118　HK to CO, 25 Jan. 1952, CO 1023/117, PRO.

119　HK to CO, 13 June 1952, ibid

120　CO to HK, 22 Jan. 1952, ibid.

同意）華盛頓給予援知會的任何財政援助，都要以「須嚴格保密之事」來處理，而「援知會的宣傳……不可提及來自國務院基金的撥款」。[121]此外，英國人不反對援知會安排流亡知識份子到台灣（或東南亞）定居，尤其是這樣可以將一些反共份子從政治上風雨飄搖的香港弄走。但對於援知會的就地融合服務，特別是在香港為難民提供教育和醫療設施，英國人就沒有那麼熱情。英國人擔心這種計劃會令他們被迫改變現有的教育和福利政策，影響殖民管治的方式。故此，港府拒絕援知會提出設立醫務所和華人大學的建議，以免因此須「改變諸如醫療從業員和大學教授標準等事物的規定」。英國人不想香港變成「會吸引更多難民前來的地方」。[122] 有鑒於港府的掣肘，援知會香港辦事處專注於為合資格移居台灣的難民領袖登記和遴選，以及致力於小規模的翻譯計劃。[123]

　　華盛頓並非只向援知會提供財政支援。「脫共者計劃」在 1954 年擴大，它在一年前已小規模地延伸至遠東，並派出常駐人員到香港。「遠東難民計劃」（這是亞洲版「脫共者計劃」的名稱）資助不少美國志願機構在香港推行的房屋、職業訓練和醫療計劃，如美國天主教福利會、世界信義宗聯會和中國大陸災胞救濟總會。不過，推行遠東難民計劃並非純粹出於人道原因。艾森豪威爾政府所盤算的，是「以頗

121　Aldington to Boorman, 17 Feb. 1953, ibid.

122　HK to State, 27 Feb. 1953, WHO NSCP, 1953–61, Psychological Strategy Board Central Files Series, Box 11, DDEL.

123　HK to CO, 3 Sept. 1953, CO 1023/117, PRO.

為象徵式的援助來達到最大心理效果」。[124] 遠東難民計劃不會全數安置滯港難民（1954 年時有約六十七萬人），而只會協助安置「一小部分真正的中國政治難民，這些人獲驗明屬於有特殊政治或心理重要性的團體和類別」。不過，美國新聞官和秘密行動專家利用美國援助計劃時必須謹慎而行。港府清楚表明，它同意在香港執行「脫共者計劃」的行動是有條件的，那就是不能宣傳「志願組織執行的難民援助活動，是獲美國政府資助」。美國宣傳人員願意接受殖民地政府施加的限制，他們明白，公開美國官方的參與可能觸怒北京，或者引來更多難民潮。使用有關大陸難民情況和美國援助計劃的文宣材料時，會以合作志願組織的名義發出，或者不註明來源。[125]

　　在 1954 年，滯港大陸難民的苦況受到國際社會關注，聯合國難民事務高級專員公署（聯合國難民署）派出調查團到香港，調查是否可能把工作範圍擴大至香港，這個調查團由漢布羅博士（Dr Edvard Hambro）率領。漢布羅調查團的結論是：大陸難民是「政治難民」，應當受「國際社會關注」。不過，「兩個中國」的存在造成法律上的技術問題，令高級專員公署無法協助這些大陸難民。由於這些難民大多效忠中華民國，他們理應得到台北的外交保護。但正如漢布羅的

---

124 Memo by State, 16 July 1957, RG 59, Records of the Office of Chinese Affairs 1957, Lot 60D 648, Country File 1957, Box 1, NA. 據戴維思（Michael G. Davis）說，由於共產黨批評美國歧視亞洲難民 / 移民，所以遠東難民計劃是用來「顯示美國的關注，而又不用敞開美國門戶」讓數以十萬亞洲移民進入。Michael G. Davis, 'Impetus for Immigration Reform: Asian Refugees and the Cold War', *The Journal of American-East Asian Relations*, 7/3-4, Fall–Winter 1998, 136-7.

125 Joint State–USIA–FOA Instruction, 10 Feb. 1955, RG 84, USIS HK 1951-5, Box 6; Annual Report on Far East Refugee Program in Hong Kong/Macau Area (1 July 1954–30 June 1955), 15 July 1955, ibid., NA.

報告指出，英國承認中華人民共和國，「令台北政府不可能在香港提
供外交保護」，因此，「只要聯合國機構視台北政府為代表中國的政
府」，聯合國難民署就無法保護這些難民。[126] 1955 年 5 月，聯合國難
民基金執行委員會審議了漢布羅的報告，並通過決議，要求聯合國難
民署「鼓勵各國政府和團體以同情之心，協助解決香港的大陸難民問
題。」[127]

　　此時，香港政府對於聯合國插手難民問題有些疑慮。英國人至今
沒有向聯合國求助；最早資助和促成漢布羅調查團的，其實是福特基
金會。除了聯合國難民署把權限擴大到香港，牽涉「複雜的法律甚或
政治問題」，英國人也不希望「參與任何旨在令人注意到香港難民困
境的宣傳活動」。港府不想「把『難民』和其餘人口加以區分」，認
為兩批人的苦難相同。對葛量洪來說，「撥出資金專用於『難民』不
但不妥當，而且不可能」。此外，他希望任何外界協助都能夠不帶任
何附帶條件，以令殖民地政府可以自由運用這些資金，做對整體社會
有裨益的事。[128]

　　不過，到了 1957 年英國人不再抗拒國際協助，如果有人伸出援
手的話。1956 年 2 月初，港府撤銷從中國大陸入境的限制，難民數目
增至七十萬，總人口達到二百五十萬，七個月後恢復入境限制。英國
議院被告知「香港食水、房屋、就業、教育和衛生服務的資源」已經

126　Dr. Edvard Hambro, *The Problem of Chinese Refugees in Hong Kong* (Holland, 1955), 126–7.

127　Geneva to FO, 17 May 1955, CO1030/382, FED418/403/02, PRO.

128　HK to CO, 2 Dec. 1954, ibid.; Howard-Drake to Comfort, 8 June 1955, ibid.; HK to CO, 9 Mar. 1955, ibid.

「消耗殆盡」。[129] 1956 年親國民黨份子暴動，其後周恩來警告「共產中國不容許在中國家門前的香港有進一步騷亂」，令難民問題增添了政治方面的因素。如《經濟學人》（The Economist）雜誌以悲觀的語調描述這次暴動的影響：「這些難民和他們後代，不管是親共還是反共，或者只是無家可歸的失業人士，全都無關緊要：每當北京想研究能否『在中國家門前』組織轟轟烈烈的騷亂時，這些人就成為愈來愈容易點燃起來的材料。」[130] 1957 年 2 月底，港督葛量洪在立法局致辭時說，這是「關乎人的問題，是關乎普通男女老幼的問題」。港府已花了超過三億港元把二十一萬名難民和移民安置到多層廉租屋，但葛量洪說，仍有三十萬木屋區居民有待安置。葛量洪在其年度檢討的最後部分說，港府所做的工作令人矚目，但同樣令人矚目的是，香港從外界得到的協助竟那麼少。他的訊息很清晰：大陸難民問題太大，非香港和志願機構能夠獨力解決，國際社會必須施以援手。[131] 事實上，在1956 至 1957 年，無數本地和海外志願組織、難民團體和了解情況的人士，都不斷呼籲國際社會協助七十萬名滯港難民。[132]

　　1957 年 2 月，聯合國難民署執行委員會審議並接納美國代表提出的決議案，中國難民問題備受國際關注。執行委員會無法明確決定滯港中國難民是否合資格獲得援助，遂把問題交由聯合國大會處理，聯大在秋天開會，審議聯合國難民署的新權責範圍。但港府不歡迎這個

129　19 Dec. 1956, *Hansard*, Fifth Series, Session 1950–1, Vol. 562 Sec. 1956–7, column 171–2; 24 Oct. 1956, ibid., Vol. 558 Sec. 1955–6, column 622–3.

130　*The Economist*, 3 Nov. 1956.

131　*FEER*, 22/10, 7 Mar. 1957, 294–5；《星島日報》，1957 年 2 月 28 日。

132　如見《星島日報》，1956 年 5 月 10 日；《香港時報》，1957 年 1 月 9 日；*New York Times*, 14 Apr. 1957。

決議案。葛量洪認為，處理難民問題時，應視之為「關乎人的問題，
而非政治足球賽」。他擔心，聯大裏有許多共產政府代表，聯大的討
論「如果局限於發表冷戰論點，對香港傷害會很大」。反之，港府希
望這個問題能在聯合國經濟及社會理事會審議，因為「它相對不受宣
傳影響」，所以能夠通過決議案，而這決議案「可為聯大輕易接納，
並且至少能以此為途徑，提供形式能為香港政府接受的國際援助」。
更重要的是，香港的英國官員和本地輿論都期望英國「日後在關於這
個〔難民〕問題的討論上較為主動，嘗試把它轉向有所裨益的方向」，
因為在較早前的執行委員會討論中，採取主動似乎不是英國代表，而
是聯合國香港協會和國民政府的代表。[133] 人們覺得倫敦為滯港難民問
題所做的並不足夠。

　　但是，倫敦的英國政府卻另有想法。殖民地部、外交部和財政部
認為，「最符合香港利益」的做法，是避免在 7 月的聯合國經濟及社
會理事會第二十四屆會議上討論把聯合國權責範圍擴大至香港，反而
「保留我們的火力，留待秋天的聯合國大會」。白廳希望把討論推遲到
那年稍後，不只因為仍有「許多政治和法律分歧」須處理，更重要的
是，它知道聯合國的所有基金現在都已「全部撥作他用」。美國人告
訴英國人：「美國政府目前沒有資金協助香港的難民。」英國和美國
一樣，財政是須要考慮的重要因素。殖民地部告訴港督：「聯合國任
何對香港的承擔，幾乎都肯定需要英國向聯合國基金挹注新資金」，
而「把英國資金經聯合國流向香港，顯然會遭到反對」。[134] 因此，無

133　Ledward to Dalton, 5 Mar. 1957, CO 1030/777, FED418/403/02, PRO.

134　Cabinet Steering Committee on International Organizations, I.O.C.(57)37, 17 May 1957, CO
　　　1030/777, FED418/403/02; CO to HK, 27 May 1957, ibid., PRO.

論華府還是倫敦，都無法貢獻更多資金去解決香港的大陸難民問題。簡言之，經濟現實政治壓倒人道關懷。

　　要直至 11 月，國際社會才似乎較為關心滯港的大陸難民。聯合國大會在 26 日通過決議案，承認這是「國際社會應關注」的問題（但不屬於聯合國難民署的權責範圍），要求各國政府、國際組織和非政府機構協助，並授權聯合國難民高級專員「運用其職權」促成一些安排，向香港政府提供捐獻。[135] 其意思是，如果大規模國際援助無法實現，香港就要獨力承擔主要責任。連英國本國政府都不願意承擔更大的責任，因為英國人覺得香港自己有能力為安置計劃提供資金。葛量洪在與白廳的私人通信，甚至在公開演說中怨嘆英國沒有為難民問題負擔更多費用（除了石硤尾大火的賑款和根據《殖民地發展和福利法》的撥款）。葛量洪認為，英國對難民的協助「遠少於香港向女王陛下政府貢獻的防務經費」。[136]

　　美國政府把滯港大陸難民視為「大陸和海外中國人大舉唾棄赤色中國政權的象徵」。美國對難民的支持是「有所取捨的」，優先協助「領袖人物、學生，以及其他美國特別感興趣的人，或者共產黨政治運動針對的目標」。[137] 很明顯，華府決策者除了出於人道主義，也是為了冷戰宣傳。話雖如此，在香港的美國志願組織確實積極為大陸難

---

135 《香港時報》，1957 年 11 月 26 和 28 日。

136 HK to CO, 8 Apr. 1957, CO 1030/783, FED418/403/02；《星島日報》，1957 年 12 月 19 日。事實上，葛量洪曾向白廳建議，英國政府免除香港負擔的軍費，那他就可以把這筆錢協助難民，為他們提供房屋和福利服務，如果不行的話，就應重新考慮減少香港駐軍的建議。但這兩方面他都失敗告終。Grantham, *Via Ports*, 194.

137 OCB Progress Report on NSC 5706/2, 11 Dec. 1957, WHO SANSAR, 1952–61, NSC Series, Policy Papers Subseries, Box 20, DDEL.

民和移民提供房屋、教育和福利服務。

　　簡言之，大陸難民問題造成沉重的財政負擔，已非港府所能獨力
承受，而對國際社會來說，這又是棘手的敏感政治問題（在 1957 年
前）。在香港的大英帝國，比它給人的印象更為脆弱。

小結

　　從英國人的觀點看，香港的「海外美僑」──領事、間諜、宣傳
人員、志願工作者等 ── 既是「威脅」也是穩定的源頭，這十分矛
盾。港府對美國的秘密和單方面行動尤其懷有戒心，憂慮它們會成為
北京信手拈來的目標，用來批評美國利用香港為反共基地。無論共產
黨的指摘多麼不符事實，英國人都極力避免美國活動可能引起的任何
尷尬，並消除會被中國用來干預香港事務的藉口。維持英國在香港的
統治，須靠一視同仁地對待這個地方的各派人馬。如果港府准許美國
機關利用香港從事「秘密」活動，就難以拒絕共產黨人在香港從事類
似的活動。故此必須限制在港「海外美僑」的活動，而且不能把香港
變成美國的「非正式帝國」。

　　美國受到掣肘，無法不受拘束地在香港從事其反共大業，英國
也無法不讓「中立」的香港參與圍堵中國。[138] 事實上，英美兩國都知

138　一方面，隆巴爾多忽視了英國人施加的限制，誇大了香港對於美國秘密行動和反共宣傳的貢
　　獻；另一方面，曾銳生強調儘管有一些「偏差」，但香港政府在冷戰期間成功保持「中立」。
　　見 Lombardo, ‘A Mission of Espionage, Intelligence and Psychological Operations’；Tsang,
　　‘Strategy of Survival’。

道，彼此在情報蒐集領域須更密切合作，以補各自情報工作之不足，
也看到匯集資源和專門知識的好處。美國總領事館在訪問難民方面，
與香港當局有良好的工作關係；在監察大陸報章方面，也與地區新聞
處香港分處緊密配合。英美兩國之間的情報交流頻繁而且有成果。在
宣傳和新聞政策方面，港府默許香港美新處的工作，但不是完全與其
合作。它對美新處以本地人為對象的活動十分不以為然。令英美在香
港關係最大問題的是美國的秘密行動。港府不贊成以秘密手段蒐集
情報、「暗中」發放宣傳材料，尤其反對利用香港作為顛覆中國的基
地。由於英美在對華政策上有分歧，倫敦不願意為華盛頓出面向香港
施壓。

　　然而，前線美國官員在從事情報和宣傳工作時，一般都願意遵從
港府所能容忍的政治和法律規範。這些「海外美僑」在人屋簷下，也
不得不如此。不過，香港是英國殖民地，這點也是重要因素。美國對
英國懷有敬意，視之為親密盟友和負責任的殖民國家。這種尊重源於
美國的種族層級思想，這套思想把盎格魯—薩克遜民族放在層級最頂
端，而英美社會相同的價值觀和語言，也有助於彼此的密切協商和互
相了解。[139] 在港美國官員從實際經驗逐漸對中國有了較合乎實際的了
解，而且比美國政府較同情風雨飄搖的香港。[140] 他們知道美國在戰略上
利用香港必須盡量謹慎和隱晦，也不時願意減少英國視為過於「挑釁

139　見 Michael H. Hunt, 'Conclusions: the Decolonization Puzzle in US Policy — Promise versus Performance', in David Ryan and Victor Pungong (eds.), *The United States and Decolonization: Power and Freedom* (London, 2000), 207–29。

140　Ralph N. Clough Oral History Interview, 16 Apr. 1990, 3, FAOHP, GU; Paul Kreisberg Oral History Interview, 8 Apr. 1989, 26, ibid.; Karl Lott Rankin, *China Assignment* (Seattle, 1964), 27.

性」的活動。這並非說香港的「海外美僑」把自己「幻想」成獨立的群體，可以無視本國政府的冷戰要求。這些美國過客也沒有融入本地社會之中，與本地人有相同想法。恰恰相反，美國駐港總領事都非常反共，其中藍欽和莊萊德兩人後來都當上美國駐台灣大使，而且是蔣介石的堅定支持者。不過，美國前線官員在日常工作中，一般都能兼顧他們的美國人身份和本地觀點。這主要由於他們擁有相對的自由，可以順應英國人的要求，在香港有所節制。美國在香港的情報和宣傳工作雖然很寶貴，但沒有重要到華府會為之冒可能損害與倫敦關係的風險。不同於在韓戰實行出口管制，這些工作鮮少得到高層決策者注意，在美國國內政壇也不是有爭議的問題。結果，華府決策者很少向在港美國官員施壓，這些官員的想法可能接近香港政府多於本國政府。這些美國人並非不知道香港只是「身不由己的冷戰戰士」。

結 論

　　香港在去殖民化和冷戰時代的脆弱情況，為英美兩國決策者帶來許多政策上的兩難局面。1949 年後，在共產黨統治中國的陰影籠罩下，英國人深刻感受到香港在軍事、政治和經濟上的脆弱。然而，共產黨對香港的威脅是潛在多於真實，一些官員覺得是嚴重問題，另一些人則不這麼看。英國人不認為中國會孤立地攻擊香港，但如果中美因為韓國、中南半島或台灣爆發大戰，美國或許會利用香港為行動基地，而北京就可能攻打這個殖民地以阻止此事。英國人估計，由於香港的經濟和政治價值，中共不會碰香港，不過仍然擔心如果倫敦在本地和國際上支持北京眼中咄咄逼人的美國政策，共產黨就會向香港報復。在這方面，英國人也面臨間接的「美國威脅」：華盛頓要求英國人採取行動對付北京，可能令香港處於險境。最重要的是，英國人在軍事上無力保衛香港，令他們的脆弱感更形加劇。英國人把優先重點放在歐洲和馬來亞，無力派出成功保衛香港所需的兵力，而在冷戰（而非世界大戰）中失去香港，被認為會對「自由世界」造成極嚴重的心理影響。有鑒於此，英國人必須引起美國對保衛香港的興趣，同時把美國政策引離原本較為好戰的方向。但是，倫敦在約束華府的過程中，必須在香港問題上有所妥協，以顯示英國作為美國親密盟友的價值。

　　美國方面主要從冷戰角度來看待香港。中國大陸落入共產黨手中後，華盛頓認為香港可以發揮重要作用，協助達成美國的政策目標：蒐集有關中國的情報；執行對華出口管制；並製作反共文宣，供東南亞的公開宣傳之用。無論香港在這些領域多有用處，大體而言，它對美國的全球利益來說無關緊要。華府決策者不是從香港本身來評估其重要性，而是從英美關係的大背景着眼。對艾森豪威爾來說，香港是外交工具，是討價還價的籌碼，用來爭取英國在法屬印度支那、國民黨控制的外島，以及聯合國的中國席次等問題上支持美國的政策。

　　英美政府在調和彼此相衝突的國家利益，以及各自矛盾的政策目標時，受到許多因素左右，例如他們就共產黨對香港的威脅和香港防禦能力所做的評估、國內政治和輿論的影響、高層決策者在政策過程中所做的決定性干預，而最重要的是英美關係的總體情況。那麼，對倫敦和華盛頓來說，有關香港所形成的看法和所下的決定，是直接相聯繫到英美關係的反覆變化。

英美互動中的香港，1949－1957

　　1949 年中共建政，令工黨政府面臨雙重問題：一是香港的前途，二是英國與新中國的關係。為了威信、經濟和戰略上的原因，英國決心保住香港。向香港增兵後，工黨政府有信心能嚇阻中國可能發動的攻擊，但仍然希望爭取美國在道義上支持它「抵抗共產主義侵略」的決定。杜魯門政府也從應對共產中國崛起這個大背景來看待香港的未來。艾奇遜最初對「東方柏林」的比喻無動於衷，到 9 月時卻漸漸相

信香港掌握在英國手裏很重要。然而，由於美國軍方懷疑英國保衛香港的能力，杜魯門政府在 10 月決定，如果中國攻擊香港，美國只會在英國向聯合國投訴事件時提供道義上的支持 —— 這正是工黨政府那時候所要的。美國雖然覺得香港並不重要，不應動用匱乏的資源去維持其生存，但它看到在冷戰鬥爭中利用這個前哨的巨大價值。共產黨取得中國政權後，美國駐港領事館的規模和功能急速擴張，在五十年代成為對中國大陸的重要監聽站和製作反共宣傳的主要中心。

為了保障香港和英國在大陸的經濟利益，艾德禮政府傾向於與中共發展外交和經濟關係。杜魯門政府則以不同的態度對待中國，希望以出口管制為發揮影響力的手段，阻止北京完全依賴莫斯科，同時向國民政府提供有限度的援助，「直至塵埃落定」。不過，工黨政府深明美國政府迫於國內壓力，要繼續向正在崩解的國民政府提供軍援，儘管台灣一旦失守，這些武器就會落入共產黨手中，可能危及香港。杜魯門政府明白，相較美國，英國在中國和香港有更重要的利害關係，而且兩國的優先要務應是歐洲而非亞洲。因此，在承認問題上，美國願意與英國和而不同。到了該年年底，經過一系列外交協商和政策協調，在防衛香港、管制對華貿易和承認中華人民共和國的問題上，美英政府的立場有所趨近。兩國當然仍有分歧，但它們存在於合作夥伴關係的架構之中。

然而，英美夥伴關係不久後就再受考驗。1950 年 6 月韓戰爆發，令他們對中國問題的分歧擴大，這些分歧也體現在對香港的政策上。杜魯門宣佈派第七艦隊游弋台灣海峽執行中立化政策後，工黨政府憂慮衝突可能會擴大到中國。一旦中美為台灣爆發大戰，英國就會陷入兩難境地：若支持美國，可能刺激中國向香港報復；若是在這場衝突

中置身事外，就會令英美同盟分裂。因此，在 7 月底的美英高層會談中，英國人嘗試約束美國人不要擴大戰爭，並阻止美國承諾支持國民政府。在這個階段，如鄧寧等英國官員顯然成功令美國了解香港的脆弱情況，並令美國明白局限韓戰的規模很重要，這些英國官員對此稍感安慰。但是，1951 年初韓國軍事形勢惡化，杜魯門政府承受很大壓力，須採取更強硬措施對付中國，並加強與國民政府的聯繫。在美國士兵於韓國被殺戮之際，國防部和參謀長聯席會議認為英國人有姑息中國的傾向，對此十分不滿。美國國會和一些民眾愈來愈批評英國對美國有太大影響力，而他們的政策似乎被香港和對華貿易所主宰。英美關係在韓戰的關鍵時期陷於緊張。

　　但是，韓戰期間香港面臨的最大難題，是美國施壓要它加強對華經濟戰。香港政府和殖民地部尤其不願意全部切斷與中國大陸的經濟聯繫，擔心會引致嚴重失業和社會動盪，並減低香港對中國的經濟價值。但是，對於貝文、法蘭克斯和後來的邱吉爾來說，在英美關係的總體利益面前，殖民地的利益只能居次。他們認為，英國帶頭向中國實行戰略物資管制，可以顯示它與美國親密無間，並在此過程中約束美國其他更咄咄逼人的建議，例如海軍封鎖和全面禁運。香港與大陸之間的合法貿易也可因此證明為合理。在韓戰期間，英國證明對於經濟圍堵中國，自己是所有美國盟友中最有價值的。不過，儘管香港當局已竭盡全力實行出口管制，但麥克阿瑟聽證會令美國國會和公眾群情激憤，仍然批評英國與敵人通商。唯一支持倫敦的是國務院和美國駐港領事館：前者帶頭要求美國放寬對香港的禁運，後者則協助港府駁斥麥克阿瑟關於香港出口戰略物資到中國的指控。國務院藉着在這些問題上向英國人施以援手，並在內部討論中提及英國的合作，希望

能加強其理據，抗衡國防部和商務部更為激烈的建議。在整個韓戰期間，國防部和國務院在對中國採取額外措施，以及盟友在美國政策制定過程中的作用等問題上常常牴牾。因此，他們對於在香港實行出口管制齟齬不合，反映他們對於韓戰該如何打的更大分歧。

　　在 1953 年繼民主黨政府後上台的艾森豪威爾政府，大體而言較重視亞洲。這令英國參謀長委員會至少在三個場合覺得（不管是否正確）美國對保衛香港有了較大興趣。英美官員之間的軍事交流也更為頻繁，造就了一連串關於香港的聯合計劃研究。但對艾森豪威爾來說，保衛香港與其說是軍事決定，不如說是政治決定；他對香港的態度往往受亞洲其他地方的事態發展所左右，尤其出於維持英美關係的考量。他在 1954 年希望英國支持在奠邊府採取「聯合行動」，在 1955 年希望英國支持保衛國民黨控制的金門和馬祖。艾森豪威爾深知香港的脆弱性，明白要安撫盟友。因此他在這兩次危機時都親自致函邱吉爾，暗示美國可能會協助香港，以換取倫敦在中南半島和台海問題上與華盛頓合作。艾森豪威爾與邱吉爾的私人友誼，令他動用最高層的「特殊關係」，盡最後努力爭取英國支持。對英國來說，這是很重要的影響因素，因為此時艾登和杜勒斯的個人嫌隙非常不利於英美團結。

　　然而，艾森豪威爾在 1954 和 1955 年向邱吉爾的呼籲不奏效。保守黨政府和前任的工黨一樣，相信外交手段才是保衛香港的最佳辦法。邱吉爾政府雖然猜疑和厭惡中國共產主義，但仍竭力避免不必要地挑釁北京。到了五十年代中期，英國在中國大陸的經濟利益已全被排擠掉，而分裂中蘇同盟的戰略目標似乎難以達成。不過，英國人仍有脆弱的香港須要保衛。因此，在中南半島和台海危機時，保守黨政

府的主要關注是避免與中國公開衝突。儘管邱吉爾渴望維持與美國的
「特殊關係」，但他認為艾森豪威爾要求向巴黎和台北提供更大支持，
並非最明智之舉。因為這樣會造成很多後果，包括可能與中國爆發大
戰，若出現這種情況，中國就會奪取香港。

在 1956 年蘇彝士運河危機後，對艾森豪威爾政府和新上台的麥
美倫政府來說，當務之急是恢復英美關係。這也左右大西洋兩岸決策
者看待香港的方式。這兩個盟友在 1957 年專注於處理三個問題，全
都與香港有這樣那樣的關係：香港的未來、中國貿易差別，以及聯合
國中國代表權。首先，蘇彝士運河危機向保守黨政府顯示，缺乏美國
支持，英國就無法維持其殖民和世界強國的地位。1957 年初英國檢
討其長期防衛政策時，英國人在香港地位的不明朗，似乎更甚於 1949
年以來的任何時間。在桑德斯白皮書發表和香港駐軍數量決定後，很
清楚如果沒有美國核武器支援，香港受外敵攻擊時，英國人是無法保
衛這個殖民地。艾森豪威爾政府雖然不贊同艾登的蘇彝士政策，但仍
盼望英國繼續發揮世界強國的作用，不過此強國要與美國步伐一致。
因此，麥美倫在 3 月的百慕達會議上提出「放棄香港」的建議時，杜
勒斯把香港的地位提升至象徵意義，嘗試藉此說服這位英國首相三
思。杜勒斯甚至暗示，如果麥美倫不大力要求讓中國加入聯合國，美
國就會協防香港。然而，艾森豪威爾的國家安全委員會在 8 月開會時
決定，一旦香港受到中國攻擊，美國只會協助撤走美僑，在此以外的
軍事援助則不會提供。美國懷疑英國人為保住香港奮戰的決心，而且
有鑒於自己已承擔了許多責任，不願意在英國人撤退時一手包攬原本
由英國負起的責任。另外，艾森豪威爾沒有接到倫敦確切表明英國會

停止要求讓中國加入聯合國，所以他一如以往，覺得無須繼續處理他暗示美國會協防香港的建議。

英美直至 10 月才再有機會就香港和中國問題討價還價。3 月在百慕達時，除了美國可能對香港承擔義務，杜勒斯也暗示，如果倫敦願意在中國代表權問題上較為合作，華府或許不會那麼反對放寬中國貿易差別。那時候麥美倫政府正大力要求取消中國差別，這除了是為恢復香港與中國大陸的轉口貿易，還因為受到來自議會和英國製造業的壓力。在 5 月，英國人片面宣佈取消中國差別，他們相信美國人或至少艾森豪威爾的反應不會太激烈。艾森豪威爾政府默許英國的決定，期望倫敦會在政治戰線投桃報李。這個時機在 10 月的華盛頓會議時到來，那時蘇聯剛成功發射人造衛星「史普尼克號」。艾森豪威爾在華盛頓提議加強英美核子合作；麥美倫則同意不要求讓中國加入聯合國來回報；而艾森豪威爾為了報答，又同意與英國人共同研究香港防衛問題。英國人知道，在美國政府眼中，中國代表權比其他中國問題更要緊和敏感，而北京對於他們繼續支持台北留在聯合國，不會有過於不利的反應。而且，華盛頓願意在分享核技術方面作重大讓步，這無疑是強烈誘因，促使麥美倫政府趨近美國在中國代表權問題上的立場。在艾森豪威爾看來，若想抗衡蘇聯在核技術方面明顯領先所帶來的挑戰（無論是真實還是想像），則非加強英美在核子、政治和經濟領域的合作不可。然而，艾森豪威爾也知道，為保證英國人合力圍堵中國，美國顯示對香港的興趣，是必須付出的代價之一 —— 不過在 1957 年這只是小代價。

在 1957 年的百慕達和華盛頓會議後，英美「特殊關係」恢復，

這種關係主要建立在私人交情的基礎上，麥美倫形容其形式為「相互依賴」。[1] 雖然這兩次會議沒有改變英國在英美夥伴關係中的小老弟地位，但它們顯示，美國若想有效地圍堵全球共產主義，仍須依賴英國。就香港而言，美英工作小組在 1957 年底成立，並沒有取消美國只限協助撤退的現行政策，也沒有令香港成為麥美倫可能想要的那種「共同防衛問題」。不過，因整體防衛檢討造成香港前景不明朗的情況，到了 1957 年底業已消散：英國人暫時不會「放棄」香港。對美國來說，香港成為「自由世界」的象徵——重要的情報和宣傳中心、難民的避難所，以及資本主義生活方式的櫥窗。此外，部分是由於中國遭到禁運，香港慢慢蛻變為生產廉價紡織品的工業中心，這些產品有很大比例是出口到美國。只要香港仍然是英國殖民地，而英國是美國的重要盟友，那麼在冷戰時期香港就繼續是美國關注之事。

香港、冷戰和英美「特殊關係」

對美國來說，冷戰是遍及所有陣線——政治、經濟和心理——的全面戰爭，需要盡量多國家參與，從歐洲、中東到亞洲都不能少。英國有無數空軍基地、海軍設施，還有散佈世界各地的技術情報蒐集站，無疑是美國最有價值的盟友。負責美國秘密行動的政策協調處處長魏斯納（Frank Wisner）說過：「每次我們想顛覆一個地方，都會發

1　Anne Deighton, 'British Foreign Policy-Making: The Macmillan Years', in Kaiser and Staerck (eds.), *British Foreign Policy*, 6; Alistair Horne, *Macmillan 1957–1986* (London, 1989), 27.

覺附近有英國人擁有的島嶼。」[2] 香港既為大英帝國的一部分,無論多麼脆弱,在美國眼中都可以為圍堵中國起到某種作用。美國總領事館利用香港這個咽喉之地「觀察中國」,為美國政府提供制定外交政策的第一手資料。另一方面,香港美新處製作有用的心戰文宣材料,供東南亞和華盛頓的美國宣傳人員使用。此外,美國前線官員監督港府執行對大陸的出口管制,這對於經濟圍堵中國的成敗十分重要。雖然香港並非處於反共鬥爭的前線,但它發揮重要的支援作用。香港的貢獻不會改變冷戰的方向,不過,美國人顯然認為它的參與不可或缺,並且渴望得到英國人合作,以達成這個目標。因此,香港的例子凸顯了這場意識形態、政治、經濟和軍事衝突的全球性質。

然而,大家不應誇大香港在冷戰中的作用。托尼‧史密斯(Tony Smith)曾說,除了兩個超級強國,次要行動者和盟友對於「擴大」、「加劇」和「延長」這場東西方鬥爭,也發揮了重要作用。[3] 但在史密斯提出的「邊緣中心」(pericentric)框架中,香港似乎是頗特殊的例子,香港是英國殖民地,無論它多麼次要,都不屬於國際體系中的自主行動者;英國人也不想「加劇」和「延長」與中共的冷戰。在這方面,香港是可稱為冷戰中「身不由己的盟友」、「半盟友」或「半中立者」的顯著例子;它受到地緣政治、歷史聯繫、經濟需要,以及互相矛盾的政治目標所圍限,變通餘地不多。由於在地理上與大陸毗連,又與之有歷史和經濟聯繫,香港在面臨中共壓力時十分脆弱。不過,除了中國的威脅,美國也是間接造成英國脆弱感的源頭。英國人擔

2　Kim Philby, *My Silent War: The Autobiography of Kim Philby* (London, 1989), 219.

3　Tony Smith, 'New Bottles for New Wines: A Pericentric Framework for the Study of the Cold War', *Diplomatic History*, 24/4 (Fall 2000), 567–91.

心，在冷戰中與華盛頓合作太密切會觸怒北京，因而向香港報復。所以，他們堅持美國在香港的情報和宣傳活動要盡量審慎，美國人也不可在香港建立「非正式帝國」。因此，中國因素大大限制了香港在美中對抗的參與程度。事實上，香港的情況極為近似斯堪的納維亞或北歐國家（丹麥、挪威、瑞典和芬蘭）面臨的安全困境和它們在美蘇對抗中的角色。[4] 處於狂熱冷戰戰士美國與強大近鄰俄國之間，斯堪的納維亞國家左右為難，沒有什麼選擇，要不成為華盛頓的「半盟友」，要不成為傾向莫斯科的「半中立國」。因此，挪威和丹麥加入北約，但公開承諾不容許外國在它們的國土駐軍和部署核武器；瑞典奉行中立政策，不過它成功維持這個立場的方式，是靠尋求西方援助並支持對付蘇聯集團的經濟戰；而芬蘭也在冷戰時期宣佈中立，卻又與蘇聯維持「特殊關係」。

　　經過不斷的勸說、折衷和討價還價，英國人和美國人彼此妥協，同意香港在冷戰中所起的作用應當是較審慎和間接。如果大家同意英美「特殊關係」是一種緊密協商、訴諸私交、互相懷有期望，以及彼此讓步的互動過程，那麼他們就香港問題的互動，也顯示那種「特殊性」的顯著特點。英美兩國有共同的意識形態和語言、密切的私人情誼，以及互相尊重，令彼此的密切協商關係得以鞏固。但更重要的是，正是因為他們對於世界問題的看法和政策各異，所以須不斷交流意見。在香港問題上，美國國務院與英國外交部保持頻繁的外交協商，主要通過英國駐華盛頓大使館，而美國駐港總領事館也和港督密

4　見 Jussi M. Hanhimäki, 'Security and Identity: the Nordic Countries and the United States since 1945', in Geir Lundestad (ed.), *No End to Alliance: The United States and Western Europe: Past, Present and Future* (London, 1998), 81–111。

切聯繫。有時候，香港問題也獲美英政府最高層關注。英國人在外交磋商中一再提及香港的脆弱地位，希望藉此令美國人明白，對待中國採取和解態度十分重要。

英美協商關係不同於他們與其他盟友的關係，在於這種關係固有的親密隨意性質。美國人不想讓人覺得他們給予英國特殊地位，卻慣於在北約和東約等正式同盟體系以外與英國人舉行非正式和秘密的討論。[5] 憑着最高層的友好私交和非正式的協商渠道，可以克服官僚惰性，促進外交過程，並加強英美合作。在中南半島和台海危機期間，艾森豪威爾以私人身份向邱吉爾呼籲，提出美國協防香港，換取倫敦向巴黎和台北給予更大支持。無關緊要的香港顯然成為艾森豪威爾的重要籌碼。若非他過去與邱吉爾的交情，事事謹慎計算成本效益的美國政府，大概不願去考慮保衛可能無法防守的香港。此外，1957年百慕達會議期間，在中洋俱樂部舉行的不公開晚宴上，艾森豪威爾和麥美倫以及兩國的外交大臣和國務卿趁此機會在席間暢所欲言，交流彼此對世界問題的看法。麥美倫說英國正在「考慮放棄」香港，令美國人大吃一驚，這個考慮促使杜勒斯暗示與英國再來一次「交易」。這並非說最終決定美國政策的因素是私情，而非國家利益。重點是，艾森豪威爾就香港問題與邱吉爾和麥美倫的談判，顯示出英美關係的非正式性質。[6]

5　G. Wyn Rees, *Anglo-American Approaches to Alliance Security, 1955–60* (London, 1996), 162, 166.

6　托馬斯・里塞－卡彭（Thomas Risse-Kappen）在研究歐洲對美國的影響時，也強調英美「特殊關係」的非正式性質。彼此隨意磋商的習慣，以及非正式的規範和協議，令英國擁有調節美國政策的影響力，有時候甚至能加以否決。Thomas Risse-Kappen, *Cooperation among Democracies: The European Influence on U.S. Foreign Policy* (Princeton, 1995), 206, 211–12.

　　英美有關香港的互動也是充滿期望。英國人期望美國會在香港受中國攻擊時馳援。這種期望的根據,並非任何美國對於香港的具體保證,而是英國認為美國是其親密盟友的想法。杜魯門政府則期盼英國在實行對華出口管制方面扮演帶頭角色。艾森豪威爾也寄望邱吉爾和麥美倫在亞洲其他地方提供支持:1954 年在中南半島,1955 年在金門和馬祖,以及 1957 年關於維持英國的海外義務和把中國摒諸聯合國門外,以此來回報美國對香港承諾的義務 —— 無論這種承諾多麼含混。期盼對方會以自己希望的方式行事,有時候只是一廂情願。[7]例如,得不到英國在中南半島合作,令艾森豪威爾大為失望;邱吉爾則覺得美國的政策太冒險,同樣感到失望。不過,英美兩國沒有因為期望落空而互相攻訐。這兩個盟國知道,他們的優先要務是歐洲,不容許關於亞洲(遑論香港)的任何失望和分歧損害彼此的整體關係。

　　香港的例子也顯示,英國在英美同盟中的地位明顯是副手。在亞洲,倫敦對華盛頓的影響力只能起緩和作用。在兩航事件和對華出口管制的問題上,工黨政府不得不向美國的壓力屈服,但在另一些問題上,英國人卻能頂住壓力,堅持自己的決定,例如承認中華人民共和國,以及在中南半島和台海危機時拒絕支持華府。另外,他們能夠約束在香港的「海外美僑」,防止美國「非正式帝國」的建立。簡言之,英美關係是互相依賴的關係。顯然英國依賴美國多於美國依賴英國,英國向美國讓步多於美國向英國讓步。而且華府只在剛好也符合它的利益時,才願意做一些倫敦想它做的事,而不是呆呆地被精明的英國

7　「期望」和「一廂情願」如何以不同方式左右看法,見羅伯特‧傑維斯(Robert Jervis)的論述:
　　Robert Jervis, *Perception and Misperception in International Politics* (Princeton, 1976)。

人牽着鼻子走。不過，美國決策者素來深知，向英國人妥協或與他們做交易，是維持這個同盟團結的最佳方法。[8]對艾森豪威爾來說，為了維持英國在冷戰時期擔當美國的主要夥伴，香港是美國必須付出的代價。

8　約翰‧劉易斯‧加迪斯（John Lewis Gaddis）也強調美國人習慣於與盟友「妥協」、「討價還價」和「交易」，以此解釋西方「民主同盟」（亦即美國的「民主帝國」），為何在維持盟友團結方面比蘇聯集團／帝國更優勝，因此贏得冷戰。John Lewis Gaddis, *We Now Know: Rethinking Cold War History* (New York, 1997), 200–3, 288–9.

後記

1957 年後，香港在冷戰時期的脆弱情況繼續困擾英國人。但英國「保衛」香港的策略，主要仍然是靠嚇阻和外交手段，而這種做法也證明愈來愈成功。從 1957 年 12 月起，英美有關香港問題的工作小組在華盛頓開會，雙方同意一項關於共產黨對香港威脅的情報判斷，繼而思考因應措施。不過，到了 1960 年中期，會談「沒有明確結果就中止」。[1] 主要問題在於英國人明白駐港英軍的局限，而且即使有美國核武器，也不可能保衛這個殖民地。

工作小組在 1958 年初提出一項情報判斷後不久，英國參謀長委員會就開始對繼續這種會談懷有疑慮。如第二章所説，他們認為 1956 年美英參謀會議所商定的共同行動概念不再可行，這個概念所依據的假設是：香港受到公然侵略時，可以堅守一段不短的時間，以待美國核武器發揮效果。此外，他們擔心再談判下去，就須向美國人披露英國在香港兵力的局限 —— 駐港英軍到 1962 年將削減至六個主要單位。[2] 對於英軍在這個地區的實力和能耐，美國軍事官員大概並非完全不知底細，但他們「沒有接獲我軍〔英國〕未來裁減〔在香港和

1　COS(60)45, 14 July 1960, DEFE 4/128, PRO.

2　直至六十年代末，駐軍都大致維持在這一規模。COS(62)110, 6 Mar. 1962, DEFE 7/2074; OPD(66)80, 19 July 1966, DEFE 11/537, PRO.

整個遠東地區〕部隊的通知」。美國若同意協防香港，可能也會要求
英國先增兵，而這件事不大可能做到。另外還有一個危險，如果英國
「無法獲得美國承諾一事洩露給中國人知道，公然進犯的風險會隨之
增加」。香港總督尤其擔心「商議撤退計劃一事，若為香港人知悉，
會令人不相信我們有決心維持在此殖民地的地位」。[3]

　　如果英國對於英美繼續合作規劃香港防務一事有疑慮，那麼根據
行動協調委員會在 1959 年 6 月的報告，「由於 1957 年以來的事態
發展，在大多數基本層面，美國在香港的利益都有所增進」。[4] 該年稍
後，有鑒於新近通過的美國遠東政策（《國家安全委員會第 5913/1 號
文件》），行動協調委員會開始檢討國家安全委員會關於香港的現有
政策聲明（《國家安全委員會第 5717 號文件》）。根據《國家安全委
員會第 5913/1 號文件》，美國的主要目標是「對抗共產主義擴張和顛
覆，以維持自由世界國家和其他自由世界地區的領土和政治完整」，
而香港也被視為「自由世界」的一部分。[5] 不過，令美國對香港的政策
有所變化，還因為另外兩個重要考量：第一是「據報告，英國在面臨
外敵威脅時，對於維持控制香港的決心，態度變得較堅定」；第二是
「香港這個遠東工業和金融中心愈來愈重要，以及它對於該地區美國
經濟政策可能造成的影響」。[6] 如第二章所述，艾森豪威爾政府在 1957

3　COS(58)68, 10 Mar. 1958, enclosed in D(58)18, 24 Mar. 1958, CAB 131/19, PRO.

4　Operations Coordinating Board Report on Hong Kong (NSC 5717), 24 June 1959, RG 273, NSC Policy Paper Series, Box 44, NA.

5　NSC 5913/1, 25 Sept. 1959, WHO, SANSAR, 1952–61, NSC Series, Policy Paper Subseries, Box 27, DDEL.

6　Operations Coordinating Board Special Report on Hong Kong (NSC 5717), 23 Dec 1959, RG 273, NSC Policy Paper Series, Box 44, NA.

年決定不向香港提供軍事援助，部分原因是英國明顯缺乏保衛此殖民
地的決心。但到了 1960 年，有鑒於「各種意見交流和特別會議，加
上其他零星證據」，國家安全委員會推斷「英國不打算放棄香港」。[7]
由於這一切，艾森豪威爾政府較願意考慮美國提供更多協助以防衛香
港，而不只是撤走美國和其他國家的公民。國家安全委員會在 6 月 8
日開會時認為：

> 如果中共真的攻打香港，或者在中共直接支持下香港發生嚴重內亂，美
> 國應否介入對抗侵略者，這個決定應根據到時候的情況而定，包括英國
> 人對這攻擊的反應，敵對行動的規模……以及聯合國可能建議的行動。[8]

但是，這個名為《國家安全委員會第 6007/1 號文件》的政策聲
明，是否美國承諾保衛香港的象徵？

如一份為國家安全委員會預備的簡報指出，該聲明以「積極態度
看待協助這個殖民地繼續成為自由世界一員的政策」，並且「在發生
武裝叛亂或入侵的情況時，如有需要會授權美國介入」。[9] 不過，此規
定是說美國會「視乎情況」介入，這絕非美國對香港的堅定承諾，因
為最終決定權仍在美國總統手上。事實上，艾森豪威爾在國家安全委
員會會議上審議這個政策聲明時，他和預算局都不贊同美國協助鎮壓
香港的民眾騷動。他說，如果「英國人因民眾騷動而失去香港，那麼

7　Memo. for the files, 4 May 1960, WHO, NSCP 1953–61, Special Staff File Series, Box 3,
　　DDEL.

8　Statement of US policy on Hong Kong, NSC 6007/1, 11 June 1960, *FRUS 1958–60*, 19: *China*,
　　673–5.

9　Briefing Note for NSC Meeting, 6 June 1960, RG 273, OMM Series, Box 84, NA.

香港就已變成充滿敵意的地方,試圖保住它沒有什麼用處」。艾森豪威爾還說,他不打算命令美國介入香港的民眾騷動,「除非有跡象顯示中共軍隊參與其中」。[10] 一如以往,艾森豪威爾大概不覺得香港有那麼重要,令美國人不論任何情況都須致力將之保住。

還須指出的是,到了 6 月通過《國家安全委員會第 6007/1 號文件》之時,已擔任兩屆總統的艾森豪威爾即將去任。即使香港對美國有了更重要的經濟價值,但白宮換屆可能促使美國重新思考對香港的「承諾」,尤其是如本研究所顯示,在政策制定過程中,美國總統的介入可以左右大局。因此,在 1964 年美國國務卿魯斯克獲告知,詹森政府在香港問題上對英國沒有「具體承諾」。[11] 在 1967 年,國務院也清楚表明美國「不打算為英國人保衛香港,我們也不預期英國人會要求這種協助」。[12]

在六十年代,英國人對於協調英美有關保衛香港的規劃,的確不如之前那麼熱切。如前所述,他們擔心舉行任何討論,會披露駐港英軍兵力不足,而美國人會要求英國先增兵才願意協助。1961 年 3月,蒙巴頓勳爵(Lord Mountbatten)被美國太平洋戰區總司令問到「英國對於保衛香港的打算」時,他「語焉不詳」。如國務院判斷:「英國人事實上設法阻止美國參與有關香港的計劃。」[13] 根據國務院、

10　Memo. of discussion at NSC 447th meeting, 8 June 1960, *FRUS 1958–60*, 19, 667–72.

11　Bundy to Rusk, 3 Sept. 1964, RG 59, CFPF, 1964–6, Political and Defense, Def 15 HK, Box 1637, NA.

12　State to HK, 18 May 1967, RG 59, CFPF, 1967–9, Political and Defense, Pol 23–8 HK, Box 2176, NA.

13　Bundy to Rusk, 3 Sept. 1964, RG 59, CFPF, 1964–6, Political and Defense, Def 15 HK, Box 1637, NA.

國防部和中情局對香港所做的應變研究指出，即使在香港六七暴動期間，「英國官員都一直不願討論他們保衛香港的計劃，以及他們期望美國對保衛香港發揮什麼作用」。港督戴麟趾（David Trench）在 6 月離港回國前不久告訴美國總領事：「任何共同行動的問題將會以特殊情況方式處理。」美國人因此認為，美國的應變計劃所根據的假設應是：「我們不會在軍事上協助香港抵抗中國共產黨的公然攻擊。」[14]

　　本書指出，五十年代中期的事件和事態發展令英國人相信，保衛香港的唯一方法是嚇阻中國，使之不敢發動攻擊（或許是在香港發生內部騷動時，出兵恢復治安）。殖民地部在 1958 年呈交內閣國防委員會的備忘錄說：「若要保護我們在此殖民地的地位，就須靠心理震懾……而非靠英美防衛計劃。」[15] 在軍事方面，這就是要令中國相信，它若採取任何針對香港的行動，都會招致美國以核武器報復。第七艦隊到訪香港、英美每隔一段適當時間在香港舉行討論等，都被認為有助於加強中國這種想法。在民事方面，目標是「制止美國人採取任何形式的活動，令中國覺得香港已經或正在成為美國的基地，用來從事與中國為敵的行動……」。在蒐集情報和其他行動方面，美國人「對於他們在香港的所有活動，或者關於香港所做的一切事情」，都必須「謹慎而行」。[16]

　　六十年代越戰爆發，美國發覺香港是很有用的停靠港，可供美國海軍船艦寄碇，而且是美軍官兵的「休息娛樂」中心。中國在 1965、

14　Politico-Military Contingency Study on Hong Kong, WH Report (57), (no date), *DDRS, 1997,* fiche 289, doc. 3497。

15　D(58)19, 24 Mar. 1958, CAB 131/19, PRO.

16　COS(58)68, 10 Mar. 1958, enclosed in D(58)18, 24 Mar. 1958, CAB 131/19, PRO.

1966 和 1967 年向倫敦抗議，指摘美國利用香港作為侵略越南的基地。當時正值中國文化大革命的關鍵時期，之後香港又爆發暴動。在 1967 年，英國駐北京和上海領事館遭搜掠，人員被紅衛兵羞辱，這既出於對英國鎮壓香港左派的不滿，又因為英國人在香港與美「帝國主義者」勾結。然而，無論大陸的混亂還是香港的暴動，都不太影響美國在軍事上利用香港。雖然六七暴動期間有少數美國機構受襲（如美新處圖書館和美國銀行），但本地共產黨人的鬥爭對象主要是英國人而非美國人，[17] 而且他們的反英鬥爭沒有得到如周恩來等中國高層領袖批准，周本人捲入與激進紅衛兵的鬥爭中。另一方面，美國人在香港也很有分寸。他們在 1966 年和英國人一同制定指引，規範美國如何使用香港設施。根據指引，休息和娛樂訪問盡量不要惹人注目；訪港海軍船艦和人員的數目，大約維持在 1964 年的水平（十五萬六千人）；近期公佈剛參與越戰的，不應直接來港；並且設立美國—香港政府諮詢小組，以執行這些指引。[18] 至於理想的來訪次數，美國樂意接受港府的判斷，而在越戰戰況最酣和不明朗時期，有少數原已安排好的美軍海軍訪問被取消。美國肯這樣做殊不簡單，因為在六十年代，美英兩國在許多全球議題上意見相左，例如倫敦不肯派兵到越南，以及美國強迫英國繼續在蘇彝士運河以東地區發揮作用。[19] 然而，一如以往，美國明白，在冷戰時期想要從戰略角度利用香港，東

17　HK to State, 13 Feb. 1968, RG 59, CFPF, 1967–9, Political and Defense, Pol-Political Affairs and Relations HK, Box 2176, NA.

18　HK to State, 24 Feb. 1967, ibid.

19　有關英國決定從蘇彝士以東地區撤軍，以及這個決定如何影響英美關係的分析，見 Saki Dockrill, *Britain's Retreat From East of Suez: The Choice between Europe and the World?* (Basingstoke, 2002)。

道主政府的合作不可或缺。

　　1972 年中美和解和 1975 年越戰結束後，亞洲的緊張局勢緩和，英國對於香港的脆弱感也隨之消散。在 1972 年，中華人民共和國終於與英國建立全面外交關係，香港不再是可能為中英關係帶來麻煩的隱憂。此外，香港轉型為世界工業和金融中心後，美國看待它時，愈來愈從這個地方本身的價值着眼。在美國眼中，香港是重要的亞洲貿易夥伴，是美國公司地區總部的所在地，也是美國人的熱門旅遊地點 —— 而不僅僅是出口管制和情報蒐集的前哨。

參 考 文 獻

一、手稿

1. Dwight D. Eisenhower Library, Abilene, Kansas

   Dwight D. Eisenhower Papers as President (Ann Whitman File), 1953–61:

      DDE Diaries Series

      International Series

      NSC Series

   Dwight D. Eisenhower Records as President, White House Central Files, 1953–61:

      Papers of John Foster Dulles

      Subject Series

   White House Office, National Security Council Staff Papers, 1948–61:

      Operations Coordinating Board (OCB) Central File Series

      Special Staff File Series

   White House Office, Office of the Special Assistant for National Security Affairs Records, 1952–61:

      NSC Series, Policy Papers Subseries

2. Harry S. Truman Library, Independence, Missouri

   Papers of Harry S. Truman:

      Department of State Selected Records Relating to the Korean War

National Security Council Files

President' s Secretary' s Files

Papers of Dean Acheson:

Memoranda of Conversations, 1949–1953

3. Lauinger Library, Georgetown University, Washington, DC

Association for Diplomatic Studies, Foreign Affairs Oral History Program:

Oscar Armstrong

Ralph Clough

Everett Drumright

Lindsey Grant

John H. Holdridge

Arthur William Hummel Jr.

Richard E. Johnson

Paul Kreisberg

Larue R. Lutkins

Edwin Martin

Richard McCarthy

4. National Archives and Records Administration, College Park, Maryland

Record Group 59, General Records of the Department of State:

Central Foreign Policy Files, 1964–6 and 1967–9

Decimal Files

Records of the Bureau of Far Eastern Affairs

Records of the Bureau of Intelligence and Research (INR) Subject Files, 1945- 60

Records of the Division of Acquisition and Distribution, Office of Libraries and

Intelligence, Special Assistant for Intelligence, 1947–55

Records of the Executive Secretariat

Records of the Office of Chinese Affairs, 1945–55

Record Group 84, Foreign Service Posts of the Department of State, Hong Kong
Consulate General:

Classified General Records 1943–55

Classified General Records of the United States Information Service Office,
Hong Kong, 1951–5

Classified Telegrams of the United States Information Service Office, Hong
Kong, 1953–4

Records Pertaining to the trade of Hong Kong with Communist Controlled
Areas, 1950–4

Record Group 218, Records of the Joint Chiefs of Staff:

Chairman's Files

Geographic Files

Record Group 263, Records of the Central Intelligence Agency:

The Murphy Collection on International Communism 1917–58

Record Group 273, Records of the National Security Council:

NSC Meeting

NSC Policy Paper Series

OMM Series

Record Group 306, Records of the United States Information Agency:

Office of Research, Special Reports, 1953–63

Record Group 313, Records of Naval Operating Forces:

Records of the Pacific Fleet

Record Group 319, Records of the Army Staff:

Army Operations, General Decimal File 1950–1

5. Operational Archives Branch, Naval Historical Center, Washington Navy Yard

ONI Review

Post 1 Jan. 1946 Reports

Post 1 Jan. 1946 Command File

Strategic Plans Division Records

6. Princeton University Library, Princeton, New Jersey

Karl Rankin Papers, Manuscripts Division, Department of Rare Books and Special Collections

7. Public Record Office, Kew, England

Cabinet Office:

CAB 128, Cabinet, Minutes

CAB 129, Cabinet, Memoranda

CAB 131, Cabinet Defence Committee

CAB 134, Far Eastern (Official) Committee

CAB 159, Joint Intelligence Committee, Minutes

Colonial Office:

CO 537, Original Correspondence

CO 1023, Hong Kong and Pacific, Original Correspondence

CO 1027, Information Department

CO 1030, Far Eastern Department, Original Correspondence

Ministry of Defence:

DEFE 4, Chiefs of Staff Committee, Minutes of Meetings

DEFE 5, Chiefs of Staff Committee, Memoranda

DEFE 6, Chiefs of Staff Committee, Joint Planning Staff Reports

DEFE 11, Chiefs of Staff Committee, Registered Files

DEFE 13, Private Office, Registered Files

Foreign Office:

FO 371, Far Eastern Department—China; American Department—United States

FO 800, Selwyn Lloyd Papers

FO 953, Information Policy Department

FO 1110, Information Research Department

Prime Minister's Office:

PREM 11

8. The Manuscript Division, Library of Congress, Washington, DC

Philip C. Jessup Papers, 1943–58

9. University of Oxford, Oxford, England

Sir Alexander Grantham Oral History Interview, August 21, 1968, MSS. Brit. Emp. s.288, Bodleian Library of Commonwealth and African Studies at Rhodes House (formerly Rhodes House Library)

Papers of Harold Macmillan, Manuscript Diaries, 1950–66, MSS. Macmillan dep. d.30, Department of Special Collections and Western Manuscripts, Bodleian Library

二、已出版官方文件

Census and Statistics Department, *Hong Kong Statistics, 1947–67* (Hong Kong, 1969).

Director of Commerce and Industry, *Annual Departmental Reports 1949–1957* (Hong Kong, 1950–8).

Congress, Senate, Committee on Armed Services and Committee on Foreign Relations, *Military Situation in the Far East*, 82nd Congress, 1st Session, 1951, Part 1–5 (DC, 1951).

Declassified Documents Reference System (microform).

Department of State, *Foreign Relations of the United States, 1949–1960* (DC, 1976–96).

Documents on British Policy Overseas, Series 2, Vol. 2: *The London Conferences: Anglo–American Relations and Cold War Strategy, January–June 1950* (London, 1987).

Hansard, House of Commons Debates, 5th Series, 1949–57.

Historical Division of the Joint Secretariat, *The History of the Joint Chiefs of Staff: The Joint Chiefs of Staff and the War in Vietnam: History of the Indochina Incident 1940–1954*, Vol. 1 (Wilmington, Del., 1982).

Hong Kong Annual Reports 1949–1957 (Hong Kong, 1950–8).

Kuhns, Woodrow J. (ed.), *Assessing the Soviet Threat: The Early Cold War Years* (DC, 1997).

Warner, Michael (ed.), *CIA Cold War Records: The CIA under Harry Truman* (DC, 1994).

三、回憶錄、日記和文件集

Acheson, Dean, *Present at the Creation: My Years in the State Department* (New York, 1969).

Aldrich, Richard J. (ed.), *Espionage, Security and Intelligence in Britain 1945–1970* (Manchester, 1998).

Boyle, Peter G. (ed.), *The Churchill–Eisenhower Correspondence, 1953–1955*

(Chapel Hill, NC, 1990).

Cline, Ray S., *Secrets, Spies and Scholars: Blueprint of the Essential CIA* (DC, 1976).

Colby, William, *Honorable Men: My Life in the CIA* (New York, 1978).

Eisenhower, Dwight D., *The White House Years: Waging Peace, 1956–1961* (New York, 1965).

Faure, David (ed.), *A Documentary History of Hong Kong: Society* (Hong Kong, 1997).

Franks, Oliver, 'The "Special Relationship" 1947–1952', in William Roger Louis (ed.), *Adventures with Britannia: Personalities, Politics and Culture in Britain* (London, 1995), 51–64.

Galambos, Louis and Daun Van Ee (eds.), *The Papers of Dwight David Eisenhower: The Presidency: The Middle Way*, 15 (Baltimore, Md., 1996).

Grantham, Alexander, *Via Ports: From Hong Kong to Hong Kong* (Hong Kong, 1965).

Jurika, Stephen, Jr. (ed.), *From Pearl Harbor to Vietnam: The Memoirs of Admiral Arthur W. Radford* (Stanford, Calif., 1980).

Macmillan, Harold, *Riding the Storm 1956–1959* (London, 1971).

Mitchell, B. R. (ed.), *International Historical Statistics: The Americas 1750–1988* (London, 1993).

Philby, Kim, *My Silent War: The Autobiography of Kim Philby* (London, 1989).

Porter, Andrew N. and A. J. Stockwell (eds.), *British Imperial Policy and Decolonisation, 1938–64*, Vol. 2: *1951–64* (London, 1989).

Radford, Arthur W., 'Our Navy in the Far East', *The National Geographical Magazine* 104/4 (Oct. 1953), 537–77.

Rankin, Karl Lott, *China Assignment* (Seattle, 1964).

Smith, Joseph B., *Portrait of a Cold Warrior: Second Thoughts of a Top CIA Agent* (New York, 1976).

Smith, Russell Jack, *The Unknown CIA: My Three Decades with the Agency* (DC, 1989).

Trevelyan, Humphrey, *Worlds Apart: China 1953–5, Soviet Union 1962–5* (London, 1971).

Tsang, Steve, *A Documentary History of Hong Kong: Government and Politics* (Hong Kong, 1995).

Wong, Man Fong, *China's Resumption of Sovereignty over Hong Kong* (Hong Kong, 1997).

四、報章與期刊

Far Eastern Economic Review (Hong Kong)

Hong Kong Standard (Hong Kong)

The Economist (United Kingdom)

The Financial Times (United Kingdom)

The New York Times (United States)

The Times (United Kingdom)

《香港時報》(Hong Kong)

《星島日報》(Hong Kong)

五、未出版論文

Catron, Gary Wayne, 'China and Hong Kong, 1945–1967', Ph.D. thesis, Harvard University, 1971. Harvard University Archives.

Lombardo, Johannes Richard, ʻUnited Statesʼ Foreign Policy towards the British Crown Colony of Hong Kong during the Early Cold War Period, 1945–1964ʼ, Ph.D. thesis, University of Hong Kong, 1997.

Marolda, Edward J., ʻThe U.S. Navy and the Chinese Civil War, 1945–1952ʼ, Ph.D. thesis, The George Washington University, 1990. Special Collections Department, The Gelman Library, The George Washington University.

六、中文文獻

于群和程舒偉：〈美國的香港政策 (1942–1960)〉,《歷史研究》, 1997 年第 3 期，第 53–66 頁。

中共中央文獻研究室編：《周恩來年譜，1949–1976》，中卷（北京，1997）。

＿＿＿＿：《建國以來重要文獻選編》，第四、五冊（北京，1993）。

中華人民共和國外交部、中共中央文獻研究室編：《周恩來外交文選》（北京，1990）。

＿＿＿＿：《毛澤東外交文選》（北京，1994）。

元邦建：《香港史略》（香港，1988）。

毛澤東：《建國以來毛澤東文稿》第一、二、六冊（北京，1987–92）。

王賡武主編：《香港史新編》，上、下冊（香港，1997）。

世界知識出版社編輯：《中華人民共和國對外關係文件集，第三集：1954–1955》（北京：1954）。

外交部外交史編輯室編：《新中國外交風雲》，第一、二、三冊（北京，1990–4）。

成元功主編：《周恩來歷險紀實》（北京：1994）。

沈覺人主編：《當代中國對外貿易》，上冊（北京：1992）。

周淑真：《1949 飄搖港島》（北京，1996）。

金堯如：《中共香港政策秘聞實錄》（香港，1998）。

南山、南哲：《周恩來生平》（長春，1997）。

袁小倫：《戰後初期中共與香港進步文化》（廣州，1999）。

梁上苑：《中共在香港》（香港，1989）。

符浩、李同成主編：《外交風雲：外交官海外秘聞》（北京，1995）。

許家屯：《許家屯香港回憶錄》，上（台北，1993）。

馮邦彥：《香港英資財團》（香港，1996）。

裴堅章主編：《中華人民共和國外交史：1949–1956》（北京，1994）。

裴默農：《周恩來外交學》（北京，1997）。

趙綺娜：〈冷戰與難民援助：美國「援助中國知識人士協會」，1952–1959 年〉，
　　《歐美研究》第二十七卷第二期（1997 年 6 月），第 65–108 頁。

齊鵬飛：《日出日落：香港問題一百五十六年，1841–1997》（北京，1997）。

鄧開頌、陸曉敏主編：《粵港關係史：1840–1984》（香港：1997）。

魯言等著：《香港掌故》，第十一、十三集（香港，1987、1991）。

盧受采、盧冬青：《香港經濟史》（香港，2002）。

羅亞：《政治部回憶錄》（香港，1996）。

七、二手著作

書籍

Aldrich, Richard J., *The Hidden Hand: Britain, America and Cold War Secret Intelligence* (London, 2001).

Ali, S. Mahmud, *Cold War in the High Himalayas: The USA, China and South Asia in the 1950s* (London, 1999).

Ambrose, Stephen E., *Eisenhower: The President, Vol. 2: 1952–1969* (London, 1984).

Andrew, Christopher, *For the President's Eyes Only: Secret Intelligence and the American Presidency from Washington to Bush* (London, 1995).

Association for Radical East Asian Studies, *Hong Kong: Britain's Last Colonial Stronghold* (London, 1972).

Bamford, James, *The Puzzle Palace: A Report on America's Most Secret Agency* (Boston, 1982).

Baylis, John, *Ambiguity and Deterrence: British Nuclear Strategy 1945–1964* (Oxford, 1995).

Berdal, Mats R., *The United States, Norway and the Cold War, 1954–60* (London, 1997).

Boardman, Robert, *Britain and the People's Republic of China 1949–1974* (London, 1976).

Bower, Tom, *The Perfect English Spy: Sir Dick White and the Secret War 1935–90 (London, 1995).*

Brands, Henry Williams, *The Specter of Neutralism: The United States and the Emergence of the Third World, 1947–1960* (New York, 1989).

Breuer, William B., *Shadow Warriors: The Covert War in Korea* (New York, 1996).

Brown, Judith M. and Rosemary Foot (eds.), *Hong Kong's Transitions, 1842–1997* (London, 1997).

Bruce, Philip, *Second to None: The Story of the Hong Kong Volunteers* (Hong Kong, 1991).

Buckley, Roger, *Hong Kong: The Road to 1997* (Cambridge, 1997).

Bullock, Alan, *Ernest Bevin: Foreign Secretary 1945–1951* (New York, 1983).

Carlton, David, *Anthony Eden: A Biography* (London, 1981).

Chace, James, *Acheson: The Secretary of State Who Created the American World*

(New York, 1998).

Chan, Ming K. (ed.), *Precarious Balance: Hong Kong between China and Britain* (Hong Kong, 1994).

Chang, Gordon H., *Friends and Enemies: The United States, China, and the Soviet Union, 1948–1972* (Stanford, Calif., 1990).

Chen, Jian, *China's Road to the Korean War: The Making of the Sino–American Confrontation* (New York, 1994).

Chiu, Stephen, *The Politics of Laissez-faire: Hong Kong's Strategy of Industrialization in Historical Perspective,* Hong Kong Institute of Asian Pacific Studies Occasional Paper No. 40, The Chinese University of Hong Kong (Hong Kong, Nov. 1994).

Christensen, Thomas J., *Useful Adversaries: Grand Strategy, Domestic Mobilization, and Sino–American Conflict, 1947–1958* (Princeton, 1996).

Chung, Stephanie Po-yin, *Chinese Business Groups in Hong Kong and Political Change in South China, 1900–25* (London, 1998).

Clark, Ian and Nicholas J. Wheeler, *The British Origins of Nuclear Strategy 1945–1955* (Oxford, 1988).

Clayton, David, I*mperialism Revisited: Political and Economic Relations between Britain and China, 1950–1954* (London, 1997).

Cohen, Jerome Alan, Robert F. Dernberger, and John R. Garson, *China Trade Prospects and U.S. Policy* (New York, 1971).

Danchev, Alex, *On Specialness: Essays in Anglo–American Relations* (London, 1998).

Darby, Philip, *British Defence Policy East of Suez 1947–1968* (London, 1973).

Darwin, John, *Britain and Decolonization: The Retreat from Empire in the Postwar*

World (London, 1988).

Deacon, Richard, *The Chinese Secret Service* (London, 1989).

Dimbleby, David, and David Reynolds, *An Ocean Apart: The Relationship between Britain and America in the Twentieth Century* (New York, 1989).

Dobson, Alan P., *Anglo–American Relations in the Twentieth Century: Of Friendship, Conflict and the Rise and Decline of Superpowers* (London, 1995).

Dockrill, Saki, *Eisenhower's New Look National Security Policy, 1953–61* (London, 1996).

_____, *Britain's Retreat From East of Suez: The Choice between Europe and the World?* (Basingstoke, 2002).

Dorril, Stephen, *M16: Fifty Years of Special Operations* (London, 2000).

Edwards, Jill, *Anglo–American Relations and the Franco Question 1945–1955* (Oxford, 1999).

Elder, Robert E., *The Information Machine: The United States Information Agency and American Foreign Policy* (Syracuse, NY, 1968).

Endacott, G. B., *A History of Hong Kong*, revised edn. (Hong Kong, 1973).

Farrar-Hockley, Anthony, *The British Part in the Korean War*, Vol. 2: *An Honourable Discharge* (London, 1995).

Feng, Zhong-ping, *The British Government's China Policy 1945–1950* (Keele, 1994).

Fitzgerald, Stephen, *China and the Overseas Chinese: A Study of Peking's Changing Policy 1949–1970* (Cambridge, 1972).

Foot, Rosemary, *The Wrong War: American Policy and the Dimensions of the Korean Conflict, 1950–1953* (Ithaca, NY, 1985).

_____, *The Practice of Power: U.S. Relations with China since 1949* (Oxford, 1995).

Forsberg, Aaron, *America and the Japanese Miracle: The Cold War Context of Japan's Postwar Economic Revival, 1950–1960* (Chapel Hill, NC, 2000).

Gaddis, John Lewis, *Strategies of Containment: A Critical Appraisal of Postwar American National Security Policy* (Oxford, 1982).

_____, *The Long Peace: Inquiries into the History of the Cold War* (New York, 1987).

_____, *We Now Know: Rethinking Cold War History* (New York, 1997).

Garver, John W., *The Sino–American Alliance: Nationalist China and American Cold War Strategy in Asia* (Armonk, NY, 1997).

Gilbert, Martin, *Never Despair: Winston S. Churchill 1945–1965* (London, 1990).

Goncharov, Sergei N., John W. Lewis, and Xue Litai, *Uncertain Partners: Stalin, Mao, and the Korean War* (Stanford, Calif., 1993).

Grey, Jeffrey, *The Commonwealth Armies and the Korean War* (Manchester, 1988).

Grose, Peter, *Gentleman Spy: The Life of Allen Dulles* (Amherst, Mass., 1996).

Hambro, Dr Edvard, *The Problem of Chinese Refugees in Hong Kong* (Holland, 1955).

Hanhimaki, Jussi M., *Containing Coexistence: America, Russia, and the 'Finnish Solution', 1945–1956* (Kent, Oh., 1997).

Harfield, Alan, *British and Indian Armies on the China Coast 1785–1985* (London, 1990).

Hixson, Walter L., *Parting the Curtain: Propaganda, Culture, and the Cold War, 1945–1961* (London, 1997).

Horne, Alistair, *Macmillan 1957–1986* (London, 1989).

Hsia, Ronald, *The Entrepôt Trade of Hong Kong With Special Reference to Taiwan and the Chinese Mainland* (Taipei, 1984).

Hua, Qingzhao, *From Yalta to Panmunjom: Truman's Diplomacy and the Four Powers, 1945–1953* (Ithaca, NY, 1993).

Iriye, Akira, *The Cambridge History of American Foreign Relations, Vol. 3: The Globalizing of America, 1913–1945* (Cambridge, 1993).

Isenberg, Michael T., *Shield of the Republic: The United States Navy in an Era of Cold War and Violent Peace*, Vol. I: *1945–1962* (New York, 1993).

Jervis, Robert, *Perception and Misperception in International Politics* (Princeton, 1976).

Kaufman, Victor S., *Confronting Communism: U.S. and British Policies toward China* (Columbia, Mo., 2001).

Keith, Ronald C., *The Diplomacy of Zhou Enlai* (London, 1989).

Kelly, Saul, *Cold War in the Desert: Britain, the United States and the Italian Colonies 1945–52* (London, 2000).

Kent, John, *British Imperial Strategy and the Origins of the Cold War 1944–49* (London, 1993).

Kessler, Ronald, *Inside the CIA: Revealing the Secrets of the World's Most Powerful Spy Agency* (New York, 1992).

King, Frank H. H., *The History of the Hongkong and Shanghai Banking Corporation*, Vol. 4: *The Hongkong Bank in the Period of Development and Nationalism, 1941–1984: From Regional Bank to Multinational Group* (Cambridge, 1991).

Lamb, Richard, *The Macmillan Years 1957–1963: The Emerging Truth* (London, 1995).

Lane, Kevin P., *Sovereignty and the Status Quo: The Historical Roots of China's Hong Kong Policy* (Boulder, Colo., 1990).

Lashmar, Paul and James Oliver, *Britain's Secret Propaganda War 1948–1977* (Phoenix Mill, Stroud, 1998).

Leary, William M., *Perilous Missions: Civil Air Transport and CIA Covert Operations in Asia* (Alabama, 1984).

Lee, Steven Hugh, *Outposts of Empire: Korea, Vietnam and the Origins of the Cold War in Asia, 1949–54* (Liverpool, 1995).

Leffler, Melvyn P., *A Preponderance of Power: National Security, the Truman Administration, and the Cold War* (Stanford, Calif., 1991).

Leigh-Phippard, Helen, *Congress and US Military Aid to Britain: Interdependence and Dependence, 1949–56* (New York, 1995).

Liu, Shuyong, *An Outline History of Hong Kong* (Beijing, 1997).

Louis, William Roger, *Imperialism at Bay: The United States and the Decolonization of the British Empire, 1941–1945*, paperback edn. (Oxford, 1986).

Lowe, Peter, *The Origins of the Korean War*, 2nd edn. (London, 1997).

———, *Containing the Cold War in East Asia: British Policies towards Japan, China and Korea, 1948–53* (Manchester, 1997).

Lucas, Scott, *Freedom's War: The US Crusade against the Soviet Union 1945–56* (Manchester, 1999).

Lundestad, Geir, *The American 'Empire' and Other Studies of US Foreign Policy in a Comparative Perspective* (Oxford, 1990).

———, *East, West, North, South: Major Developments in International Politics 1945–1990* (Oslo, 1991).

MacDonald, Callum, *Britain and the Korean War* (Oxford, 1990).

McGlothlen, Ronald L., *Controlling the Waves: Dean Acheson and U.S. Foreign Policy in Asia* (New York, 1993).

McIntyre, W. David, *Background to the ANZUS Pact: Policy-Making, Strategy and Diplomacy, 1945–55* (London, 1995).

McMahon, Robert J., *The Limits of Empire: The United States and Southeast Asia Since World War II* (New York, 1999).

Martin, Edwin W., *Divided Counsel: The Anglo–American Response to Communist Victory in China* (Lexington, Ky., 1986).

Morgan, D. J., *The Official History of Colonial Development Vol. 5: Guidance towards Self-Government in British Colonies, 1941–1971* (London, 1980).

Morgan, Kenneth O., *Labour in Power 1945–1951* (Oxford, 1986).

Munn, Christopher, *Anglo–China: Chinese People and British Rule in Hong Kong, 1841–1880* (Richmond, Surrey, 2001).

Murfett, Malcolm H., *Hostage on the Yangtze: Britain, China, and the Amethyst Crisis of 1949* (Annapolis, Md., 1991).

————, *In Jeopardy: The Royal Navy and British Far Eastern Defence Policy 1945–1951* (Kuala Lumpur, 1995).

Navias, Martin S., *Nuclear Weapons and British Strategic Planning, 1955–1958* (Oxford, 1991).

Ngo, Tak-Wing (ed.), *Hong Kong's History* (London, 1999).

Ovendale, Ritchie, *Anglo–American Relations in the Twentieth Century* (London, 1998).

Oxley, Lieutenant Colonel D. H. (ed.), *Victoria Barracks 1842–1979* (Hong Kong, 1979).

Pach, Chester J., *Arming the Free World: The Origins of the United States Military Assistance Program, 1945–1950* (Chapel Hill, NC, 1991).

Porter, Brian, *Britain and the Rise of Communist China: A Study of British Attitudes 1945–1954* (London, 1967).

Prados, John, *President's Secret Wars: CIA and Pentagon Covert Operations from World War II through the Persian Gulf* (Chicago, 1996).

Pruden, Caroline, *Conditional Partners: Eisenhower, the United Nations, and the Search for a Permanent Peace* (Baton Rouge, La., 1998).

Ranelagh, John, *The Agency: The Rise and Decline of the CIA* (New York, 1986).

Rees, G. Wyn, *Anglo–American Approaches to Alliance Security, 1955–60* (London, 1996).

Richelson, Jeffrey T. and Desmond Ball, *The Ties That Bind: Intelligence Cooperation between the UKUSA Countries—the United Kingdom, the United States of America, Canada, Australia and New Zealand* (Boston, 1985).

Risse-Kappen, Thomas, *Cooperation among Democracies: The European Influence on U.S. Foreign Policy* (Princeton, 1995).

Rothwell, Victor, *Anthony Eden: A Political Biography 1931–57* (Manchester, 1992).

Sanger, Clyde, *Malcolm MacDonald: Bringing an End to Empire* (Liverpool, 1995).

Schaller, Michael, *Altered States: The United States and Japan Since the Occupation* (New York, 1997).

Schenk, Catherine R., *Britain and the Sterling Area: From Devaluation to Convertibility in the 1950s* (London, 1994).

Shai, Aron, *The Fate of British and French Firms in China 1949–54* (London, 1996).

Shao, Wenguang, *China, Britain and Businessmen: Political and Commercial Relations, 1949–1957* (London, 1991).

Singh, Anita Inder, *The Limits of British Influence: South Asia and the Anglo–American Relationship, 1947–56* (London, 1993).

Snow, Philip, *The Fall of Hong Kong: Britain, China and the Japanese Occupation* (New Haven, 2003).

Stueck, William, *The Korean War: An International History* (Princeton, 1995).

Subritzky, John, *Confronting Sukarno: British, American, Australian and New Zealand Diplomacy in the Malaysian–Indonesian Confrontation, 1961–5* (London, 2000).

Sun, Yun-wing, *The China–Hong Kong Connection: The Key to China's Open-Door Policy* (Cambridge, 1991).

Szczepanik, Edward, *The Economic Growth of Hong Kong* (London, 1958).

Tang, James Tuck-hong, *Britain's Encounter with Revolutionary China, 1949–54* (New York, 1992).

Thomas, Evan, *The Very Best Men: Four Who Dared: The Early Years of the CIA* (New York, 1995).

Trachtenberg, Marc, *History and Strategy* (Princeton, 1991).

Tsang, Steve Yui-sang, *Democracy Shelved: Great Britain, China, and Attempts at Constitutional Reform in Hong Kong, 1945–1952* (Hong Kong, 1988).

_____, *Hong Kong: An Appointment with China* (London, 1997).

Tuch, Hans W, *Communicating with the World: U.S. Public Diplomacy Overseas* (New York, 1990).

Tucker, Nancy Bernkopf, *Patterns in the Dust: Chinese–American Relations and the Recognition Controversy 1949–1950* (New York, 1983).

_____ , *Taiwan, Hong Kong, and the United States, 1945–1992: Uncertain Friendships* (New York, 1994).

_____, *China Confidential: American Diplomats and Sino–American Relations, 1945–1996* (New York, 2001).

Welsh, Frank, *A History of Hong Kong* (London, 1993).

Wesley-Smith, Peter, *Unequal Treaty 1898–1997: China, Great Britain, and Hong Kong's New Territories*, rev. edn. (Hong Kong, 1998).

Whitfield, Andrew, *Hong Kong, Empire and the Anglo–American Alliance at War, 1941–1945* (Basingstoke, 2001).

Wong, Siu-lun, *Emigrant Entrepreneurs: Shanghai Industrialists in Hong Kong* (Hong Kong, 1988).

Xiang, Lanxin, *Recasting the Imperial Far East: Britain and America in China, 1945–1950* (New York, 1995).

Yahuda, Michael, *Hong Kong: China's Challenge* (London, 1996).

Young, John W., *Winston Churchill's Last Campaign: Britain and the Cold War 1951–1955* (Oxford, 1996).

Young, Kenneth T., *Negotiating with the Chinese Communists: The United States Experience, 1953–1967* (New York, 1968).

Yu, Maochun, *OSS in China: Prelude to Cold War* (New Haven, 1996).

Zhai, Qiang, *The Dragon, the Lion, and the Eagle: Chinese–British–American Relations, 1949–1958* (Kent, Oh., 1994).

_____, *China and the Vietnam Wars, 1950–1975* (Chapel Hill, NC, 2000).

Zhang, Shu Guang, *Deterrence and Strategic Culture: Chinese–American Confrontations, 1949–1958* (Ithaca, NY, 1992).

_____, *Economic Cold War: America's Embargo against China and the Sino–Soviet Alliance, 1949–1963* (DC, 2001).

文章

Agassi, Joseph and I. C. Jarvie, 'A Study in Westernization', in idem (eds.), *Hong*

Kong: A Society in Transition: Contributions to the Study of Hong Kong Society (London, 1969), 129–63.

Aid, Matthew M., 'American Comint in the Korean War: From the Chinese Intervention to the Armistice', *Intelligence and National Security*, 15/1 (Spring 2000), 14–49.

Aldrich, Richard J., ' "The Value of Residual Empire": Anglo–American Intelligence Co-operation in Asia after 1945', in Richard J. Aldrich and Michael F. Hopkins (eds.), *Intelligence, Defence and Diplomacy: British Policy in the Post-War World* (Essex, 1994), 226–58.

_____ , 'British intelligence and the Anglo–American "Special Relationship" during the Cold War', *Review of International Studies*, 24: 3 (1998), 331–50.

Andrew, Christopher, 'Intelligence and International Relations in the early Cold War', *Review of International Studies*, 24/3 (1998), 321–30.

Ball, Desmond, 'Over and Out: Signals Intelligence (Sigint) in Hong Kong', *Intelligence and National Security*, 11/3 (July 1996), 474–96.

Baylis, John and Alan Macmillan, 'The British Global Strategy Paper of 1952', *The Journal of Strategic Studies*, 16/2 (June 1993), 200–26.

_____ , 'Exchanging Nuclear Secrets: Laying the Foundations of the Anglo–American Nuclear Relationship', *Diplomatic History*, 25/1 (Winter 2001), 33–61.

Beloff, Lord, 'The Crisis and its Consequences for the British Conservative Party', in William Roger Louis and Roger Owen (eds.), *Suez 1956: The Crisis and its Consequences* (Oxford, 1989), 319–34.

Bickers, Robert, 'The Colony's Shifting Position in the British Informal Empire in China', in Judith M. Brown and Rosemary Foot (eds.), *Hong Kong's*

Transitions, 1842–1997 (London, 1997), 33–61.

Burns, John P. 'The Role of the New China News Agency and China's Policy Toward Hong Kong', in Canada and Hong Kong Papers No. 3, *Hong Kong and China in Transition* (Toronto, 1994), 17–59.

Cain, Frank, 'The US-Led Trade Embargo on China: the Origins of CHINCOM, 1947–52', *The Journal of Strategic Studies*, 18/4 (Dec. 1995), 33–54.

Chan, Lau Kit-cheng, 'The United States and the Question of Hong Kong, 1941–45', *Journal of the Hong Kong Branch of the Royal Asiatic Society*, 19 (1979), 1–20.

Chang, Gordan H. and He Di, 'The Absence of War in the U.S.–China Confrontation Over Quemoy and Matsu in 1954–1955: Contingency, Luck, Deterrence?', *American Historical Review*, 98/5 (Dec. 1993), 1500–24.

Chang, Su-Ya, 'Unleashing Chiang Kai-Shek?: Eisenhower and the Policy of Indecision toward Taiwan, 1953', *Bulletin of the Institute of Modern History Academia Sinica*, 20 (Taipei, June 1991), 371–82.

Chen, Edward K.Y., 'The Economic Setting', in David G. Lethbridge (ed.), *The Business Environment in Hong Kong*, 2nd edn. (Hong Kong, 1993), 1–51.

Chen, Jian, 'The Myth of America's "Lost Chance" in China: A Chinese Perspective in Light of New Evidence', *Diplomatic History*, 21/1 (Winter 1997), 77–86.

Christensen, Thomas J., 'A "Lost Chance" for What? Rethinking the Origins of U.S.–PRC Confrontation', *The Journal of American–East Asian Relations*, 4/3 (Fall 1995), 249–78.

Darwin, John, 'Hong Kong in British Decolonisation', in Brown and Foot (eds.), (see Bickers), 16–32.

Davis, Michael G., 'Impetus for Immigration Reform: Asian Refugees and the Cold

War', *The Journal of American–East Asian Relations*, 7/3–4, (Fall–Winter 1998), 127–56.

Deighton, Anne, 'British Foreign Policy-Making: the Macmillan Years', in Wolfram Kaiser and Gillian Staerck (eds.), *British Foreign Policy, 1955–64: Contracting Options* (London, 2000), 3–18.

Dobson, Alan P., 'Informally Special? The Churchill–Truman Talks of January 1952 and the State of Anglo–American Relations', *Review of International Studies*, 23/1 (1997), 27–47.

Dockrill, Michael, 'Britain and the First Chinese Offshore Islands Crisis, 1954–5', in Michael Dockrill and John W. Young (eds.), *British Foreign Policy, 1945–56* (London, 1989), 173–96.

———, 'Restoring the "Special Relationship": The Bermuda and Washington Conferences, 1957', in Dick Richardson and Glyn Stone (eds.), *Decisions and Diplomacy: Essays in Twentieth Century International History* (London, 1995), 205–23.

Faure, David, 'In Britain's Footsteps: The Colonial Heritage', in idem (ed.), *Hong Kong: A Reader in Social History* (Hong Kong, 2003), 658–78.

Foot, Rosemary, 'Anglo–American Relations in the Korean Crisis: The British Effort to Avert an Expanded War, December 1950–January 1951', *Diplomatic History*, 10/1 (Winter 1986), 43–57.

———, 'The Search for a Modus Vivendi: Anglo–American Relations and China Policy in the Eisenhower Era', in Warren Cohen and Akira Iriye (eds.), *The Great Powers in East Asia, 1953–1960* (New York, 1990), 143–63.

———, 'The Eisenhower Administration's Fear of Empowering the Chinese', *Political Science Quarterly*, 111/3 (1996), 505–21.

Gaddis, John Lewis, 'The Strategic Perspective: The Rise and Fall of the "Defensive Perimeter" Concept, 1947–1951', in Dorothy Borg and Waldo Heinrichs (eds.), *Uncertain Years: Chinese-American Relations, 1947–1950* (New York, 1980), 61–118.

Garver, John W., 'Polemics, Paradigms, Responsibility, and the Origins of the U.S.–PRC Confrontation in the 1950s', *The Journal of American–East Asian Relations*, 3/1 (Spring 1994), 1–34.

Goldsworthy, David, 'Britain and the International Critics of British Colonialism, 1951–56', *The Journal of Commonwealth and Comparative Politics*, 29/1 (March 1991), 1–24.

Hanhimaki, Jussi M., 'Security and Identity: the Nordic Countries and the United States since 1945', in Geir Lundestad (ed.), *No End to Alliance: The United States and Western Europe: Past, Present and Future* (London, 1998), 81–111.

Hayes, James, 'East and West in Hong Kong: Vignettes from History and Personal Experience', in Pun Ngai and Yee Lai-man (eds.), *Narrating Hong Kong Culture and Identity* (Hong Kong, 2003), 179–205.

Herring, George C. and Richard H. Immerman, 'Eisenhower, Dulles, and Dien Bien Phu: "The Day We Didn't Go to War" Revisited', in Lawrence S. Kaplan, Denise Artaud, and Mark R. Rubin (eds.), *Dien Bien Phu and the Crisis of Franco–American Relations, 1954–1955* (Wilmington, Del., 1990), 81–103.

Hopkins, Tony, 'Macmillan's Audit of Empire, 1957', in Peter Clarke and Clive Trebilcock (eds.), *Understanding Decline: Perceptions and Realities of British Economic Performance* (Cambridge, 1997), 234–60.

Horne, Alistair, 'The Macmillan Years and Afterwards', in William Roger Louis and Hedley Bull (eds.), *The 'Special Relationship': Anglo–American Relations since 1945* (Oxford, 1986), 87–102.

Hunt, Michael H., 'Conclusions: the Decolonization Puzzle in US Policy—Promise versus Performance', in David Ryan and Victor Pungong (eds.), *The United States and Decolonization: Power and Freedom* (London, 2000), 207–29.

Kandiah, Michael David and Gillian Staerck, ' "Reliable Allies": Anglo–American Relations', in Kaiser and Staerck (eds.), (see Deighton), 135–70.

Kaplan, Lawrence S., 'The United States, NATO, and French Indochina', in Kaplan and others (eds.), (see Herring and Immerman), 229–50.

Kaplan, Thomas, 'Britain's Asian Cold War: Malaya', in Anne Deighton (ed.), *Britain and the First Cold War* (New York, 1990), 201–19.

Kaufman, Burton I., 'Eisenhower's Foreign Economic Policy with Respect to East Asia', in Cohen and Iriye (eds.), (see Foot), 104–20.

Kaufman, Victor S., ' "Chirep": The Anglo–American Dispute over Chinese Representation in the United Nations, 1950–71', *English Historical Review*, 115/461 (April 2000), 354–77.

Kent, John, 'The British Empire and the Origins of the Cold War, 1944–49', in Deighton (ed.), (see Kaplan, T.), 179–80.

Lau, Siu-kai, 'The Hong Kong Policy of the People's Republic of China, 1949–1997', *Journal of Contemporary China*, 9/23 (March 2000), 77–93.

Lee, David, 'Australia and Allied Strategy in the Far East, 1952–1957', *The Journal of Strategic Studies*, 16/4 (Dec. 1993), 511–38.

Lee, J. M., 'British Cultural Diplomacy and the Cold War, 1946–61', *Diplomacy & Statecraft*, 9/1 (March 1998), 112–34.

Lombardo, Johannes R., 'Eisenhower, the British and the Security of Hong Kong', *Diplomacy & Statecraft*, 9/3 (Nov. 1998), 134–53.

_____, 'A Mission of Espionage, Intelligence and Psychological Operations: The American Consulate in Hong Kong, 1949–64', *Intelligence and National Security*, 14/4 (Winter 1999), 64–81.

Louis, William Roger and Ronald Robinson, 'The Imperialism of Decolonization', *The Journal of Imperial and Commonwealth History*, 22/3 (Sept. 1994), 462–511.

_____, 'American Anti-Colonialism and the Dissolution of the British Empire', in Louis and Bull (eds.), (see Horne), 261–83.

_____, 'Hong Kong: The Critical Phase, 1945–1949', *The American Historical Review*, 102/4 (Oct. 1997), 1052–84.

_____, 'The Dissolution of the British Empire', in Judith M. Brown and William Roger Louis (eds.), *The Oxford History of the British Empire*, Vol. 4: *The Twentieth Century* (Oxford, 1999), 329–56.

Lowe, Peter, 'Challenge and Readjustment: Anglo–American Exchanges over East Asia, 1949–53', in T.G. Fraser and Peter Lowe (eds.), *Conflict and Amity in East Asia: Essays in Honour of Ian Nish* (London, 1992), 143–62.

_____, 'An Ally and a Recalcitrant General: Great Britain, Douglas MacArthur and the Korean War, 1950–1', *English Historical Review*, 105/416 (July 1990), 624–53.

Lucas, W. Scott, 'Campaigns of Truth: The Psychological Strategy Board and American Ideology, 1951–1953', *The International History Review*, 18/2 (May 1996), 253–304.

_____, and C. J. Morris, 'A Very British Crusade: the Information Research Department and the beginning of the Cold War', in Richard J. Aldrich (ed.), *British Intelligence, Strategy and the Cold War 1945–51* (London, 1992), 85–110.

Lundestad, Geir, ' "Empire by Invitation" in the American Century', *Diplomatic History*, 23/2 (Spring 1999), 189–217.

MacFarquhar, Roderick, 'The China Problem in Anglo–American Relations', in Louis and Bull (eds.), (see Horne), 311–19.

Mark, Chi-kwan, 'A Reward for Good Behaviour in the Cold War: Bargaining over the Defence of Hong Kong, 1949–1957', *The International History Review*, 22/4 (Dec. 2000), 837–61.

Miller, J. D. B., 'The Special Relationship in the Pacific', in Louis and Bull (eds.), (see Horne), 379–86.

Ngo, Tak-Wing, 'Industrial History and the Artifice of *Laissez-faire* Volonialism', in idem (ed.), *Hong Kong's History* (London, 1999), 119–40.

Osterhammel, Jurgen, 'British Business in China, 1860s–1950s', in R. P. T. Davenport-Hines and Geoffrey Jones (eds.), *British Business in Asia since 1860* (Cambridge, 1989), 189–216.

Ovendale, Ritchie, 'William Strang and the Permanent Under-Secretary's Committee', in John Zametica (ed.), *British Officials and British Foreign Policy 1945–50* (Leicester, 1990), 212–17.

Qing, Simei, 'The Eisenhower Administration and Changes in Western Embargo Policy Against China, 1954–58', in Cohen and Iriye (eds.), (see Foot), 121–42.

Rees, Wyn, 'The 1957 Sandys White Paper: New Priorities in British Defence Policy?', *The Journal of Strategic Studies*, 12/2 (June 1989), 215–29.

Reichard, Gary W., 'Divisions and Dissent: Democrats and Foreign Policy, 1952–1956', *Political Science Quarterly*, 93/1 (Spring 1978), 51–72.

Reynolds, David, 'A "Special Relationship?" America, Britain and the International Order Since the Second World War', *International Affairs*, 62/1 (Winter

1985/6), 1–20.

————, ʻGreat Britainʼ, in idem (ed.), *The Origins of the Cold War in Europe: International Perspectives* (New Haven, 1994), 77–95.

Schenk, Catherine R., ʻClosing the Hong Kong Gap: The Hong Kong Free Dollar Market in the 1950sʼ, *Economic History Review*, 47/2 (May 1994), 335–53.

Shaw, Tony, ʻThe Information Research Department of the British Foreign Office and the Korean War, 1950–53ʼ, *Journal of Contemporary History*, 34/2 (1999), 263–81.

Smith, Lyn, ʻCovert British Propaganda: The Information Research Department: 1947–77ʼ, *Millennium*, 9/1 (1980/1), 67–83.

Smith, Tony, ʻNew Bottles for New Wines: A Pericentric Framework for the Study of the Cold Warʼ, *Diplomatic History*, 24/4 (Fall 2000), 567–91.

Spaulding, Robert Mark, Jr., ʻ "A Gradual and Moderate Relaxation": Eisenhower and the Revision of American Export Control Policy, 1953–55ʼ, *Diplomatic History*, 17/2 (Spring 1993), 223–49.

Stueck, William, ʻThe Limits of Influence: British Policy and American Expansion of the War in Koreaʼ, *Pacific Historical Review*, 55 (Feb. 1986), 65–95.

Subritzky, John, ʻMacmillan and East of Suez: The Case of Malaysiaʼ, in Richard Aldous and Sabine Lee (eds.), *Harold Macmillan: Aspects of a Political Life* (London, 1999), 177–94.

Szczepanik, Edward and Ng Kwok Leung, ʻThe Embargo Problemʼ, in *The Hongkong Exporter and Far Eastern Importer 1956–57* (Hong Kong, undated), 31–55.

Tang, James T. H., ʻAlliance under Stress: Anglo–American Relations and East Asia, 1945–51ʼ, in R. Oʼ Neill and B. Heuser (eds.), *Securing Peace in Europe, 1945–62: Thoughts for the Post-Cold War Era* (London, 1992), 246–59.

_____, 'From Empire Defence to Imperial Retreat: Britain' s Postwar China Policy and the Decolonisation of Hong Kong', *Modern Asian Studies*, 28/2 (1994), 317–37.

Thomas, Andy, 'British Signals Intelligence after the Second World War', *Intelligence and National Security*, 3/4 (Oct. 1988), 103–110.

Tsang, Steve, 'Target Zhou Enlai: The "Kashmir Princess" Incident of 1955', *China Quarterly*, 139 (Sept. 1994), 766–82.

_____, 'Unwitting Partners: Relations between Taiwan and Britain, 1950–1958', *East Asian History*, 7 (June 1994), 105–20.

_____, 'Strategy for Survival: The Cold War and Hong Kong' s Policy towards Kuomintang and Chinese Communist Activities in the 1950s', *The Journal of Imperial and Commonwealth History*, 25/2 (May 1997), 294–317.

Tucker, Nancy Bernkopf, 'American Policy Toward Sino–Japanese Trade in the Postwar Years: Politics and Prosperity', *Diplomatic History*, 8/3 (Summer 1984), 183–208.

_____, 'John Foster Dulles and the Taiwan Roots of the "Two Chinas" Policy', in Richard H. Immerman (ed.), *John Foster Dulles and the Diplomacy of the Cold War* (Princeton, 1990), 235–62.

Warner, Geoffrey, 'Britain and the Crisis over Dien Bien Phu, April 1954: The Failure of United Action', in Kaplan and others (eds.), (see Herring and Immerman), 55–77.

Weng, Byron S. J., 'Taiwan-Hong Kong Relations, 1949–1997 and Beyond', *American Asian Review*, 15/4 (Winter 1997), 159–93.

Wilford, Hugh, 'The Information Research Department: Britain' s Secret Cold War Weapon Revealed', *Review of International Studies*, 24/3 (1998), 353–69.

Yang, Tianshi, 'The Third Force in Hong Kong and North America During the 1950s', in Roger B. Jeans (ed.), *Roads Not Taken: The Struggle of Opposition Parties in Twentieth-Century China* (Boulder, Colo., 1992), 269–73.

Yasuhara, Yoko, 'Japan, Communist China, and Export Controls in Asia, 1948–52', *Diplomatic History*, 10/1 (Winter 1986), 75–89.